QI
GONG

Illustrations: Wendy Frogge't

Données de catalogage avant publication (Canada)

Carnie, L. V.

   Qi Gong: méthode traditionnelle chinoise pour
rester jeune et en santé

   Traduction de: Chi Gung.

   1. Qi Gong. I. Titre.

RA781.8.C3514 1998   613.7'1   C98-940290-8

Dépôt légal: 2e trimestre 1998
Bibliothèque nationale du Québec

ISBN 2-7619-1416-3

DISTRIBUTEURS EXCLUSIFS:

• Pour le Canada
et les États-Unis:
MESSAGERIES ADP*
955, rue Amherst,
Montréal, Québec
H2L 3K4
Tél.: (514) 523-1182
Télécopieur: (514) 939-0406
* Filiale de Sogides ltée

• Pour la France et les autres pays:
INTER FORUM
Immeuble Paryseine, 3, Allée de la Seine
94854 Ivry Cedex
Tél.: 01 49 59 11 89/91
Télécopieur: 01 49 59 11 96
Commandes: Tél.: 02 38 32 71 00
                   Télécopieur: 02 38 32 71 28

• Pour la Suisse:
DIFFUSION: ACCES-DIRECT SA
Case postale 69 - 1701 Fribourg - Suisse
Tél.: (41-26) 460-80-60
Télécopieur: (41-26) 460-80-68
DISTRIBUTION: OLF SA
Z.I. 3, Corminbœuf
Case postale 1061
CH-1701 FRIBOURG
Commandes: Tél.: (41-26) 467-53-33
                   Télécopieur: (41-26) 467-54-66

• Pour la Belgique et
le Luxembourg:
PRESSES DE BELGIQUE S.A.
Boulevard de l'Europe 117
B-1301 Wavre
Tél.: (010) 42-03-20
Télécopieur: (010) 41-20-24

L.V.
CARNIE

QI
GONG

Méthode
traditionnelle
chinoise
pour rester
jeune et
en santé

*Traduit de l'américain
par Louise Drolet*

LES ÉDITIONS DE
L'HOMME

NOTE DE L'ÉDITEUR

PREMIÈRE PARTIE

INTRODUCTION

Depuis des milliers d'années, les peuples du monde entier se rendent compte que la Terre est un endroit mystérieux où tout peut arriver. À mesure qu'évoluaient les civilisations, les connaissances secrètes et magiques[1] des anciens ont été occultées voire, dans certains cas, perdues. Nous vivons maintenant à une époque de l'histoire où une multitude de secrets, d'innovations et de concepts créatifs refont surface. L'un des domaines ésotériques parmi les plus évolués et les plus complets, le Qi Gong, a vu le jour en Chine. Le style particulier que je pratique s'appelle le Courant.

L'art du Qi Gong (aussi appelé *Chi Kung* ou *Qigong* et prononcé «tchi gong») met l'accent sur l'amplification délibérée et l'utilisation de l'énergie qui circule dans le corps. Cette énergie, que les Chinois appellent *qi*, imprègne notre corps, notre environnement et même tout ce que nous pouvons imaginer. Des études scientifiques réalisées en Chine et ailleurs ont démontré que le qi peut revêtir diverses formes telles que les radiations infrarouges, l'électricité statique, les infrasons et les champs magnétiques. Au fond, le qi est une forme complexe d'énergie qui se manifeste dans notre vitalité, notre âme et même notre souffle vital, car privés de qi, nous mourrions.

Le Qi Gong exige que l'on coordonne sa respiration avec son attention consciente. En fait, la pensée conduit le qi et le qi conduit le sang et l'oxygène, modifiant ainsi le métabolisme du corps. Le présent ouvrage vous explique comment augmenter votre réserve d'énergie personnelle. La plupart des adeptes

---

1. Tout au long du livre, l'auteur utilise la graphie archaïque anglaise «magickal», selon le concept de «magick» inventé par Aleister Crowley, qui le définit comme la «science et art de provoquer le changement en conformité avec le vouloir». (N.d.T.)

du Qi Gong utilisent le qi pour équilibrer l'énergie interne de leur corps afin d'atteindre la santé physique, mentale et spirituelle. Mais le Qi Gong va bien au-delà de cela, car si vous suivez une formation adéquate et fournissez des efforts assidus, vous découvrirez que son potentiel n'est limité que par votre imagination et votre habileté.

En parcourant la table des matières, vous constaterez qu'elle comporte trois parties divisées en chapitres, eux-mêmes subdivisés en sections. Chaque section, depuis le chapitre sur l'entraînement physique jusqu'à la fin du chapitre sur l'initiation à la nature, peut être lue et travaillée indépendamment des autres. Ce trait unique signifie que vous n'êtes pas obligé de lire le livre en entier, mais que pouvez l'ouvrir à n'importe quel chapitre et essayer les exercices proposés. De la sorte, la simple lecture de ce livre se mue en leçon sur l'art du Qi Gong.

Tout en lisant le livre et en accomplissant les divers exercices, vous apprendrez à vous laisser guider par votre curiosité et votre intuition tout en glissant d'un sujet à l'autre. J'espère que cette manière d'apprendre vous paraîtra distrayante et reposante. Je vous invite cependant à lire tous les chapitres de la Première Partie («Introduction», «Principes et théories de base», «Les trois régulations» et «Exercices élémentaires») avant d'essayer les exercices proposés dans le reste du livre. Toutefois, si vous brûlez de vous mettre au travail, alors commencez par la section intitulée «Le Wai Dan sans mouvement». Vous pouvez amorcer votre apprentissage dès aujourd'hui avec l'exercice de l'Étreinte de l'arbre, même si vous ignorez encore ce que vous faites ou pourquoi vous le faites.

La lecture des cinq premiers chapitres vous familiarisera avec les rudiments du Qi Gong, qui vous seront utiles pour essayer les techniques proposées dans les chapitres subséquents. Si vous voulez vraiment exceller en Qi Gong, faites tous les exercices de chaque chapitre. De cette façon, vous développerez une grande variété d'aptitudes élémentaires qui, une fois combinées, vous donneront l'un des systèmes énergétiques les plus simples et pourtant les plus complets jamais inventés.

Le chapitre intitulé «Trucs, tentations et anecdotes» se distingue quelque peu des autres. En effet, bien qu'il renferme certains exercices, il se compose surtout d'anecdotes et d'observations fondées sur ma propre expérience du qi. Celles-ci devraient vous donner une idée des applications possibles du qi aux niveaux avancés de Qi Gong.

L'entraînement proposé ici peut se comparer à celui du joueur de tennis. Si vous voulez améliorer votre performance, vous pouvez acheter une nouvelle raquette et de meilleures chaussures ou perfectionner vos revers. Mais si vous convoitez le titre de champion professionnel, il vous faudra faire beaucoup plus. Vous devrez fignoler votre technique, acheter un équipement ultra-perfectionné et assimiler une multitude de tactiques. Or, même cela serait insuffisant. Pour vous hisser au sommet, il vous faudra aussi étudier d'infimes détails tels que l'intensité solaire, la direction du vent et la densité du court. Pour raffiner votre jeu encore davantage, vous devrez sans doute sonder votre désir de jouer, vos objectifs et, en fin de compte, la manière de lier tous ces facteurs afin de fournir un effort maximal au moment précis où vous en avez besoin.

À l'instar du joueur de tennis, l'adepte du Qi Gong possède diverses options en fonction du niveau d'habileté auquel il aspire. Par exemple, vous pourriez vous contenter de respirer, ce qui, au fait, n'est pas seulement l'aptitude la plus élémentaire, mais paradoxalement, l'une des plus avancées aussi. Ou encore vous pourriez vous borner à apprendre les postures. Mais si vous aspirez vraiment à l'excellence, vous devrez travailler tous les aspects du Qi Gong à fond, y compris les techniques les plus simples et les plus banales.

Donc, lisez la Première Partie en entier puis prenez n'importe quelle section de la Deuxième Partie. La Troisième Partie est consacrée aux techniques avancées. Vous pouvez la lire tout de suite, mais mieux vaut vous familiariser avec les rudiments du Qi Gong avant de vous lancer dans les exercices de niveau avancé.

Exercez-vous régulièrement, mais sans nécessairement viser des résultats précis. Laissez les choses suivre leur propre rythme. Suivez le courant naturel de la vie. Soyez patient et vous éprouverez des sensations que vous n'aviez jamais imaginées auparavant. La clé du succès en Qi Gong est d'apprendre à s'amuser et à apprécier tout ce que l'on fait et ressent. Lorsque vous êtes heureux, vous êtes détendu. Et si vous êtes détendu, votre qi circulera correctement, ce qui vous aidera à atteindre vos objectifs.

HISTOIRE ET DÉFINITION DU QI GONG
Origines anciennes

L'origine du Qi Gong remonte à environ quatre mille ans et, au fil des siècles, cet art a gagné de plus en plus d'adeptes. De nos jours, plus de soixante millions de personnes en Chine seulement pratiquent le Qi Gong.

Personne ne sait au juste qui fut le premier maître de Qi Gong. Il y a environ quatre mille ans, cependant, les habitants d'une région de la Chine centrale située à proximité de la rivière Jaune se mirent à pratiquer divers exercices et danses que quelqu'un avait élaborés après avoir constaté que le réchauffement des muscles et des articulations à travers le mouvement éliminait un grand nombre des symptômes de l'arthrite et du rhumatisme, ainsi que d'autres malaises causés par l'air humide de la région.

Le premier ouvrage sur le Qi Gong, qui date du début des années 700 av. J.-C., s'intitulait *Classique de médecine interne de l'empereur chinois*. Il renfermait une gamme d'exercices respiratoires, d'étirements et de visualisations destinés à préserver la santé.

Les *Inscriptions du pendant de jade sur la direction du qi* furent consignées sur un artefact vers l'an 380 av. J.-C., et environ cent cinquante ans plus tard, Hua Tuo, le «père de la médecine chinoise», créa une série d'exercices baptisée «Jeu des cinq animaux». Cette nouvelle série de mouvements, calqués sur ceux des animaux, visait à préserver la santé et à fortifier le corps. Les cinq animaux étaient le singe, l'oiseau, le cerf, l'ours et le tigre.

Plus de six cents ans plus tard, soit au début des années 500 ap. J.-C., un moine bouddhiste indien nommé Da Mo se rendit en Chine où il inventa une série d'exercices destinés à améliorer la santé et la force physique des moines. Il rédigea deux ouvrages: *Classique de modification des muscles et des tendons* et *Classique de purification de la moelle épinière et du cerveau.*

Le Qi Gong connut un nouvel essor au cours de la dynastie Tang, au cinquième siècle ap. J.-C., au moment où Sun Si Miao inventa les «Six sons de guérison» après avoir observé l'effet thérapeutique des sons sur le corps.

Le Qi Gong aujourd'hui

Durant la première partie du vingtième siècle, toutes les formes traditionnelles de médecine et d'exercice furent interdites en Chine, lorsque le gouvernement chinois mit les traditions anciennes au rencart afin de mettre en valeur les technologies occidentales. L'interdiction fut maintenue jusqu'au moment où Mao Ze Dong prit le pouvoir dans les années quarante et orchestra les efforts pour retrouver certaines méthodes de guérison anciennes qui avaient été perdues. De 1966 à 1977, la Révolution culturelle entraîna de nouveau le bannissement de toutes les méthodes traditionnelles de guérison. Pendant la majeure partie de l'histoire de la Chine, le Qi Gong ne fut pratiqué que par un groupe d'initiés: les Taoïstes, les érudits confucéens, les prêtres bouddhistes, les adeptes des arts martiaux et certains spécialistes de la médecine. Mais, en 1979, cet art fut mis à la portée du grand public et ce, pour deux raisons.

La première tient au fait qu'à cette époque, le gouvernement chinois, prenant conscience de l'importance du savoir caché ou perdu de la Chine, entreprit des recherches intensives dans tout le pays afin de retrouver et de consigner le plus grand nombre possible de méthodes anciennes, de crainte de les voir disparaître à tout jamais. La seconde raison, et sans doute la plus importante, réside dans le fait que la Chine ne possède pas suffisamment de médecins et de médicaments pour soigner sa population de plus d'un milliard d'habitants. Une personne très motivée qui suit une formation adéquate peut apprendre à utiliser le qi externe ou curatif en un an environ. Il faut de deux à trois ans pour former un acupuncteur et de quatre à six ans pour instruire un praticien de médecine traditionnelle chinoise. Toutes ces disciplines requièrent une formation passablement moins longue que celle d'un médecin occidental. Comme les résultats obtenus tant par la médecine orientale que par la médecine occidentale sont souvent similaires, le gouvernement chinois recrute de toute urgence des spécialistes du Qi Gong. Aujourd'hui, le Qi Gong est une science médicale viable au même titre que l'acupuncture, la moxibustion et la médecine occidentale.

Le qi: la source ultime

Le Qi Gong est essentiellement l'étude de l'énergie. Son apprentissage repose sur le principe qu'il offre à ses adeptes un moyen de fortifier leur corps, leur esprit et leur âme de manière à vivre plus vieux tout en évitant la maladie et le vieillissement prématuré.

Dans les pays occidentaux, nous croyons que le simple exercice physique peut nous apporter vigueur et santé, mais tel n'est pas nécessairement le cas. Les exercices occidentaux exigent un effort considérable et, même si au début, ils semblent procurer un surcroît d'énergie à leurs adeptes, à la longue ils épuisent le corps et accélèrent son vieillissement. Par contre, les exercices pratiqués dans les pays orientaux, parce qu'ils sont axés sur la conservation de l'énergie, améliorent la santé physique.

Les trois sortes de qi

Il existe trois principaux types de qi. Le qi du Ciel, le qi de la Terre et le qi humain. Le qi du Ciel est associé aux énergies de l'univers comme la lumière du soleil, la gravité et le magnétisme. Le qi de la Terre englobe tout ce qui existe sur terre comme les océans, le sol, le vent, les plantes et les animaux. Le qi humain, bien sûr, se rapporte aux êtres humains. Le qi du Ciel influence le qi de la Terre, et tous deux influent sur le qi humain. Toutefois, à des niveaux très avancés de Qi Gong, certains maîtres peuvent aussi exercer une influence partielle sur le qi de la Terre et sur une toute petite portion du qi du Ciel.

Le qi peut être vu comme le souffle, l'énergie, la vitalité, le magnétisme animal, le charisme, la personnalité ou même la vie comme telle. Au fond, c'est l'énergie de l'univers. Vous pouvez, grâce à un entraînement adéquat, augmenter votre réserve de qi afin de vivre plus longtemps et de jouir d'une meilleure santé et d'une tranquillité d'esprit accrue. Vous pouvez même apprendre à vous guérir et à guérir les autres.

Chaque fois que vous respirez, mangez ou même buvez, vous absorbez de l'énergie. Votre corps, en digérant la nourriture que vous mangez, la convertit en énergie. Une personne heureuse, pétillante, qui aime s'amuser, passe pour avoir une abondance de qi. De même, l'athlète qui donne sa meilleure performance possède une quantité maximale de qi. Certaines personnes associent même le qi aux pouvoirs surnaturels. Or, c'est à tort que l'on classe les exploits parapsychiques accomplis grâce à la maîtrise du qi parmi les phénomènes surnaturels. La réalité, c'est que la plupart des gens ignorent aujourd'hui comment développer leurs dons parapsychiques, mais avec une formation adéquate et des efforts assidus, beaucoup pourraient y arriver.

La plupart des cultures croient à l'existence d'une forme quelconque de qi ou de système énergétique. Les Japonais l'appellent *ki*, les Indiens, *prana*. Les anciens Picts du nord de l'Angleterre l'avaient baptisé *Maucht*. Les chrétiens le voyaient comme un cadeau du Saint-Esprit, tandis que dans la Grèce et l'Égypte anciennes on évoquait l'Art des mystères. On le retrouve dans le vaudou haïtien sous le nom de *pouvoir* et dans les Appalaches où il est appelé *rayonnement*. Peu importe le nom qu'on lui donne, l'énergie biomagnétique ou électrochimique, comme on la désigne dans les pays occidentaux, est la même partout. De l'énergie, c'est de l'énergie, voilà tout.

La seule différence entre ces diverses conceptions de l'énergie tient à la façon dont chaque culture y accède et l'utilise. Certaines cultures ont recours à des instruments comme le didjeridoo, la flûte ou le tambour pour l'amplifier. D'autres font appel aux drogues, à la privation sensorielle ou même à la douleur, mais en fin de compte, il s'agit toujours de la même énergie. Étudier l'énergie chez les divers peuples de la terre, c'est comme escalader une montagne. Il y a un seul sommet mais bien des sentiers y conduisent.

Le qi se trouve littéralement dans tout et partout. Vous pouvez le maîtriser en autant que vous suiviez un apprentissage rigoureux et que vous soyez conscient de ce que vous faites. Voilà précisément ce que font les spécialistes de l'énergie comme les chamans, les maîtres de Qi Gong et les guérisseurs zoulous appelés *sangoma*. Ils ont percé certains secrets de l'univers naturel qu'ils manient habilement chacun à sa manière.

Les voies du qi

Selon les Chinois, le qi se déplace dans le corps le long d'une série de douze canaux appelés méridiens. Ce courant variable obéit à un cycle de vingt-quatre heures ainsi qu'à celui des saisons. En principe, les méridiens suivent des voies qui correspondent au système nerveux du corps humain. Outre les méridiens, il existe deux principaux vaisseaux dont l'un descend sur le devant du corps, tandis que l'autre remonte au centre du dos. Le corps possède de surcroît plus de sept cents points couramment utilisés en acupuncture, en digitopuncture et en Qi Gong. Comme le flot naturel du qi varie sans cesse, il est important d'apprendre à l'amplifier ou à le diminuer afin de ne pas obstruer vos points énergétiques ou vos méridiens, toute obstruction augmentant le risque de maladie.

Il existe quatre manières principales d'amplifier le qi. La première, et la plus simple, consiste tout bonnement à contracter ses muscles grâce à une série d'exercices appelés Wai Dan. La deuxième méthode, appelée Nei Dan, est la plus avancée et elle requiert l'utilisation du mental. La troisième méthode consiste à consulter un acupuncteur qui insérera des aiguilles dans les divers points énergétiques de votre corps. En dernier lieu, on peut recourir à diverses formes de massage. Toutes ces méthodes sont efficaces, mais dans cet ouvrage-ci, nous nous concentrerons sur les deux premières parce qu'elles permettent d'amplifier ou de réduire le qi à volonté n'importe où, n'importe quand et sans nécessiter d'équipement spécial, de partenaires ou de formation médicale poussée.

Qi Gong, Taiji Quan et Yoga

En tant que système énergétique, le Qi Gong présente certaines similitudes avec le Taiji Quan (ou Tai Chi Chuan) et le Yoga. Le Taiji Quan était conçu à l'origine comme un art martial doux servant à l'autodéfense. Le terme «doux» signifie ici que les mouvements se font en détendant ses muscles plutôt qu'en les tendant. De nos jours, le Taiji Quan est surtout pratiqué comme une forme de méditation en mouvement et dans le but d'améliorer la santé. En fait, peu de gens connaissent vraiment ses applications martiales.

L'une des principales différences entre le Taiji Quan et le Qi Gong tient au fait que le premier, tel que la plupart des gens le pratiquent aujourd'hui, met surtout l'accent sur l'identification du qi à l'intérieur du corps, tandis que le Qi Gong vise à générer, à diriger et à utiliser cette énergie au moyen de la pensée. Le Taiji Quan utilise des mouvements complexes dont la mémorisation exige un effort considérable. C'est pourquoi la plupart de ses adeptes sont plus attentifs à leurs mouvements musculaires qu'à leurs sensations internes. Le Qi Gong, pour sa part, permet de mieux se concentrer sur la sensation interne du qi, car il met en jeu des mouvements et des postures relativement simples. Le Yoga se spécialise dans la tenue d'une variété de postures immobiles visant à améliorer la santé et à amener un état de méditation. Il diffère du Taiji Quan et du Qi Gong en ce que son enseignement moderne ne tient pas compte en général de l'énergie intérieure.

Les divers types de Qi Gong

Il existe de nombreux styles de Qi Gong ayant chacun un but particulier. Certains styles s'inspirent d'une idéologie particulière comme le taoïsme ou le bouddhisme. D'autres mettent l'accent sur les différents mouvements corporels et tiennent compte du fait que l'on bouge soi-même son corps ou qu'on laisse une autre personne le bouger (comme dans le massage). Enfin, certains styles sont axés sur les usages particuliers du qi.

Le Qi Gong mental sert surtout à préserver sa santé mentale. Son objectif premier est d'enseigner à maîtriser l'esprit afin de conserver un cerveau actif et alerte. Un esprit faible peut engendrer la maladie. Par exemple, le stress peut causer des ulcères et la peur, des troubles de la vessie. En cultivant un état de calme, vous pouvez éliminer ces problèmes. Vous devrez pour cela apprendre à détendre et à maîtriser votre esprit, votre corps et votre souffle grâce à une série d'exercices appelés les trois régulations. Ces exercices sont extrêmement importants et doivent précéder l'apprentissage des divers exercices du Qi Gong Wai Dan et Nei Dan.

Le Qi Gong médical permet de se guérir soi-même et, à un niveau avancé, de guérir d'autres personnes. L'adepte de ce type de Qi Gong peut apprendre à conduire le qi dans tout le corps afin de régulariser son flot. Ce style est fondé sur le principe que le mouvement physique est essentiel à la circulation du qi. C'est pourquoi il comprend un certain nombre d'exercices physiques et de mouvements.

Le Qi Gong martial est un autre type de Qi Gong centré sur le combat et l'autodéfense. Cette technique permet d'accentuer sa force musculaire et son endurance grâce à l'utilisation de l'énergie interne. Le Taiji Quan, l'Aïkido, le Bagua Quan, la boxe du Singe ivre du Gong Fu et le Xing Yi sont des formes d'art martial dont les buts sont similaires.

La dernière catégorie est le Qi Gong spirituel, axé sur la maîtrise des émotions et de l'esprit. Cette forme de Qi Gong permet d'accroître sa longévité et d'atteindre l'éveil spirituel. Les moines taoïstes de Chine la pratiquaient de manière intensive dans le dessein d'accéder à l'immortalité. Certes, il s'agit là d'un objectif ambitieux, mais les Taoïstes affirment que mourir à cent vingt ans, c'est mourir jeune. Avec un travail assidu et le recours à certaines techniques avancées du Qi Gong spirituel, il est possible de développer de puissantes aptitudes métapsychiques.

Les niveaux d'apprentissage du Qi Gong

Outre les diverses formes de Qi Gong, il existe différents niveaux d'expérience. Un débutant est une personne qui n'a pas encore maîtrisé la petite circulation, un exercice qui consiste à conduire le qi dans le corps (à l'exception des bras et des jambes) et la tête selon un schéma cyclique. Il faut entre quelques heures et quelques semaines ou mois pour parvenir à ce stade.

L'adepte de niveau intermédiaire peut conduire consciemment le qi sur la trajectoire de la petite circulation et il commence à se familiariser avec la grande circulation, qui lui permet de faire circuler le qi dans l'ensemble de son corps. Cette technique exige souvent plusieurs mois d'entraînement assidu. Un apprentissage intensif mènera l'adepte au niveau avancé, lui permettant de diriger instantanément le qi dans des endroits précis du corps et d'absorber le qi de l'environnement. L'adepte qui peut transmettre du qi aux autres et diriger le qi d'une autre personne est généralement considéré comme un maître.

Vous pouvez acquérir un certain nombre d'aptitudes parapsychiques au moyen du Qi Gong, y compris celle de guérir, mais vous ne voudrez peut-être pas limiter votre apprentissage à une seule technique. Personnellement, je préfère travailler avec tous les aspects du Qi Gong plutôt que de me spécialiser dans quelques catégories. Comprenez qu'avec un travail soutenu, vous pouvez aller aussi loin que vous le voulez dans l'art du Qi Gong. N'oubliez pas que vos progrès sont étroitement liés à votre degré de ténacité. Si vous voulez obtenir des résultats, la persévérance est votre meilleur atout.

CECI EST-IL LE VRAI QI GONG?

En Chine, la plupart des familles créaient leur propre forme d'art martial; aussi ne faut-il pas s'étonner qu'il en soit de même avec le Qi Gong. Il est difficile d'évaluer la quantité de styles de Qi Gong qui existent aujourd'hui. Il y en a certainement des centaines, et certains chercheurs parlent même de milliers de styles différents. Ce n'est pas la quantité de styles qui importe, mais plutôt leurs similitudes. Vous pouvez pratiquer le Qi Gong pour guérir et prévenir les maladies, améliorer votre état de santé général et éviter le vieillissement précoce tout en prolongeant votre vie.

Vous vous demandez peut-être s'il y a une façon correcte de pratiquer le Qi Gong. En d'autres termes, le style que vous apprenez dans ce livre-ci est-il le style officiel? En réalité, il n'existe pas de bon ou de mauvais style. Celui qui donne des résultats pour vous est le bon. C'est aussi simple que cela. C'est pourquoi il existe autant de variations quant à la manière d'accomplir les exercices. Traditionnellement, le Qi Gong était transmis du maître à l'élève de façon non verbale. Le maître démontrait les postures tout en communiquant du qi à ses élèves afin qu'ils puissent sentir ce qu'ils étaient censés apprendre. Contrairement à aujourd'hui où presque toute science est accessible dans les livres, les règles du Qi Gong traditionnel étaient rarement consignées par écrit et, lorsqu'elles l'étaient, c'était dans une langue émaillée de métaphores. On procédait ainsi pour s'assurer que seule une élite puisse maîtriser les arts occultes. Comme chaque maître possédait son style propre, il n'existait pas de style officiel. Même si certaines cultures affirment détenir le seul style valable (le travail énergétique se pratique sous une forme ou une autre dans le monde entier), qui peut prétendre qu'un style particulier est le bon?

Voici un exemple imaginaire. Supposons que les oiseaux peuvent parler et qu'ils se réunissent un bon jour à la mangeoire du quartier pour déterminer quelle est la vraie façon de voler. Les colibris soutiennent qu'il faut battre des ailes très vite, tandis que les vautours prétendent qu'il faut glisser sur le vent. Les mésanges affirment qu'il faut s'élancer ici et là, par à-coups, en se posant fréquemment, tandis que les albatros assurent qu'il faut couvrir des distances extrêmement longues. Quel oiseau sait vraiment voler?

Comme vous voyez, tout dépend du point de vue où l'on se place. En fin de compte, tout est relatif. Comme toutes les voies sont les bonnes, inutile de vous demander si celle que vous suivez est la voie officielle. Dites-vous plutôt qu'une voie est une voie.

LES MANIÈRES D'APPRENDRE LE QI GONG

Il est très facile, quand on désire apprendre une nouvelle technique, de trouver une source particulière de connaissances — un bouquin, un maître ou un élément de la nature — et de se référer exclusivement à cet outil didactique. Apprendre d'un seul maître n'a pas son pareil. Après tout, cela vous permet d'acquérir un système de connaissances spécifique. Vous pourriez trouver un maître de Qi Gong et travailler sous sa direction exclusive jusqu'à ce que vous ayez maîtrisé cet art. Cela est sans contredit une excellente façon d'apprendre.

Toutefois, apprendre d'un maître unique comporte aussi des inconvénients. Par exemple, si le vôtre ne connaît qu'une partie du système, il ne vous en enseignera qu'une partie. Qu'arrivera-t-il si vous croyez avoir appris le système tout entier (en autant que ce soit possible, ce qui n'est pas le cas)?

C'est pourquoi je vous conseille de frayer avec le plus grand nombre de professeurs et de sources de connaissance possibles. Dévorez des tas de bouquins et de revues. Bavardez avec des maîtres. Apprenez auprès d'autres adeptes du Qi Gong et de toutes les disciplines magiques. Laissez la nature vous enseigner. Vous seriez étonné de voir tout ce que l'on peut apprendre d'une simple feuille. Ne méprisez jamais un maître, parce que chaque personne et chaque chose a des leçons à partager avec vous. Il est très important de ne jamais imposer de limites à quoi que ce soit.

Les limites que l'on s'impose à soi-même expliquent la multiplicité des systèmes énergétiques, qui se comptent littéralement par milliers aujourd'hui. Chacun de ces systèmes, ayant vu le jour dans un demi-isolement, utilise une méthode différente de production d'énergie. Tous sont efficaces jusqu'à un certain point et ne sont entravés que par leurs propres règles.

Par conséquent, ouvrez-vous à autant de disciplines différentes que possible tout en recherchant des analogies entre elles. Ce faisant, vous découvrirez de nouvelles possibilités partout et chaque jour. Non seulement vous développerez votre capacité d'apprendre, mais encore vous maîtriserez les nouvelles techniques encore plus rapidement.

LE QI GONG EST-IL LE SEUL OUTIL QUI PERMETTE DE MAÎTRISER L'ÉNERGIE?

De nombreux systèmes énergétiques ont été élaborés dans le monde entier à diverses périodes de l'histoire. Certains sont centrés sur les cristaux, les parfums ou les couleurs. D'autres se servent du massage, du mouvement ou des postures. Quelques-uns se concentrent sur les sons. Beaucoup nécessitent l'emploi de divers appareils et équipements. Mais un petit nombre seulement de ces systèmes sont complets en soi.

La plupart d'entre eux utilisent une ou deux méthodes pour amplifier ou diriger l'énergie au lieu d'étudier celle-ci dans son ensemble. En d'autres termes, elles abordent celle-ci dans l'esprit de la médecine occidentale plutôt que de la médecine orientale. En effet, dans les pays occidentaux, nous avons tendance à observer les symptômes d'une maladie, puis à prescrire un médicament ou une chirurgie afin de les soulager. Par exemple, si vous avez la grippe, vous prendrez un médicament pour la grippe. La médecine orientale, en revanche, recherche la cause de la maladie suivant le principe que, quand on en connaît la cause, on peut la prévenir. Dans le même ordre d'idées, la plupart des systèmes énergétiques se rallient à la vision occidentale des choses et ont recours à divers outils afin de développer, de fortifier et de maîtriser l'énergie. Le Qi Gong, quant à lui, explore la véritable nature de l'énergie, ainsi que les manières de l'utiliser directement.

Fait intéressant, de nombreuses formes de Qi Gong se limitent inutilement en adoptant des séries de mouvements à l'exclusion de toutes les autres. Cela s'explique par le fait qu'un grand nombre de familles chinoises ont élaboré leur propre forme de Qi Gong, chacune d'elles s'efforçant de rendre son système unique. Il est ironique de constater que cette unicité même les limite. Une approche éclectique, qui considère toutes les formes d'énergie comme une sorte ultime de qi universel, cosmique, est plus intéressante. En adoptant cette façon de voir, vous pouvez embrasser toutes sortes de systèmes énergétiques, peu importe leur origine historique ou culturelle. Vous approfondirez ainsi votre compréhension des divers types d'énergie et, par conséquent, atteindrez des objectifs que les adeptes de méthodes singulières ne peuvent même pas imaginer.

Comprendre les systèmes énergétiques fondamentaux

Du niveau le plus élémentaire au niveau le plus avancé, le Qi Gong travaille avec les méridiens du corps. Les méridiens sont de longues voies étroites semblables à celles qu'empruntent les nerfs (figure 1). D'autres systèmes énergétiques, ceux de l'Inde par exemple, sont centrés sur les chakras, des sphères d'énergie tournoyant à divers endroits de la ligne centrale du corps (figure 2). Le troisième type courant de système énergétique est fondé sur les auras, ces champs d'énergie qui entourent le corps et se prolongent au-delà de la peau (figure 3). Chacune de ces méthodes d'amplification de l'énergie repose sur des faits qui mènent tous à une même vérité. Comme le qi est une énergie cosmique universelle, il va au-delà des limites que lui imposent les gens désireux de le faire entrer dans une catégorie bien nette et de l'assujettir à des règles précises. C'est pourquoi, au-delà du niveau de maître, le Qi Gong s'ouvre sur une vaste gamme d'exercices énergétiques qui ne sont soumis à aucune restriction.

En combinant divers systèmes énergétiques, vous pourrez accéder à la totalité des exercices énergétiques existants, mais vous devez d'abord apprendre ce qu'est l'énergie et comment l'utiliser. Le Qi Gong est une excellente façon d'atteindre ce but; il englobe toutes les techniques élémentaires dont vous aurez besoin tout en vous donnant accès à un nombre presque illimité de techniques avancées.

Qu'est-ce que l'énergie et comment en avoir davantage? L'énergie est le fondement même de notre existence. Sans elle, nous serions morts. Pourtant, paradoxalement, même morts

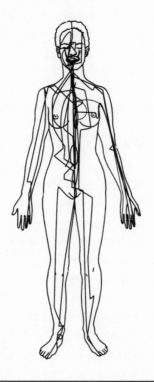

Figure 1 – Les méridiens

nous avons encore de l'énergie. Pour pouvoir contrôler votre réserve d'énergie, vous devez ouvrir votre esprit à toutes les possibilités imaginables. Il importe que vous ne vous imposiez jamais de limites, car il suffit que vous ayez la conviction de ne pas pouvoir accomplir une chose pour essuyer un échec. Si, par contre, vous êtes persuadé de pouvoir faire n'importe quoi, il se pourrait bien que la réalité vous donne raison. Au moins, en ayant la conviction qu'il n'y a rien à votre épreuve, vous devenez accessible à la possibilité qu'il en soit ainsi.

Examinons, à titre d'exemple, l'invention de l'avion. Au fil de l'histoire, bien des gens ont rêvé de voler mais peu ont pensé que c'était possible. Une petite poignée de personnes opiniâtres ont essayé sans relâche de découvrir comment voler jusqu'à ce qu'un jour, l'avion soit inventé. En fait, quand on y

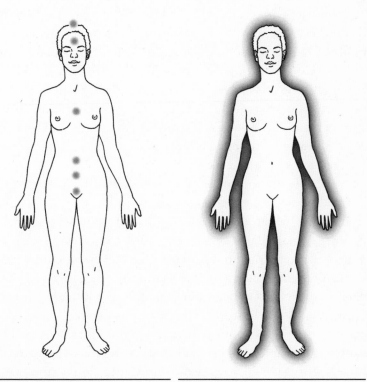

Figure 2 – Les chakras   **Figure 3 – L'aura**

réfléchit, toutes nos inventions modernes sont ainsi nées, d'un rêve et d'une conviction. Ce principe s'applique aussi au qi. Vous devez croire que votre corps est imprégné d'énergie et que vous pouvez apprendre à maîtriser celle-ci. Fort de cette conviction, vous pouvez vous interroger sur les limites de la production et de la maîtrise du qi. Fait intéressant, vous finirez sans doute par vous rendre compte que les seules limites qui existent sont celles que vous créez vous-même.

Les limites que l'on s'impose soi-même résultent d'une incompréhension. Examinons d'autres systèmes d'énergie. Nous vivons à l'ère de l'information, mais cela n'a pas toujours été le cas. Dans le passé, des civilisations ont évolué en fonction de leur compréhension du monde qui les entourait. Dans certains cas, ce monde se limitait à une vallée, à une vaste jungle ou à une chaîne de montagnes. Au bout du compte, l'expansion d'une culture était limitée par les frontières qui l'entouraient. Comme les cultures voisines ne partageaient pas toujours la même vision de la vie, chacune a évolué à sa façon unique. Comme nous l'avons déjà mentionné, la Chine tout comme l'Inde ont élaboré des systèmes énergétiques dont l'un est fondé sur les méridiens et l'autre, sur les chakras. Si vous regardez au-delà des caractéristiques de chaque système, vous constaterez que les deux cultures embrassent le même concept général, mais le mettent en valeur par des moyens différents.

Il existe un nombre incalculable de traditions centrées sur la maîtrise de l'énergie et chacune possède ses propres principes. Vues séparément, elles semblent toutes radicalement opposées, mais dans l'ensemble, elles cherchent toutes à se relier à une réalité unique, qui est celle de l'énergie universelle. Cette énergie universelle est vibratoire. Comme tout vibre dans l'univers, tout peut nous aider à comprendre l'énergie universelle. Voilà le secret. Il n'existe pas de voie unique parce que toutes les voies sont bonnes. Par conséquent, en développant vos habiletés en Qi Gong, vous devriez finir par créer votre propre voie en vous fiant à votre intuition quant à ce qui est bon pour vous.

LE QI GONG EST-IL MAGIQUE?

Le Qi Gong diffère principalement des autres systèmes de maîtrise de l'énergie de par la profondeur à laquelle il a été étudié. Au fil de l'histoire, diverses cultures ont inventé ce que l'on appelle des arts magiques afin de pouvoir guérir, prédire l'avenir, provoquer certains événements et communiquer avec la nature. Ces arts peuvent être utilisés dans un but bénéfique ou maléfique. Précisons, cependant, qu'il est impossible de cultiver autant d'aptitudes maléfiques que d'aptitudes bénéfiques en ce qui touche la conduite de l'énergie, puisqu'aux niveaux les plus avancés de cet art, il faut pouvoir détendre son corps, son esprit et son être. En effet, toutes les émotions négatives causent une tension dans le corps, ce qui entrave le flot du qi. C'est pourquoi la magie blanche l'emportera toujours sur la magie noire.

Quelle place occupe le qi dans les arts magiques? Qi et magie ne sont qu'une seule et même chose. Le Qi Gong n'est rien de plus que le mot chinois qui désigne l'étude de l'utilisation de l'énergie. Or, c'est justement ainsi que l'on définit la magie. Le Qi Gong et la magie se servent tous deux de l'énergie naturelle de la Terre pour transformer notre vie.

Toute magie découle de l'énergie universelle et celle-ci va au-delà des rituels propres à une culture; chaque culture y accède à sa façon. Le Qi Gong se concentre sur la respiration et l'amplification de la conscience sensorielle à travers divers exercices au lieu d'utiliser des outils ou des lieux particuliers. Cela ne veut pas dire qu'un système vaut mieux qu'un autre. Ils sont différents, voilà tout. L'avantage du Qi Gong, c'est qu'il peut être pratiqué n'importe où, n'importe quand, par n'importe qui et il ne requiert aucun équipement. Toutefois, à l'instar des autres systèmes, l'apprentissage du Qi Gong suit un modèle précis qui vise à conduire l'élève à travers toutes les étapes nécessaires pour progresser d'une manière sûre et efficace.

Quelle place occupe la magie dans tout cela? Les arts magiques mettent souvent en jeu des sortilèges, des incantations, des mouvements particuliers, des lieux secrets et des outils spéciaux. Chacun de ces outils a pour but de vous habituer à concentrer votre esprit et à amplifier votre énergie. La clé ici est la concentration. L'étude de la magie est une excellente manière de cultiver ses habiletés en Qi Gong. Elle vous fournit des outils précis pour améliorer votre concentration, tout en fortifiant votre confiance en vous grâce à l'utilisation de certains rituels. Si vous décidez d'embrasser une tradition magique, choisissez-en une qui vous attire naturellement. Certains d'entre vous rechercheront les arts qui se pratiquent en groupe, tandis que d'autres préféreront travailler seuls. Certains voudront utiliser un équipement complexe, d'aucuns préféreront des outils simples et naturels. Certains aiment les tambours, d'autres, les hochets. Peu importe l'art magique qui vous intéresse, persévérez dans vos efforts. À mesure que s'approfondira votre compréhension, vous verrez que toutes les traditions magiques sont reliées entre elles. Certes, elles présentent des différences apparentes, mais toutes exploitent l'énergie universelle.

Le Qi Gong, de même qu'il transcende certains arts magiques en ce qu'il ne requiert pas d'attirail particulier, se transcende lui-même aux niveaux les plus avancés. En fin de compte, on peut maîtriser le qi sans se concentrer sur sa respiration ni effectuer de mouvements précis. En fait, on peut même apprendre à maîtriser et à transmettre le qi instantanément, n'importe où, n'importe quand, par la seule force de sa pensée.

À QUOI PEUT SERVIR LE QI GONG?

On peut apprendre le Qi Gong pour divers motifs et chacun semble avoir le sien propre pour commencer son apprentissage. La plupart des adeptes du Qi Gong sont mus par le désir de mener une vie plus saine, mais il existe une foule d'autres raisons. Certaines personnes, par exemple, souhaitent améliorer leur forme physique et leur performance athlétique. D'autres s'intéressent aux arts martiaux et veulent apprendre à se défendre en cas d'agression. Un certain nombre souhaitent développer leurs aptitudes paranormales. Une poignée de gens (ils sont plus nombreux que ceux qui veulent bien le reconnaître) désirent augmenter leur pouvoir sexuel. Quelques-uns cherchent à prolonger leur vie et aspirent même à l'immortalité. Enfin, un tout petit groupe pratique le Qi Gong à des fins spirituelles.

Examinons chacune de ces raisons fondamentales de pratiquer le Qi Gong. L'une d'elles est peut-être celle-là même qui vous a poussé vers cette discipline.

Le pouvoir de guérir

Je sais que beaucoup d'entre vous aimeraient apprendre à se guérir eux-mêmes. Au niveau élémentaire, vous travaillerez une variété de postures destinées à améliorer la circulation du qi dans votre corps. Après tout, l'objectif principal du Qi Gong est d'amener votre qi à circuler avec force et régularité dans votre système tout entier. Si vous régularisez son flot, votre corps a de meilleures chances de se guérir de malaises bénins comme les maux de tête ou de dos, les courbatures, le rhume, l'insomnie, la congestion nasale et la fatigue générale. Un grand nombre de ces symptômes peuvent être éliminés en moins de trois jours. Les maladies plus graves peuvent exiger jusqu'à deux mois de travail à un adepte qualifié.

Au niveau intermédiaire, vous devriez pouvoir exercer une certaine maîtrise sur le flot de votre qi de manière à pouvoir le diriger à divers endroits de votre corps. Vous devriez pouvoir concentrer le qi dans des régions telles qu'un bras ou une jambe dans le but d'accélérer la guérison d'un muscle froissé. L'accumulation de qi à cet endroit peut favoriser la guérison des tissus meurtris. Avec un entraînement régulier, vous pourrez atteindre le niveau avancé où il est possible de guérir un certain nombre de maladies et de traumatismes en dirigeant le qi vers des parties précises du corps ou hors de celles-ci. Certains guérisseurs posent les mains directement sur leurs patients, mais aux niveaux les plus avancés, toucher n'est plus nécessaire. En fait, quelques maîtres de Qi Gong, on peut les compter sur les doigts d'une seule main, peuvent effectuer des guérisons à une très grande distance. Cette compétence exige en général un entraînement des plus assidus. Les maîtres qui ont atteint ce niveau peuvent guérir avec succès les rhumatismes, les tumeurs, la dystrophie musculaire et même le cancer. Les cliniques chinoises rapportent que l'utilisation compétente du Qi Gong peut guérir plus d'une centaine de maladies.

La forme physique

Si vous souhaitez améliorer votre forme physique générale, vous verrez que le Qi Gong est un complément formidable à n'importe quel programme d'exercice. L'une des premières techniques que vous apprendrez comme débutant sera de respirer correctement. Si vous respirez mieux, vous sentirez un accroissement de votre vitalité, de votre force, de votre coordination et de votre vigilance. Au niveau intermédiaire, vous tiendrez une variété de postures pendant des périodes de plus en plus longues, ce qui augmentera non seulement votre résistance musculaire, mais aussi votre flot énergétique et votre maîtrise du qi. À ce niveau, un entraînement adéquat devrait améliorer votre performance dans certaines activités physiques.

À mesure que vous progresserez, vous apprendrez comment accroître votre vigueur et vous ne vous fatiguerez pas aussi rapidement. En outre, vous découvrirez des façons de convertir votre surplus d'énergie en force et en souplesse. En fin de compte, l'apprentissage du Qi Gong peut vous donner plus d'ardeur et d'endurance dans vos exercices, tout en réduisant les risques de vous blesser. Aux niveaux avancés, quelques athlètes, surtout en Chine, utilisent même le Qi Gong pour remporter des médailles olympiques, ainsi que se distinguer dans les sports professionnels comme le volley-ball, la gymnastique et le base-ball.

L'autodéfense

Peut-être vous intéressez-vous aux arts martiaux. Ne vous plairait-il pas d'apprendre à vaincre des adversaires plus forts et plus agiles que vous, et dont les mouvements sont mieux coordonnés? Grâce au qi, vous pouvez adoucir les mouvements de l'art martial que vous pratiquez, quel qu'il soit. Un style doux est un style dans lequel on se déplace avec des muscles détendus tout en utilisant l'énergie de son opposant contre lui. En détendant vos muscles, vous pouvez effectuer des mouvements plus rapides et plus efficaces. Même si vous pratiquez normalement un style dur ou externe, vous pouvez le transformer en un système doux ou interne.

Si vous débutez en Qi Gong, apprendre à bouger tout en gardant vos muscles détendus augmentera fortement vos chances de conserver la santé et d'éviter d'inutiles blessures. Une fois que vous aurez atteint le niveau intermédiaire et pourrez diriger votre qi avec un certain degré de coordination mentale, vos progrès seront sans doute plus rapides que vous l'aviez espéré. À ce niveau, vous aurez plus de facilité à anticiper les mouvements de votre adversaire, ce qui devrait vous permettre de réagir avec une efficacité accrue dans les situations d'urgence ou de danger. Après avoir exercé leurs muscles et tendons pendant des années avec le Qi Gong, certains adeptes sont capables d'absorber des coups assenés à mains nues ou à l'aide de diverses armes sans subir de blessures.

Au niveau du maître, il est possible d'absorber l'énergie de son adversaire pour qu'il s'écroule ou même, en lui donnant du qi, de modifier ses fonctions physiologiques internes et de l'immobiliser. Aux niveaux les plus avancés, vous pouvez même apprendre à vous battre sans combat en modifiant les sentiments de votre opposant.

Le développement de ses dons métapsychiques

De nos jours, de plus en plus de gens souhaitent acquérir des aptitudes paranormales afin de pouvoir lire dans la pensée d'autrui, guérir à distance, communiquer avec les plantes et les animaux, voyager hors de leur corps, parler aux esprits, voir le passé, comprendre le présent et prédire l'avenir. Un grand nombre de ces aptitudes sont fort avancées et exigent une formation spécialisée, mais il reste que vous pouvez apprendre les rudiments de certaines d'entre elles aujourd'hui. Certaines personnes peuvent développer des dons psychiques élémentaires en une année d'apprentissage à peine.

En principe, vous devez aiguiser votre conscience sensorielle afin d'atteindre un niveau de perception beaucoup plus profond et plus étendu que celui auquel vous êtes habitué. Au début, exercez-vous à calmer votre intellect et vos émotions. Comme la plupart des aptitudes paranormales requièrent une forme ou une autre d'effort mental, il est essentiel que vous maîtrisiez vos propres pensées. Pour cela, vous devez d'abord apprendre à vous concentrer. Tout en effectuant divers exercices respiratoires, fixez votre attention sur un point situé à environ trois centimètres au-dessous de votre nombril. Les Chinois appellent ce point Tan Tien et il constitue le centre de votre corps.

Dès que vous aurez atteint le niveau intermédiaire en Qi Gong et saurez comment faire circuler votre énergie, vous pourrez diriger votre attention vers divers endroits de votre corps qui coïncident avec les points d'acupuncture et de digitopuncture. Au niveau avancé, vous vous concentrerez sur un point situé entre vos yeux et légèrement au-dessus, communément appelé troisième œil. Les personnes capables de projeter ou d'absorber du qi à partir de ce point finiront par maîtriser certaines des aptitudes paranormales les plus avancées. Quelques personnes fort douées arrivent même à déplacer des objets par la pensée et à lire dans la pensée d'autrui.

Une meilleure sexualité

Certains d'entre vous souhaitent peut-être accroître leur pouvoir sexuel. Peut-être aimeriez-vous pouvoir prolonger vos rapports ou même avoir des orgasmes multiples. Le Qi Gong peut vous aider. Cet apprentissage est plutôt inhabituel en regard des normes occidentales, et vous devez être tout à fait à l'aise avec votre sexualité si vous voulez suivre cette voie.

Si vous êtes un homme, vous pouvez convertir votre sperme en énergie grâce à des exercices spéciaux. En principe, vous apprendrez à ne pas éjaculer, car l'éjaculation dissipe votre énergie. Si vous arrivez à vous maîtriser, vous pourrez absorber votre sperme et le transformer directement en qi. Les femmes, quant à elles, peuvent assimiler le qi de l'homme à travers son sperme et convertir celui-ci en énergie, et absorber le qi de leurs propres sécrétions sexuelles. Il existe en outre des manières vraiment fascinantes de transmettre du qi à son partenaire, afin de lui procurer des sensations tout à fait inimaginables.

La longévité

Le désir de vivre longtemps est peut-être la raison qui vous a poussé vers le Qi Gong. Si tel est le cas, vous devriez commencer votre apprentissage dès aujourd'hui quel que soit votre âge. Le meilleur âge pour débuter est environ dix-sept ans. Il est vrai que certaines personnes ont été initiées au Qi Gong dès l'âge de quatre ou cinq ans, mais la plupart des enfants n'ont pas la patience nécessaire pour profiter vraiment de cet entraînement. L'un des principaux avantages de l'âge tient au fait que l'on est en général plus patient et qu'on a l'esprit plus ouvert que les plus jeunes.

Quel que soit votre âge, le plus important, c'est que vous vous exerciez régulièrement. Une fois votre apprentissage amorcé, vous devez persévérer si vous voulez obtenir des résultats visibles. Votre santé est sans doute votre bien le plus précieux et elle vaut certainement le temps et les efforts que vous pouvez y consacrer. Certains d'entre vous ne souhaitent peut-être pas vivre vieux parce qu'ils associent la vieillesse à la maladie, à l'affaiblissement des facultés mentales et à une absence générale de vigueur et d'endurance. Mais il n'est pas nécessaire qu'il en soit ainsi. En vous initiant au Qi Gong aujourd'hui même et en faisant preuve de ténacité, vous augmentez vos chances de mener une vie longue, productive et heureuse.

Les anciens Taoïstes pratiquaient le Qi Gong parce qu'ils aspiraient, entre autres, à l'immortalité. Un grand nombre de Taoïstes visent encore cet objectif aujourd'hui. Ils sont persuadés que la pratique quotidienne du Qi Gong accroît leurs chances d'accéder à l'immortalité. Ils croient que pour en arriver là, ils doivent apprendre à utiliser la lumière du soleil comme principale source d'énergie et qu'ils sauront ensuite comment modifier les vibrations de leur corps afin de pouvoir voyager jusqu'aux confins de l'univers. À leurs yeux, cet accomplissement appartient à l'un des niveaux les plus avancés du Qi Gong.

Une spiritualité profonde

Finalement, c'est peut-être la croissance spirituelle qui vous intéresse. La pratique du Qi Gong peut vous aider à maîtriser vos émotions, à vous harmoniser avec toute la création et même à comprendre et à respecter toute créature et toute chose. Tout ce que votre esprit peut concevoir est empreint de qi et lorsque vous aurez compris cela, vous aurez trouvé le chemin qui mène à des horizons illimités, parce que vous apprécierez de plus en plus toutes les expériences que la vie vous apporte.

Quelles que soient vos raisons de vous initier au Qi Gong, ce livre-ci vous fournira des lignes de conduite solides qui vous aideront à atteindre vos objectifs.

SÉQUENCE D'APPRENTISSAGE

Voici une séquence d'apprentissage que vous pouvez suivre pour vous initier au Qi Gong. Utilisez-la comme guide ou élaborez votre propre séquence.

Même si vous pouvez essayer presque tous les exercices de ce livre au moment de votre choix, vous progresserez plus rapidement si vous commencez par acquérir un solide noyau d'aptitudes fondamentales englobant les techniques de respiration et de détente.

I. Techniques de base

    A. Principes et théories de base

    B. Les trois régulations
        1. Maîtrise de l'esprit
        2. Maîtrise du corps
        3. Maîtrise de la respiration
            a. Respiration naturelle
            b. Respiration bouddhiste
            c. Respiration taoïste ou inversée

    C. Exercice de l'Étreinte de l'arbre

    D. Exercice de familiarisation avec le qi

    E. Engendrer du qi grâce au Wai Dan sans mouvement

    F. Développer le qi grâce au Wai Dan avec mouvement

PRINCIPES ET THÉORIES DE BASE

Il est extrêmement important que vous lisiez et compreniez le présent chapitre en entier, car il présente les principes et théories qui sont à la base du Qi Gong. En sachant ce que vous voulez accomplir, vous augmentez vos chances de réussite. Privé de ce savoir, vous n'arriveriez sans doute à rien dans votre apprentissage et tous vos efforts seraient vains. En effet, le Qi Gong fait directement appel à votre intellect. Même s'il semble physique à certains moments, il s'agit en fait d'une discipline mentale. C'est pourquoi vous devez cultiver les qualités spirituelles que sont la ténacité, la patience et l'endurance.

Comme le Qi Gong est un art oriental fondé sur une philosophie orientale, de nombreux Occidentaux ignorent les concepts essentiels à la pratique de cet art. Même la lecture du présent ouvrage peut servir à illustrer la différence entre les philosophies orientale et occidentale. Dans les pays occidentaux, nous apprenons généralement à l'aide du cerveau gauche. Nous suivons une certaine séquence d'apprentissage qui fait que nous commençons par le chapitre un avant de passer au chapitre deux et ainsi de suite. Mais vous avez sans doute remarqué que les chapitres de ce livre ne sont pas numérotés. Il en est ainsi parce que son contenu se prête parfaitement bien à l'apprentissage à l'aide du cerveau droit. Cela signifie que vous pouvez glaner des connaissances ici et là en vertu du principe que tout est interconnecté.

Bien des gens aiment se jeter tête baissée dans leur apprentissage. Rien ne vous en empêche, mais vous devez savoir par où commencer. Paradoxalement, si c'est votre cas, vous n'entamerez pas votre lecture au même endroit que si vous preniez votre temps.

Si vous êtes très impatient, commencez par la section intitulée «Le Wai Dan sans mouvement» (page 99). Pour ma part, si j'avais eu un bouquin comme celui-ci entre les mains au début de ma formation, j'aurais sans doute procédé de cette façon.

LE WAI DAN ET LE NEI DAN

Le Qi Gong peut être divisé en deux grandes catégories: le Wai Dan et le Nei Dan.

Wai Dan, le bâtisseur physique du qi

Le Wai Dan utilise diverses postures physiques pour accumuler le qi dans les bras et les jambes. Une fois le qi rassemblé en quantité suffisante, il dégagera la plupart des tensions et blocages présents dans le corps. Ceci lui permettra de circuler doucement et efficacement dans tout votre corps, accroissant ainsi votre état de santé général. (Cette circulation efficace du qi explique entre autre pourquoi les personnes qui accomplissent un travail physique ou font régulièrement de l'exercice sont souvent en meilleure santé que les personnes sédentaires.)

Le Wai Dan est la forme de Qi Gong la plus couramment utilisée par les spécialistes de la santé, car les postures sont faciles à apprendre et à tenir. Outre qu'elles exigent en général moins de trois jours d'apprentissage, elles possèdent un excellent potentiel de guérison. En fait, si l'on en croit les statistiques médicales chinoises, environ quatre-vingts pour cent des patients qui pratiquent ces postures guérissent de leurs malaises, ce qui équivaut à peu près au degré d'efficacité de la médecine occidentale.

Il existe deux types de Wai Dan: le Wai Dan sans mouvement et le Wai Dan avec mouvement. Le Wai Dan sans mouvement (aussi appelé Zhan Zhuang) est surtout utilisé pour ses effets bénéfiques incroyables sur la santé. Il s'agit de tenir une position donnée tout en détendant ses muscles le plus possible. Une position typique consiste à se tenir debout, pieds écartés à la largeur des épaules et genoux légèrement fléchis, tout en maintenant les bras levés de chaque côté, paumes tournées vers l'avant et coudes légèrement pliés (figure 4). Au bout de vingt minutes, vous ressentirez sans doute une assez grande fatigue dans les bras. Quand vous les baisserez, l'énergie qui s'est accumulée dans vos épaules inondera vos bras avant de circuler dans le reste de votre corps.

Dans les exercices de Wai Dan avec mouvement, vous contractez et détendez divers groupes musculaires en passant d'une position à l'autre. Il est important, lorsque vous faites ce genre d'exercice, de relâcher le plus possible la tension dans vos muscles afin de faciliter la circulation du qi dans vos méridiens. Voici un exemple. Prenez une position confortable, pieds écartés à la largeur des épaules et bras pendant mollement de chaque côté (figure 5, page 42). Lentement, levez les bras à la hauteur des épaules (figure 6), paumes tournées vers le bas. En même temps, concentrez-vous le plus possible sur la sensation produite par le mouvement de chaque muscle. Lorsque vos bras se trouvent à la hauteur de vos épaules, abaissez-les le plus lentement possible de chaque côté de votre corps. Cet exercice fait penser à un oiseau qui bat des ailes. Répétez-le autant de fois que nécessaire, jusqu'à ce que vos bras et vos épaules commencent à se réchauffer.

Paumes tournées vers l'avant.

Bras levés de chaque côté.

Coudes fléchis.

Genoux fléchis.

Pieds écartés à la largeur des épaules.

Figure 4

Nei Dan, le bâtisseur mental de qi

Le Nei Dan, pour sa part, développe le qi au moyen de l'effort mental et, pour cette raison, il est généralement considéré comme plus complexe et plus difficile à apprendre que le Wai Dan. En effet, l'identification de la sensation de qi exige du temps, ainsi qu'une bonne dose de patience et de contrôle. Une fois maîtrisé, toutefois, le Nei Dan s'avère plus efficace. Il s'agit de développer le qi dans l'abdomen au moyen de certains exercices respiratoires et, une fois le qi rassemblé dans cette région, de le faire circuler dans le corps par la force de la pensée.

Vous pouvez apprendre les deux systèmes en même temps, mais si vous débutez, vous devriez concentrer vos efforts sur le Wai Dan, car il faut un certain temps pour ressentir les effets du Nei Dan. En vous concentrant sur le Wai Dan, vous comprendrez mieux et plus vite ce qu'est la sensation de qi. Par ailleurs, comme l'apprentissage du Nei Dan est

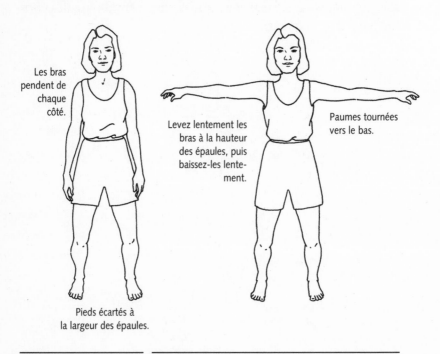

Les bras pendent de chaque côté.

Pieds écartés à la largeur des épaules.

Levez lentement les bras à la hauteur des épaules, puis baissez-les lentement.

Paumes tournées vers le bas.

Figure 5　　　**Figure 6**

plus long, aussi bien vous atteler tout de suite à la tâche. Ainsi, lorsque vous aurez accumulé une réserve suffisante de qi grâce au Wai Dan, vous progresserez plus rapidement en Nei Dan. Il est extrêmement important de commencer par les exercices de Wai Dan, car la plupart des débutants ne comprennent pas vraiment ce qu'est le qi et quelle sensation il procure. Or, cette compréhension est essentielle à la pratique du Nei Dan.

LES MÉRIDIENS ET LES CAVITÉS
OU POINTS ÉNERGÉTIQUES

Une fois familiarisé avec l'idée que votre corps est imprégné de qi, vous devez comprendre que votre santé dépend de la circulation fluide de ce qi dans votre corps. En outre, vous devez à tout prix en préserver une certaine quantité à l'intérieur de vous.

Votre qi circule dans votre corps à travers une série de méridiens comprenant huit vaisseaux et douze canaux. Les vaisseaux ressemblent à des lacs. Ce sont des réservoirs qui se vident et se remplissent en fonction du flot de qi. Les canaux sont comme des rivières qu'emprunte le qi pour circuler d'un vaisseau à l'autre. Par conséquent, quand vos vaisseaux sont pleins de qi, celui-ci circule dans vos canaux et vous êtes en santé. Si l'un de vos canaux est bloqué, c'est comme si vous érigiez un barrage sur une rivière ou un lac. Le débit de qi se trouve modifié et vous tombez malade.

Vos méridiens peuvent être bloqués par l'air que vous respirez, la nourriture que vous mangez, les conditions atmosphériques, le moment de la journée, vos pensées et même vos émotions. Par exemple, si vous vivez dans une ville où l'air est pollué, cela peut nuire à votre santé, parce que vous respirez un air vicié et que vos vaisseaux et méridiens se remplissent d'un qi faible. En un sens, on peut les comparer à une rivière polluée. Si vous mangez des aliments gras, cela influe également sur le flot de votre qi. De même, si vous vous faites prendre dehors par une pluie verglaçante, cela aura un effet sur vos vaisseaux et vos méridiens. En outre, lorsque le qi circule comme il le devrait, il accomplit un circuit régulier, atteignant chacun de vos organes internes à divers moments de la journée. Ce qui vous arrive à tel ou tel moment sera directement relié aux dommages potentiels que pourrait subir l'un de vos organes. Vos pensées et émotions influent aussi sur la circulation de votre qi et, par le fait même, sur votre santé.

Le cycle du qi

Les douze méridiens sont placés de manière symétrique de chaque côté du corps et sont tous reliés entre eux. Si l'un d'eux est bloqué, tous les autres peuvent se détériorer à la longue. Le qi part des poumons pour se rendre au gros intestin. De là, il se dirige vers l'estomac et la rate, puis se rend au cœur et à l'intestin grêle avant de s'acheminer vers la vessie et le rein. Il remonte ensuite jusqu'au péricarde et au Sanjiao (ou triple réchauffeur). Enfin il se rend à la vésicule biliaire et au foie avant de revenir aux poumons où il recommence son circuit. Lorsque votre qi circule normalement et n'est bloqué nulle part, il traverse chacun de vos organes à un moment précis de la journée.

Poumons	3 h à 5 h
Gros intestin	5 h à 7 h
Estomac	7 h à 9 h
Rate	9 h à 11 h
Cœur	11 h à 13 h
Intestin grêle	13 h à 15 h
Vessie	15 h à 17 h
Reins	17 h à 19 h
Péricarde	19 h à 21 h
Triple réchauffeur	21 h à 23 h
Vésicule biliaire	23 h à 1 h
Foie	1 h à 3 h

Les deux méridiens les plus importants sont **Ren Mai** (aussi appelé Vaisseau Conception) et **Du Mai** (Vaisseau Gouverneur).

Le **Vaisseau Conception** descend sur le devant du corps en partant d'un point situé juste sous les yeux; il contourne la bouche et descend jusqu'au périnée en passant par la poitrine et l'abdomen (figure 7). Le **Vaisseau Gouverneur** va du périnée jusqu'à la nuque en passant par le coccyx. Il passe ensuite sur la crête du crâne et descend sur l'avant du visage pour aboutir près des canines de la mâchoire supérieure (figure 8).

Si vous débutez en Qi Gong, vous apprendrez à fixer votre attention sur ces deux vaisseaux au cours des exercices de Nei Dan. Vous devrez d'abord bâtir une réserve de qi dans Tan Tien à l'aide des exercices de Wai Dan. Tan Tien est situé dans votre bas-ventre, à environ trois centimètres au-dessous de votre nombril. Vous apprendrez ensuite à déplacer votre qi le long du Vaisseau Conception, puis à le faire remonter le long du Vaisseau Gouverneur pour accomplir la petite circulation. Vous vous familiariserez ensuite avec la grande circulation, qui consiste à faire circuler le qi dans ses bras et ses

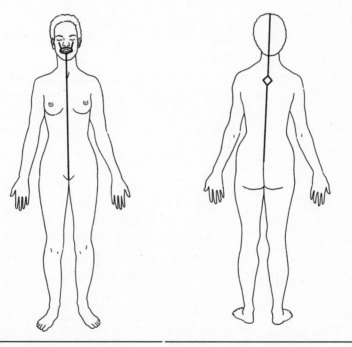

Figure 7 – Ren Mai ou Vaisseau Conception

Figure 8 – Du Mai ou Vaisseau Gouverneur

jambes en suivant la trajectoire des autres méridiens, qui portent le nom du principal organe qu'ils traversent.

Le **méridien du Poumon** (figure 9) part d'une région appelée réchauffeur moyen située près du nombril. Il descend vers le gros intestin puis remonte vers les poumons et la clavicule où il se divise en deux branches qui descendent dans chaque bras. Une fois rendu dans la main, il se divise encore en deux branches, dont l'une se termine à l'extrémité du pouce et l'autre, à l'extrémité de l'index où elle rejoint le méridien du Gros Intestin. Un blocage du méridien du Poumon se manifeste souvent par une toux, des troubles cutanés ou pulmonaires, des allergies ou une fatigue générale.

Le **méridien du Gros intestin** (figure 10) part de l'extrémité de chaque index et remonte dans chaque bras jusqu'au point le plus élevé des épaules. Il se divise alors en deux branches, dont l'une descend jusqu'au gros intestin, tandis que

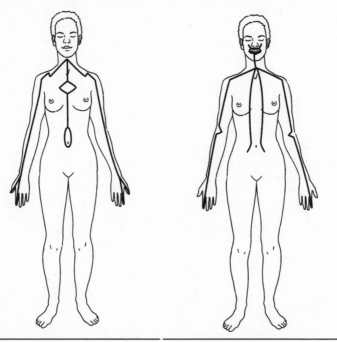

Figure 9 – Le méridien du Poumon   **Figure 10 – Le méridien du Gros intestin**

l'autre remonte de chaque côté du nez et contourne la bouche avant de rejoindre le méridien de l'Estomac. Un blocage de ce méridien entraîne souvent la constipation ou la diarrhée.

Le **méridien de l'Estomac** (figure 11) part de chaque côté des ailes du nez et remonte le long de celui-ci pour en encercler l'arrête (le troisième œil). En même temps, il contourne la bouche avant de se rendre au front en passant par les joues. Il part aussi de la mâchoire inférieure et descend le long du cou jusqu'au sternum où il se divise en deux branches qui passent de chaque côté de la poitrine et de l'abdomen, dépassent l'aine et descendent dans chaque jambe pour aboutir à l'extrémité des deuxièmes orteils où elles rejoignent le méridien de la Rate. Un blocage au niveau de ce méridien peut se manifester par des vomissements, des plaies buccales et des nausées.

Le **méridien de la Rate** (figure 12) part de chaque gros orteil et remonte chaque jambe jusqu'à la rate. Il poursuit

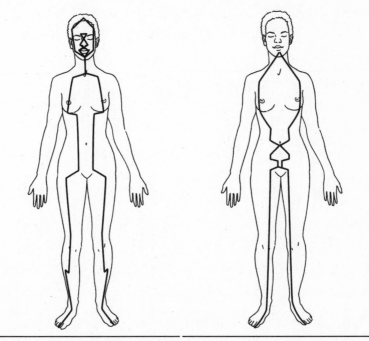

Figure 11 – Le méridien de l'Estomac Figure 12 – Le méridien de la Rate

ensuite sa trajectoire pour aboutir à l'arrière de la langue où il croise le méridien du Cœur. Un blocage de ce méridien peut entraîner une perte d'appétit, l'hépatite, des troubles menstruels ou la fatigue.

Le **méridien du Cœur** (figure 13) comporte trois branches qui commencent toutes près du cœur. Une branche se dirige vers l'intestin grêle, l'autre dépasse la langue pour rencontrer le méridien de la Rate avant de continuer jusqu'aux yeux, tandis que la troisième descend dans chaque bras pour aboutir à l'extrémité du petit doigt où elle rencontre le méridien de l'Intestin grêle. Un blocage au niveau de ce méridien peut se manifester sous forme de troubles cardiaques ou d'insomnie.

Le **méridien de l'Intestin grêle** (figure 14) part de l'extrémité extérieure des petits doigts pour remonter dans les bras jusqu'au centre du dos où il croise le méridien de la Vessie et se divise en deux branches. Une branche descend jusqu'à

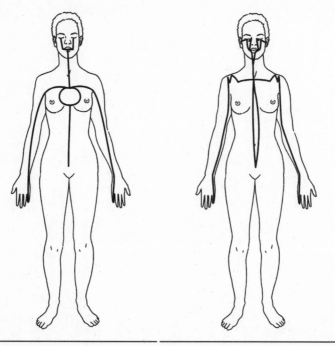

Figure 13 – Le méridien du Cœur   **Figure 14 – Le méridien de l'Intestin grêle**

l'intestin grêle tandis que l'autre contourne les joues pour se rendre aux yeux et aux oreilles. Un blocage de ce méridien peut provoquer des douleurs abdominales ou des vomissements.

Le **méridien de la Vessie** (figure 15) commence au coin inférieur de chaque œil et passe sur la crête du crâne pour se rendre jusqu'à la nuque où il se divise en deux. Une branche traverse la vessie, tandis que l'autre suit la colonne vertébrale jusqu'au genou. Les deux branches se rejoignent à cet endroit pour descendre jusqu'au tendon d'Achille où elles rencontrent le méridien du Rein. De là, le méridien de la Vessie se rend jusqu'à l'extrémité des petits orteils. Un blocage à ce niveau peut entraîner des troubles urinaires ou de l'incontinence.

Le **méridien du Rein** (figure 16) commence sous chaque gros orteil près de la partie charnue de la plante des pieds et remonte dans les jambes jusqu'aux reins. Là, il se divise en deux branches qui traversent la poitrine où elles croisent le

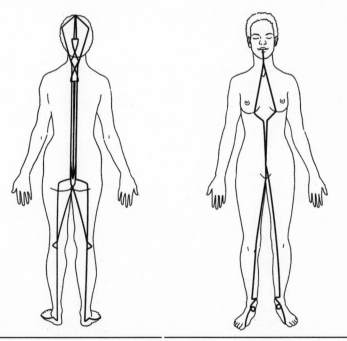

Figure 15 – Le méridien de la Vessie   Figure 16 – Le méridien du Rein

méridien du Péricarde. De là, elles se rendent jusqu'à l'arrière de la langue. Un blocage de ce méridien peut causer des maux de dos ou des troubles auriculaires.

Le **méridien du Péricarde** (figure 17) part près du cœur où il se divise en deux parties. Une branche traverse la cavité abdominale, tandis que l'autre descend dans chaque bras jusqu'aux paumes. Là, elle se divise en deux parties dont l'une aboutit à l'extrémité du majeur et l'autre, à l'extrémité de l'annulaire où elle rencontre le méridien du Triple Réchauffeur. Un blocage de ce méridien peut se manifester par divers troubles de la poitrine et des seins.

Le **méridien du Triple Réchauffeur** (figure 18) diffère légèrement des autres méridiens en ce qu'il n'est pas représenté par un organe physique reconnu par la médecine occidentale. Il est plutôt défini par sa fonction. Celle-ci consiste à faire circuler une énergie de type eau à travers les autres organes. Ce méridien part de l'extré-

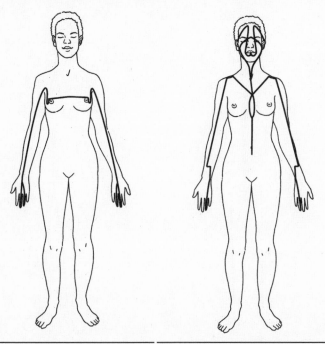

Figure 17 – Le méridien du Péricarde Figure 18 – Le méridien du Triple Réchauffeur

mité de l'annulaire et se rend à la poitrine en passant par-dessus les épaules. De là, il se divise en deux branches dont l'une descend jusqu'aux parties intermédiaires et inférieures du tronc, tandis que l'autre remonte jusqu'à l'oreille avant de contourner le visage où elle rencontre le méridien de la Vésicule biliaire. Un blocage de ce méridien peut provoquer des torticolis ou de la rétention d'eau.

Le **méridien de la Vésicule biliaire** (figure 19) comprend deux branches qui partent près des yeux. L'une contourne le visage et les oreilles pour se rendre jusqu'aux hanches, tandis que l'autre traverse les joues et descend jusqu'à la vésicule biliaire où elle rejoint l'autre branche. Les deux branches se rejoignent et descendent dans les jambes jusque sur le dessus des pieds où elles rencontrent le méridien du Foie. De là, elles continuent jusqu'à l'extrémité des quatrièmes orteils. Un blocage de ce méridien peut entraîner la jaunisse, des nausées ou un mauvais goût dans la bouche.

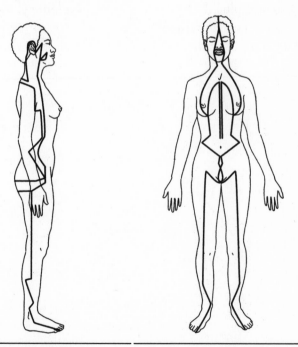

Figure 19 – Le méridien de la Vésicule biliaire

Figure 20 – Le méridien du Foie

Le **méridien du Foie** (figure 20) commence sur le dessus des gros orteils et remonte dans les jambes pour encercler les organes génitaux avant de se rendre jusqu'au foie. De là, il se dirige vers les poumons où il rencontre le méridien du Poumon. Ensuite il s'achemine vers la bouche qu'il encercle avant de se diviser en deux branches qui se rendent à chaque œil. Les deux branches se rejoignent au front et passent sur le dessus de la tête. Un blocage à ce niveau peut causer des étourdissements, de l'hypertension artérielle, des troubles visuels ou prémenstruels et des spasmes musculaires.

Les cavités de qi

Outre les vaisseaux et les méridiens (ou canaux), votre corps possède des centaines de cavités situées le long des méridiens et dont la fonction est de rassembler le qi. Ces cavités coïncident avec les points d'acupuncture. Bien que notre corps en contienne plus de sept cents, quatre seulement sont importantes pour le débutant. Deux sont situées sur la plante des pieds, une sur chacune (figure 21), et s'appellent **Yongquan** ou

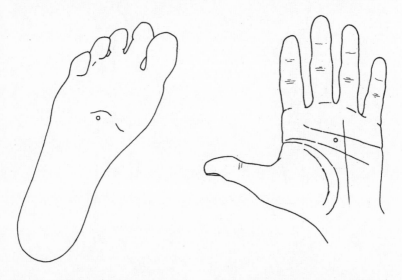

Figure 21 – Cavités Yongquan ou Sources jaillissantes

Figure 22 – Cavités Laogong ou Temples du travail

Sources jaillissantes et deux se trouvent au centre des paumes, une sur chacune (figure 22), et s'appellent **Laogong** ou Temples du travail. Au fil de votre apprentissage, vous apprendrez à émettre et à absorber du qi à travers ces quatre points. Vous émettrez du qi pour guérir une personne ou communiquer avec elle et en absorberez pour vous guérir vous-même ou recueillir des données énergétiques sur quelque chose.

Maintenant que vous connaissez les différents méridiens (formés de vaisseaux et de canaux) ainsi que les cavités, vous voyez qu'ils sont interconnectés. En apprenant à bâtir une réserve de qi et à le faire circuler avec un débit régulier, vous pouvez favoriser la santé et le bon fonctionnement de tous vos organes. Ceci, après tout, représente l'un des principaux objectifs du Qi Gong.

LE YIN ET LE YANG

Le *yin* et le *yang* sont deux termes qui illustrent la notion des contraires. Tout ce qui existe dans l'univers possède un contraire qui contribue en même temps à l'équilibrer. L'un ne pourrait pas exister sans l'autre. Cette polarité est la source de l'harmonie qui existe dans l'univers. Des exemples de ces opposés sont la lumière et l'obscurité, l'amour et la haine et les principes mâle et femelle.

Les trois types de qi

Il existe trois principales sortes de qi: le qi du Ciel, le qi de la Terre et le qi humain, et chacun d'eux renferme des éléments yin et yang. Dans le ciel, l'univers ou même l'espace, le soleil et la lune constituent un exemple de yin et de yang. La lune est yin tandis que le soleil est yang. Sur la terre, l'eau est yin et la terre, yang. Chez les êtres humains, les femmes sont yin et les hommes, yang.

Fait intéressant, le ciel influence la terre et tous deux influent sur les humains. Par exemple, lorsque la lune est pleine, les marées sont plus importantes. Dans des circonstances extrêmes, cela peut même entraîner des inondations. Une personne peut être bloquée par l'inondation, se mouiller et contracter une pneumonie.

Le qi est énergie et, par conséquent, il n'est ni yin ni yang. Quand on le qualifie de yin ou de yang, cela désigne son intensité à un moment donné. Le yin est symbole de faiblesse, de passivité et d'immobilité, tandis que le yang est associé à la force, à l'action et au mouvement.

En vertu de la médecine chinoise, votre corps comprend douze organes dont la moitié sont considérés comme yin, soit le cœur, le foie, les poumons, la rate, les reins et le péricarde. L'autre moitié est yang et comprend les organes de digestion et d'élimination, en l'occurrence le gros intestin, l'intestin grêle, la vésicule biliaire, l'estomac, la vessie et le triple réchauffeur. En comprenant mieux la relation de chacun de ces organes avec les autres et leur nature yin ou yang, vous augmentez vos chances de demeurer en santé.

La compréhension des principes du yin et du yang est importante parce que, selon la philosophie et la médecine chinoises, tous les aspects de notre vie physique, mentale, émotive et spirituelle sont interreliés. Le déséquilibre de l'un entraîne celui de tous les autres. De même, en équilibrant un aspect grâce au qi, vous équilibrez tous les autres du même coup.

Par exemple, supposons que vous travaillez trop et n'êtes pas souvent à la maison. Lorsque vous y êtes, votre partenaire se plaint sans cesse de vos absences prolongées, ce qui provoque de perpétuelles prises de bec qui vous causent un stress et réduisent votre efficacité au travail. Pour compenser cela, vous rallongez vos heures de travail, perpétuant ainsi le cercle vicieux. Si vous voulez modifier cette situation, vous devez trouver l'équilibre. Vous pourriez le faire en travaillant moins, ce qui réduirait les querelles entre vous et votre partenaire. Comme vous serez plus détendu, vous travaillerez avec une efficacité optimale, ce qui devrait vous permettre de diminuer vos heures de travail et, du même coup, vos conflits avec votre partenaire. De la sorte, vous amorcez un cycle positif.

Le lien entre yin/yang et Qi Gong

Étudions maintenant le concept du yin et du yang en relation avec le Qi Gong. Il existe en gros deux sortes de Qi Gong: le Wai Dan et le Nei Dan. Le Wai Dan est considéré comme yang parce qu'il comporte davantage d'exercices physiques, ce qui engendre un qi yang. Le Nei Dan est yin parce qu'il produit un qi yin au moyen d'exercices mentaux.

Comme vous pouvez voir, le yin et le yang sont deux systèmes fondamentaux de classification. En principe, ils peuvent vous éclairer sur la situation que vous affrontez et la conduite à tenir. Comme le but du Qi Gong est de vous enseigner à équilibrer ou harmoniser votre énergie intérieure, ces deux relations symboliques vous fournissent des lignes directrices sur lesquelles vous pouvez fonder votre apprentissage.

LES CINQ ÉLÉMENTS

Selon la médecine traditionnelle chinoise, tout ce qui existe est constitué soit de bois, de feu, de terre, de métal ou d'eau. En vertu de cette prémisse, tout est interrelié de la même manière que ces cinq éléments ont une action réciproque.

Par exemple, l'élément Bois est représenté par le printemps et le vent. En effet, au printemps, il vente et les plantes (bois) poussent. Le Feu est associé à l'été et à la chaleur, car l'été est la saison la plus chaude. La Terre représente la fin de l'été et l'humidité, car c'est une partie de l'année où cette condition est souvent présente. Le Métal est associé à l'automne et à la sécheresse, et l'Eau, à l'hiver et au froid, l'hiver étant en général la saison la plus froide et celle où l'eau gèle.

Vous vous demandez peut-être quel est le lien entre ces cinq éléments et les humains, et plus particulièrement, en quoi ils se rapportent au Qi Gong. Ce qu'il faut comprendre surtout, c'est que toutes les choses s'influencent mutuellement. Par conséquent, la nourriture que vous mangez, l'air que vous respirez et même le climat dans lequel vous vous trouvez en ce moment, tout cela influe sur la circulation de votre qi. Par exemple, en hiver, vous devriez faire moins d'exercice et manger moins, parce que l'hiver est une période où tout fonctionne au ralenti dans la nature et où la croissance et l'activité sont réduites. Cette saison est propice à l'exercice du Wai Dan sans mouvement et du Nei dan. Au contraire, en été, vous devriez faire plus d'exercice et manger davantage, car c'est une période où tout pousse et déborde de vitalité dans la nature. Pendant cette saison, vous devriez mettre l'accent sur les exercices de Wai Dan avec mouvement. Il est important de savoir quand pratiquer les divers types d'exercices de Qi Gong parce que plus vous approfondirez ce sujet, mieux vous comprendrez comment équilibrer les éléments yin et yang de votre qi. Ainsi, si vous tombez malade ou avez besoin d'un regain d'énergie, vous pourrez y remédier.

Voici un exemple de la manière dont vous pouvez mettre à profit cette information. Supposons que vous êtes irritable ces jours-ci et passez beaucoup de temps à crier. Selon la table des Cinq Éléments (page suivante), votre frustration révèle une situation du type Bois. Vos symptômes et actions pourraient indiquer que vous êtes en train de développer des troubles hépatiques, car selon la médecine chinoise, les personnes souffrant du foie deviennent facilement irritables et manifestent leur colère par des éclats de voix.

À ce point-ci, vous pourriez envisager de consulter un spécialiste de la médecine traditionnelle chinoise qui pourrait interpréter vos autres symptômes, comme la couleur de vos yeux. Vous voudrez sans doute savoir comment prévenir l'apparition d'une maladie potentielle. Votre corps s'en charge déjà jusqu'à un certain point. En criant, vous relâchez une partie de la tension et du qi négatif qui s'est accumulé dans votre foie. Ayant localisé la cause de votre problème, vous pouvez faire une série d'exercices de Qi Gong afin d'équilibrer la circulation du qi dans cet organe particulier. Dans ce cas, vous pourriez vous tenir debout, pieds écartés à la largeur des épaules et genoux légèrement fléchis. Laissez vos bras pendre mollement de chaque côté de votre corps. Aussi lentement que possible, respirez par le nez. Gonflez l'abdomen lorsque vous inhalez et rentrez-le à l'expiration. Calmez vos pensées et concentrez-vous sur votre respiration. Les troubles hépatiques sont associés au stress émotionnel. En tenant cette posture particulière et en vous concentrant sur votre respiration, vous vous calmerez et allégerez une partie de votre tension. Le tableau ci-dessous montre les symboles et les relations entre les cinq éléments.

LES CINQ ÉLÉMENTS

	Bois	Feu	Terre	Métal	Eau
Direction	Est	Sud	Centre	Ouest	Nord
Saison	Printemps	Été	Fin de l'été	Automne	Hiver
Facteur climatique	Vent	Chaleur	Humidité	Sécheresse	Froid
Processus	Naissance	Croissance	Changement	Récolte	Entreposage
Couleur	Vert	Rouge	Jaune	Blanc	Noir
Goût	Sûr	Amer	Sucré	Âcre	Salé
Odeur	Caprine	De roussi	Parfumée	Rance	Pourrie
Organe Yin	Foie	Cœur	Rate	Poumons	Reins
Organe Yang	Vésicule biliaire	Intestin grêle	Estomac	Gros intestin	Vessie
Orifice	Yeux	Langue	Bouche	Nez	Oreilles
Tissu	Tendons	Vaisseaux sanguins	Muscles	Peau/ Cheveux	Os
Émotion	Colère	Joie	Mélancolie	Tristesse	Peur
Son	Cri	Rire	Chant	Pleurs	Grognement

LES TROIS RÉGULATIONS

Pour que votre qi circule correctement, vous devez avant toute chose apprendre à détendre votre esprit, votre souffle et votre corps. C'est ce qu'on appelle les trois régulations.

De ces trois régulations, la plus importante est celle de l'esprit, car celui-ci exerce un effet direct sur les deux autres éléments. Un esprit détendu est calme et vous permet de penser clairement et donc de vous concentrer parfaitement. Pour détendre votre corps, vous devez savoir comment prêter attention tant à vos muscles qu'à vos organes internes. Enfin, détendre son souffle signifie respirer d'une manière lente et harmonieuse, en accord avec l'esprit et le corps. Lorsque vous pourrez détendre ces trois éléments, vous pourrez sans doute identifier votre qi et apprendre à le diriger.

La pensée vient en premier. En effet, avant d'aller quelque part, vous devez au préalable décider d'y aller. C'est pourquoi vous devez d'abord apprendre à maîtriser vos pensées. Vous pouvez le faire en vous concentrant sur une seule chose, comme votre respiration, et en chassant temporairement toute autre pensée de votre esprit. Fixez la totalité de votre attention sur votre souffle au lieu de laisser votre esprit vagabonder vers d'autres sujets comme votre travail, vos relations ou vos activités ultérieures de la journée. Si vous voulez obtenir quelque succès dans votre apprentissage du Qi Gong, vous devez vous concentrer sur ce que vous faites. Cela est particulièrement important pour les débutants. Par exemple, si vous voulez détendre votre corps, gardez votre attention rivée à vos muscles. De même, pour calmer votre respiration, concentrez-vous sur vos inhalations et vos expirations. Comprendre la notion de calme est la clé de l'utilisation efficace du mental. Un esprit calme peut mieux se concentrer sur la relaxation de votre corps. Il vous aide à maîtriser votre souffle et augmente vos chances de percevoir le qi dans votre corps.

En deuxième lieu, vous devez maîtriser votre souffle. Pour cela, il vous faudra d'abord apprendre à respirer par le nez. Votre respiration doit être aussi lente, douce et calme que possible. En maîtrisant votre souffle, vous pouvez influencer votre esprit et votre corps. Il est possible, par exemple, de modifier sa fréquence cardiaque. Si vous respirez rapidement, votre cœur bat plus vite, ce qui vous donne un regain d'énergie. Si vous respirez lentement, votre cœur bat plus lentement et une douce quiétude vous envahit. À ce point-ci, ne vous souciez pas d'adopter un modèle respiratoire particulier, mais contentez-vous de respirer naturellement. Assurez-vous toutefois, même si vous respirez lentement, de ne pas retenir votre souffle et essayez plutôt de prolonger légèrement chacune de vos inhalations et expirations.

Vous constaterez peut-être que votre respiration est directement reliée à vos émotions. Par exemple, si vous êtes contrarié ou en colère, vos expirations sont sans doute plus longues que vos inhalations. En revanche, si vous êtes triste, c'est l'inverse qui se produit. Pendant les exercices de Qi Gong, essayez d'égaliser la longueur de vos inhalations et de vos expirations. De plus, lorsque vous inhalez, faites en sorte de remplir vos poumons aux trois quarts seulement. Si vous inhalez trop profondément, vous créerez une tension dans vos poumons, contrecarrant ainsi votre objectif, qui est de vous détendre.

Vous vous demandez sans doute à quoi équivalent ces trois quarts? Le moment est venu de vous mettre à l'écoute de votre corps. Essayez d'inhaler le plus profondément possible. Lorsque vous aurez atteint votre limite, inspirez encore un tout petit peu plus d'air. Puis prenez trois inspirations supplémentaires en inhalant une infime quantité d'air chaque fois. Sentez-vous la tension dans votre poitrine? Il se peut aussi que votre gorge se serre légèrement comme si vous alliez vomir. Voilà la sensation produite par des poumons pleins. Pour remplir vos poumons aux trois quarts, vous devez évaluer à peu près la quantité d'air dont vous avez besoin en vous servant de l'échelle de comparaison que vous a fournie l'exercice ci-dessus.

En dernier lieu vient la maîtrise du corps. À cette étape, vous apprendrez à détendre vos muscles tout en tenant des postures précises. Même si la maîtrise du mental est l'élément le plus important de votre apprentissage, vous devez apprendre à relaxer votre corps. C'est pour cette raison aussi que vous devriez pratiquer le Wai Dan avant le Nei Dan. Essayez maintenant la position ci-dessous.

Mettez-vous debout dans une position confortable. Vous devriez être solide sur vos pieds et garder le torse bien droit. Concentrez votre attention sur vos muscles, surtout ceux du cou, des épaules, des bras et des jambes. Si vous tenez l'une de ces parties dans une position forcée, elle se contractera et se fatiguera rapidement. C'est pourquoi vous devez tenter de relâcher vos grands muscles le plus possible.

Une fois complètement détendu, vous pouvez débuter votre apprentissage du Qi Gong. Il est important que vous commenciez par vous relaxer, car si votre corps est tendu ou vos pensées sont éparpillées, vous ne sentirez pas votre qi. Et même si vous le sentiez, le qi ne circulerait pas avec force, car son flot serait entravé par vos pensées et par les tensions de votre corps.

Il existe trois niveaux de détente. Le premier exige que vous adoptiez une position confortable tout en concentrant vos pensées sur votre respiration. Vous pouvez vous allonger, vous asseoir ou même rester debout en autant que vous soyez aussi à l'aise que possible.

Au deuxième niveau, vous devez fixer votre attention sur vos muscles. Si vous sentez une tension quelque part, concentrez-vous sur cette région et imaginez que la tension s'en échappe chaque fois que vous expirez lentement.

Le dernier niveau de détente vous permet de sentir vos organes internes et même vos os et la moelle. Le débutant aura plus de facilité à sentir ses poumons, puis son cœur. Avec un peu d'entraînement, cependant, vous en viendrez à percevoir presque tous les organes de votre corps. Il s'agit là d'un exercice avancé qui requiert la capacité de diriger mentalement son qi ainsi que la maîtrise de la petite et de la grande circulation.

Dès que vous pourrez exercer les trois régulations, vous pourrez apprendre comment générer du qi et l'emmagasiner.

LA MAÎTRISE DE L'ESPRIT

C'est en cultivant son attention consciente que l'on peut le mieux développer ses habiletés en Qi Gong. En d'autres termes, vous devez être attentif à ce qui se passe à l'intérieur de votre corps. C'est pourquoi vous devez fortifier votre concentration en maîtrisant votre esprit.

La maîtrise de ses émotions et de ses désirs

Afin d'exercer un meilleur contrôle sur vos capacités mentales, vous devez comprendre que certains facteurs influent tant sur votre mode de pensée que sur le contenu de vos pensées. Plus précisément, il y a sept émotions et six désirs qui non seulement peuvent avoir un effet nocif sur votre esprit, mais peuvent aussi se manifester dans votre corps physique sous forme de maladie ou de stress. Ces sept émotions sont la joie, la colère, la tristesse, la mélancolie, le chagrin, la peur et l'anxiété. Les six désirs sont le sexe, l'argent, la renommée, la richesse, le gain et l'absence de perte. Étant donné le mode de vie que la plupart d'entre nous mènent aujourd'hui, il est presque impossible d'éradiquer ces treize stress mentaux de notre vie, mais nous pouvons réduire leur pouvoir sur nous. Il est crucial d'apprendre à faire face à ces intrusions mentales.

Maintenant que vous connaissez l'existence de ces désirs et émotions, vous avez fait un grand pas en avant, mais vous devez aussi pouvoir vous en débarrasser une fois qu'ils ont envahi votre esprit. Sachez que vous avez du pouvoir sur vos pensées. Il est évident qu'une foule de raisons biologiques ou psychologiques peuvent faire naître en nous toutes sortes de pensées ou d'émotions, mais nous pouvons choisir la durée de nos ruminations. Nous pouvons notamment modifier notre processus de pensée, et l'une des meilleures façons d'y arriver consiste à se concentrer sur sa respiration. En effet, comme vos pensées et vos émotions sont partiellement régies par votre respiration, vous pouvez, en modifiant celle-ci, transformer votre état d'esprit. Commencez par surveiller vos schémas respiratoires selon votre humeur du moment. Par exemple, quand vous êtes en rogne, il est probable que vous respirez plus vite et plus fort. Donc, si vous arrivez à ralentir votre respiration et à l'adoucir, vous constaterez que votre colère se dissipe plus rapidement.

La concentration

La prochaine étape consiste à améliorer votre concentration, car c'est grâce à elle que vous pouvez percevoir et diriger votre qi. Votre objectif est d'apprendre à river votre attention sur Tan Tien, votre centre. Cela est très important parce que, si vous laissez vos pensées vagabonder, vous n'avancerez pas dans votre apprentissage. En tant que débutant, vous vous rendrez souvent compte qu'avant de pouvoir vous concentrer sur un endroit précis de votre corps, vous devez maîtriser vos pensées. Vous pouvez effectuer une sorte d'échauffement mental au moyen d'exercices spéciaux de la même façon que vous étirez vos muscles avant votre jogging. L'utilité de ces exercices tient au fait que, comme la plupart des gens s'embêtent très rapidement, ils se rendent compte, s'ils essaient aussitôt de se concentrer sur leur respiration, que leur esprit se met à vagabonder au bout de quelques instants à peine.

Vous pouvez recourir à certaines astuces pour détendre votre esprit tout en le concentrant. L'une d'elles consiste, par exemple, à imaginer un magnifique paysage. Pensez à un endroit que vous avez déjà visité ou encore inventez-en un que vous avez toujours voulu découvrir. Il peut s'agir d'une plage, d'une montagne, d'une chute d'eau ou même d'un pré fleuri. Plus votre vision sera nette, plus vous tirerez profit de l'exercice.

Voici un exemple. Prenez un moment pour imaginer un lieu dans la forêt. Vous venez de traverser une pinède et pénétrez dans une clairière d'environ quarante-cinq mètres de diamètre. Vous vous assoyez par terre et vous vous relaxez. La clairière est couverte d'une variété de roses sauvages. Promenez votre regard sur les doux tons de rose et les chaudes nuances de rouge. Remarquez le contraste entre ces couleurs et les nuances de vert de la pinède. Concentrez-vous un moment sur les différentes odeurs. Tentez de distinguer le faible parfum des pins à travers celui des fleurs, légèrement plus prononcé. Remarquez comment les deux fragrances se mêlent et dansent ensemble dans le vent. Maintenant écoutez. Qu'entendez-vous? Percevez-vous le cri des geais bleus au loin?

Sur votre gauche, derrière un tronc d'arbre mort couvert d'une mousse vert tendre à l'aspect velouté, un animal se déplace furtivement dans l'herbe. Vous entendez un bruit de pas, un silence, puis un autre bruit léger. L'animal semble gambader paresseusement. Tournant la tête, vous avisez un lapin en train de mordiller avec délice les fleurs jaunes d'une petite talle de pissenlits. Vous l'observez pendant un moment puis le voyez se diriger vers vous. Sentez-vous votre pouls s'accélérer? Votre respiration change-t-elle? Le lapin se rapproche de vous puis saute sur vos genoux. Sentez son poids tandis qu'il s'installe sur vous. Allongeant le bras, vous déchirez un morceau de la feuille de pissenlit qu'il tient dans la patte et y goûtez. Quel goût a-t-elle? Maintenant, prenez quelques minutes et prolongez mentalement la scène de la manière que vous voudrez.

Faites cet exercice de visualisation aussi souvent que possible, quel que soit l'endroit où vous vous trouviez, et faites-le durer aussi longtemps que vous voudrez. Par exemple, quand vous regardez la télévision, attribuez-vous un rôle imaginaire dans l'émission. Ou quand vous faites la queue à l'épicerie, cherchez des idées autour de vous puis envolez-vous en pensée vers un autre lieu.

Les détails comptent

Une autre manière d'améliorer votre concentration consiste à prêter attention aux détails. Vous pouvez vous exercer en comptant des objets. Au début, commencez par des objets plus volumineux comme les articles qui ornent votre bureau ou ceux d'une autre pièce. Puis, à mesure que vous progresserez, tournez votre attention vers des objets plus petits comme les trous d'un panneau perforé, les fissures d'un mur ou même les mots d'une page. Par exemple, prenez un livre ou un magazine et commencez à compter les mots. Voyez jusqu'où vous vous rendez avant d'être distrait. Dès que votre esprit s'évade, recommencez à zéro et voyez si vous pouvez vous rendre plus loin que la première fois. À première vue, cet exercice a l'air simple, mais en fait, il est plutôt ardu. Supposons que vous êtes en train de compter les mots quand soudain vous entendez un bruit, prenez conscience du poids du livre ou êtes irrité par la réflexion de la lumière sur la page. Tous ces détails et un millier d'autres peuvent distraire votre attention. Mais vous devez persévérer jusqu'à ce que seuls semblent exister les mots que vous comptez et vous-même.

La maîtrise physique des émotions

Lorsque vous pourrez maîtriser vos pensées, le moment sera venu de vous concentrer sur votre corps. Vous devez avant tout prendre conscience de Tan Tien, qui se trouve à environ trois doigts au-dessous de votre nombril. Lorsque vous vous exercez à respirer en gonflant l'abdomen à l'inhalation et en le contractant à l'expiration, fixez votre attention sur Tan Tien. Si cela vous paraît ardu, placez un doigt sur votre centre et sentez-le bouger quand vous respirez. En fin de compte, vous devriez être capable de vous concentrer sur Tan Tien sans avoir à le toucher.

LA MAÎTRISE DU CORPS

Votre santé est directement reliée à la somme de tension qui existe dans votre corps. En fait, plus de quatre-vingts pour cent de toutes les maladies sont reliées au stress.

Après avoir maîtrisé votre esprit, vous pouvez vous appliquer à réguler votre corps. Comme débutant, vous devez d'abord vous préoccuper de vos muscles. Comme vous les utilisez chaque fois que vous bougez, vous devriez pouvoir apprendre à les détendre assez facilement.

Maîtriser son corps signifie chasser toute tension inutile de ses muscles. Cela est important, parce que la tension peut bloquer votre qi qui cesse alors de circuler d'une manière fluide et efficace. Cette condition peut entraîner la maladie, l'affaiblissement ou le vieillissement prématuré.

En premier lieu, vous devez surveiller votre posture. Que vous soyez assis ou debout, votre dos doit être bien droit et votre tête doit donner l'impression qu'elle est suspendue au plafond par un fil.

En dépit de leur grande variété, toutes les postures de Qi Gong se font dans les positions debout, assise, agenouillée ou allongée. Chacune d'elles contribue à éliminer diverses formes de maladie et de stress dans le corps. Elles sont efficaces parce que chaque position modifie légèrement la tension musculaire de votre corps par rapport à la gravité. Cela influence votre circulation sanguine qui est reliée à celle du qi. Si vous consultez un maître de Qi Gong à propos d'un malaise particulier, ce dernier choisira la posture à travailler en fonction de votre taille, de votre poids, de votre état physique général, de la maladie à traiter et du temps que vous pouvez consacrer aux exercices prescrits.

Généralement, la position allongée sur le dos est celle qui convient le mieux aux débutants. Étendez-vous sur un lit et glissez un mince oreiller sous votre tête pour être aussi à l'aise que possible. Éliminez le plus de bruit possible autour de vous et portez suffisamment de vêtements lâches pour ne pas avoir froid.

Tout en demeurant immobile, inhalez et expirez aussi lentement que possible par le nez en gonflant le ventre à chaque inhalation. Concentrez-vous sur Tan Tien pendant que votre abdomen se soulève et s'abaisse.

Commencez le processus de relaxation par vos orteils. Remuez-les légèrement et recherchez tout signe de tension. Lorsqu'ils sont bien détendus, bougez les pieds. Contractez et relâchez les muscles de vos pieds à quelques reprises.

Remarquez que la sensation se transforme, vos muscles se détendant graduellement à chaque contraction. Puis concentrez-vous sur vos chevilles. Effectuez quelques rotations dans un sens puis dans l'autre. Lorsque vous y percevrez une légère sensation de chaleur, dirigez votre attention sur vos mollets. Contractez-les, puis détendez-les. Si vous n'arrivez pas à isoler les muscles de vos mollets, tirez vos orteils vers vos tibias. Ensuite, concentrez-vous sur les muscles de vos cuisses. Contractez-les à quelques reprises puis relâchez-les. Si vous avez du mal à isoler ces muscles, pressez vos jambes et vos fesses très fort contre le plancher ou le lit.

Maintenant, fixez votre attention sur vos doigts. Remuez-les pendant quelques minutes et étirez-les au maximum. Puis laissez-les revenir à leur position naturelle légèrement fléchie. Ensuite, raidissez les muscles de votre main une ou deux fois avant de passer aux poignets. Tournez vos poignets dans les deux sens jusqu'à ce que vous y perceviez une légère sensation de chaleur ou de fatigue. Puis passez à vos avant-bras. Si vous n'arrivez pas à isoler ces muscles et à les contracter, serrez légèrement le poing et pliez les poignets le plus possible comme si vous vouliez toucher vos avant-bras avec vos poings. Ce mouvement contractera naturellement les muscles de vos avant-bras. Effectuez quelques contractions, puis procédez de même avec la partie supérieure de vos bras. Si vous pouvez identifier vos biceps et vos triceps, contractez-les et relâchez-les en alternance. Sinon, contentez-vous de tendre tout le haut du bras d'un seul coup. Vous pouvez le faire en utilisant vos épaules pour pousser vos bras contre le plancher.

Maintenant, concentrez-vous sur les muscles de votre abdomen. Celui-ci devrait se soulever à l'inhalation et s'abaisser à l'expiration. En se gonflant, les muscles de votre abdomen se tendent légèrement et ils se relâchent lorsque vous expirez. Concentrez-vous sur la sensation de détente que vous procure chaque expiration par le nez.

Maintenant dirigez votre attention vers votre poitrine. Comme vous employez une forme de respiration abdominale en ce moment, votre poitrine ne devrait pas être trop tendue. Si elle l'est, vous le remarquerez sans doute davantage à l'inhalation. Au moindre signe de tension, ralentissez votre respiration et tâchez d'imprimer des mouvements lents et contrôlés à votre bas-ventre.

Une fois votre poitrine détendue, passez au cou. Recherchez toute tension dans votre cou, surtout à la jonction des épaules sur le devant du corps ainsi qu'à la nuque. Tournez lentement la tête à gauche et à droite à quelques reprises. Si vous sentez la moindre tension, maintenez la position pendant une ou deux respirations et concentrez-vous sur les muscles tendus chaque fois que vous inhalez par le nez. Continuez jusqu'à ce que vous éprouviez une sensation de chaleur et de détente dans votre cou. Si cette partie de l'exercice vous donne du fil à retordre, essayez de tendre votre cou le plus possible en grimaçant ou en pressant votre tête contre l'oreiller.

Enfin, détendez votre tête. Faites des grimaces; souriez, boudez, plissez les yeux, ouvrez-les tout grand, haussez les sourcils et froncez-les. Si vous le pouvez, remuez aussi les oreilles et le nez.

Maintenant, restez immobile et respirez pendant quelques minutes. Remarquez la merveilleuse sensation de détente qui a envahi tout votre corps. La raison pour laquelle on commence par les pieds pour remonter le long du corps tient au fait que la plupart des méridiens commencent à l'extrémité de nos membres. Ce qui veut dire que votre qi circule dans vos mains et vos pieds avant de traverser les différents organes de votre corps. Par conséquent, en procédant ainsi, vous favorisez la circulation naturelle de votre qi. En outre, comme vous vous servez de votre esprit pour détendre votre corps, vous devez alimenter votre cerveau en qi afin de le garder aussi actif que possible. Si vous commenciez par détendre votre tête avant de descendre progressivement vers vos pieds, vous auriez du mal à terminer l'exercice, parce que le qi s'éloignerait de votre tête et que vous succomberiez sans doute au sommeil.

Lorsque vous pourrez faire l'exercice tout entier en position couchée, faites-le en position assise, puis debout. Vous constaterez probablement que vous avez du mal à détendre les muscles de votre torse dans la position couchée. De même, quand vous êtes assis, vous devrez fournir un effort supplémentaire pour relâcher les muscles du bas du dos et des fesses. En position debout, vous aurez de la difficulté à détendre vos jambes complètement. Par conséquent, nulle position n'offre une possibilité de détente parfaite. Voilà pourquoi il est important d'apprendre à se relaxer le plus possible dans n'importe quelle position.

Au début, il vous faudra peut-être vingt minutes pour effectuer l'exercice en entier. Si vous le pouvez, faites-le deux fois par jour. Les moments idéaux sont ceux qui suivent votre réveil et précèdent votre coucher. Lorsque vous saurez comment vous détendre physiquement, vous détecterez rapidement les parties de votre corps qui sont tendues et pourrez vous concentrer uniquement sur ces muscles avant d'aborder les exercices de Qi Gong.

S'enraciner

Outre que vous devez apprendre à vous détendre physiquement, vous devez saisir les principes de l'enracinement, de la centration et de l'équilibre. L'enracinement concerne surtout vos jambes et votre degré de stabilité.

Imaginez un instant que vous êtes un arbre. Les arbres ont des racines profondes qui s'enfoncent profondément dans le sol et les aident à demeurer érigés. Un arbre dont les racines ont été tranchées risque de tomber. C'est pourquoi vous devez apprendre, entre autres choses, à trouver le point où vous êtes le plus solide dans la position debout.

Essayez ceci: mettez-vous debout dans une position naturelle et demandez à quelqu'un de pousser sur votre poitrine ou le haut de votre dos de manière à vous faire perdre l'équilibre. Il est probable qu'il y arrivera. Pour vous enraciner, vous devez abaisser légèrement votre centre de gravité en fléchissant quelque peu les jambes. Imaginez que vous tenez un poids lourd au-dessus de votre tête. Sentez ce poids en imagination. Fléchissez les jambes jusqu'à ce que vous ayez l'impression de pouvoir supporter le poids le plus lourd possible. Si vos jambes sont trop pliées, elles se fatigueront, mais si elles sont trop raides, vous manquerez de force et de stabilité. La position qui vous paraît idéale est celle que vous devrez utiliser en Qi Gong. La plupart des exercices de Qi Gong se font dans une posture debout avec les jambes légèrement fléchies. L'exercice ci-dessus vous permettra de déterminer avec précision dans quelle mesure vous devez les fléchir.

Se centrer

Votre centre coïncide avec Tan Tien, un point situé à environ trois centimètres sous votre nombril. Vous devez apprendre à vous déplacer à partir de votre centre afin de conserver votre équilibre et d'utiliser votre force le mieux possible en bougeant. Cet exercice est souvent plus facile à maîtriser pour les femmes, dont le centre d'équilibre se trouve au niveau des hanches. Pour les hommes, la plus grande partie du poids se situe dans les épaules. Ceux-ci doivent donc fournir un effort supplémentaire pour arriver à bien se centrer.

La meilleure façon d'apprendre à vous déplacer à partir de votre centre consiste à maintenir votre attention sur Tan Tien tout en respirant. Cela gardera votre qi dans le bas de votre corps plutôt que dans la poitrine, les épaules, les bras, le cou et la tête. Une fois votre attention fixée sur votre centre ou Tan Tien, vous devez apprendre à bouger tout en la maintenant à cet endroit. Essayez maintenant. Faites quelques pas et, quand vous vous tournerez pour revenir à votre point de départ, laissez le bas de votre corps amorcer le mouvement de sorte que vos hanches pivotent avant vos épaules. Chaque fois que vous changerez de direction, tournez d'abord les hanches puis les épaules et enfin la tête.

Exercice de centration

Étape 1. Mettez-vous debout, jambes écartées à la largeur des épaules. Fléchissez légèrement les genoux de manière à être à l'aise. Vos bras pendent mollement de chaque côté de votre corps (figure 23).

Étape 2. Tournez le pied droit vers l'extérieur jusqu'à ce qu'il soit perpendiculaire à votre pied gauche. Vos pieds devraient former un grand T (figure 24).

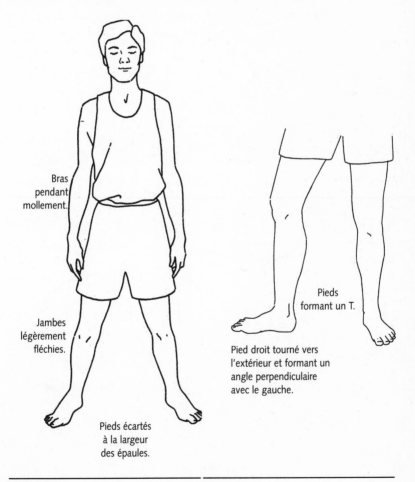

Bras pendant mollement.

Jambes légèrement fléchies.

Pieds écartés à la largeur des épaules.

Pieds formant un T.

Pied droit tourné vers l'extérieur et formant un angle perpendiculaire avec le gauche.

Figure 23   **Figure 24**

Étape 3. Tournez le torse de sorte que votre abdomen, votre poitrine et votre tête soient en ligne avec votre pied droit. Votre torse a effectué un quart de tour par rapport à sa position initiale. Ainsi, si vous faisiez face au nord pour commencer, vous devriez maintenant faire face à l'est (figure 25).

Étape 4. En amorçant le mouvement avec les hanches, tournez la taille dans le sens anti-horaire en pivotant sur le pied droit. Votre pied gauche balaie le sol pour se placer derrière vous, dans la direction opposée à celle à laquelle vous faisiez face. Vous faites maintenant face à l'ouest, vos pieds forment un grand T et votre pied droit est pointé vers l'avant (figure 26).

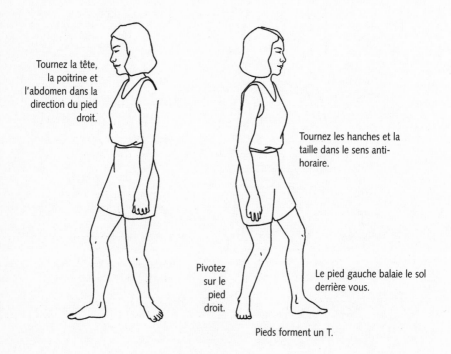

Tournez la tête, la poitrine et l'abdomen dans la direction du pied droit.

Tournez les hanches et la taille dans le sens anti-horaire.

Pivotez sur le pied droit.

Le pied gauche balaie le sol derrière vous.

Pieds forment un T.

Figure 25   **Figure 26**

Étape 5. Tournez de nouveau la taille dans le sens anti-horaire tout en changeant la position de vos pieds. Votre pied gauche est maintenant pointé vers l'avant et votre pied droit se trouve perpendiculaire à celui-ci à une distance à peu près égale à la largeur de vos épaules (figure 27).

Étape 6. Pivotez sur le pied gauche et lancez le pied droit derrière vous en amorçant le mouvement avec vos hanches, puis votre poitrine et enfin votre tête.

Étape 7. Continuez cet exercice, en pivotant d'abord sur un pied puis sur l'autre, jusqu'à ce que vous puissiez facilement tourner votre corps à partir de votre centre.

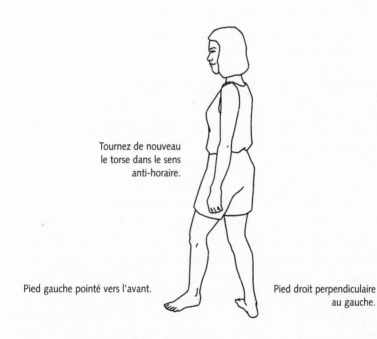

Tournez de nouveau le torse dans le sens anti-horaire.

Pied gauche pointé vers l'avant.

Pied droit perpendiculaire au gauche.

Figure 27

Renforcer son équilibre

Finalement, vous devez améliorer votre équilibre. L'équilibre est un mélange de centration et de détente. Remarquez avec quelle facilité vous perdez l'équilibre si vous vous penchez vers l'avant sans déplacer les pieds ou les jambes pour compenser le transfert de votre poids. Il est important que vous renforciez votre équilibre car, quand vous êtes déséquilibré, vous tendez inutilement certains muscles et gênez ainsi la circulation du qi dans votre corps.

Voici un exercice d'équilibre. Penchez-vous dans des directions variées et déterminez à quel moment précis vous êtes sur le point de perdre l'équilibre. Vous constaterez qu'il y a un point où vous pouvez conserver votre équilibre et un autre qui se trouve juste un peu trop loin et où, à défaut de déplacer votre poids, vous perdez l'équilibre.

Essayez les exercices ci-dessous:
1. Inclinez le torse vers l'avant (figure 28).
2. Inclinez le torse de côté (figure 29).
3. Inclinez le torse vers l'arrière (figure 30).
4. Inclinez le torse dans n'importe quelle direction en vous tenant sur une seule jambe (figure 31).

Ayant travaillé les exercices de centration et d'équilibre en vous servant uniquement de vos muscles, vous pouvez vous améliorer encore davantage en utilisant aussi votre qi. Pour cela, vous devez d'abord vous familiariser avec la grande circulation (voir page 127). Si vous arrivez à détendre votre corps et à trouver votre centre, ainsi que les limites de votre équilibre, vous exercerez un meilleur contrôle sur vos muscles, de sorte qu'il vous sera plus facile d'engendrer du qi et de le diriger.

LA MAÎTRISE DE LA RESPIRATION

Pour pratiquer le Qi Gong d'une manière adéquate et sans danger, vous devez à tout prix apprendre à respirer calmement, doucement et d'une manière détendue. En fait, c'est là l'aptitude la plus importante que vous inculquera la pratique de cet art ancien. D'autres systèmes énergétiques exigent que l'on respire avec une grande force, mais abstenez-vous-en, car cela est extrêmement dangereux, à moins d'être absolument certain de ce que l'on fait. Respirer trop violemment peut provoquer de l'hypertension artérielle, la congestion cérébrale ou

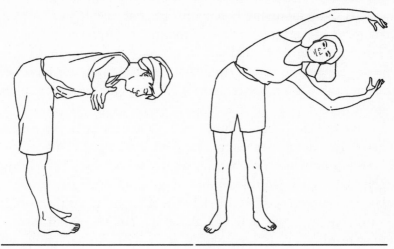

Figure 28   **Figure 29**

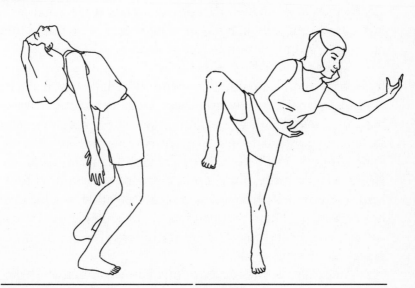

Figure 30   **Figure 31**

même, dans des cas extrêmes et très rares, la folie. Respirer correctement est particulièrement important si vous êtes débutant et cela est aussi essentiel aux niveaux intermédiaire et avancé. Ce n'est qu'au terme d'une formation poussée qui vous aura conduit au-delà du niveau de maître que vous saurez comment diriger le qi sans l'aide de la respiration.

Il me semble que la plupart des gens vivent leur vie sans vraiment prêter attention à leur respiration. Après tout, il s'agit d'une fonction automatique du corps. Vous vous demandez peut-être pourquoi vous devez soudain accomplir des exercices respiratoires. La raison en est simple. La plupart d'entre nous ne respirent pas aussi efficacement qu'ils le pourraient. À mesure que nous vieillissons, notre respiration se dégrade sous l'effet des mauvaises habitudes contractées au fil du temps. Lorsque nous sommes à l'état de fœtus, nous aspirons l'oxygène à travers le cordon ombilical en gonflant le bas-ventre à la manière d'un soufflet. Certains bébés continuent de respirer ainsi pendant quelque temps. À mesure que nous grandissons, nous respirons de plus en plus haut dans l'abdomen à tel point qu'à l'âge adulte, notre respiration est passée du diaphragme aux poumons. Au milieu de notre vie, nous respirons davantage dans la gorge et, une fois devenus vieux, notre respiration ne se fait souvent plus qu'au niveau de la bouche.

À mesure qu'elle s'élève avec l'âge, notre respiration transporte moins de qi, d'oxygène et d'autres nutriments essentiels jusque dans nos systèmes, ce qui a pour effet d'affaiblir notre métabolisme. En outre, nos fluides corporels non seulement deviennent moins nutritifs, mais encore leur volume diminue et ils cessent de circuler à certains endroits. Notre peau s'assèche, nos cheveux deviennent cassants et tombent, nos muscles perdent de leur élasticité et de leur force, et nos organes se détériorent peu à peu. En apprenant à respirer correctement, vous pouvez contrecarrer ces effets et freiner le processus de vieillissement.

Au préalable, vous devez calmer votre esprit en modérant le flot de vos pensées. Pour y parvenir, cultivez des pensées paisibles en imaginant que vous vous prélassez sur une magnifique plage tropicale ou en évoquant certains événements heureux de votre vie. Cela ralentira votre fréquence cardiaque et contribuera à détendre vos muscles. Vous devez relâcher toutes vos tensions: physiques, mentales et émotionnelles.

Ensuite, vous devez respirer profondément et très doucement. Inhalez lentement par le nez et remplissez tout doucement vos poumons d'air. N'oubliez pas de vous relaxer. Si vous sentez une tension dans la poitrine, c'est que vous respirez trop fort. Imaginez que vous inhalez un délicat fil de soie et que si vous respirez trop fort, trop vite ou d'une manière spasmodique, il se rompra.

Continuez de respirer de cette façon. Maintenez une respiration lente, douce et contrôlée. Inhalez par le nez, puis expirez de la même façon. Détendez-vous.

Avec le temps, vous noterez une baisse de votre fréquence respiratoire. C'est là la première étape à franchir pour bénéficier d'une plus grande quantité d'énergie. La plupart des gens respirent environ dix-sept fois par minute. Idéalement, vous devriez diminuer votre fréquence respiratoire de façon progressive. Par exemple, si cela ne vous effraie pas, essayez de respirer dix fois par minute. Lorsque vous y parviendrez sans peine, visez huit respirations par minute, puis six, quatre et enfin, peut-être, deux ou trois. Continuez à vous exercer jusqu'à ce qu'un jour, vous puissiez respirer une fois ou moins par minute. Vous verrez que plus votre respiration est lente, plus vous avez d'énergie.

Continuez de vous exercer. Il est aisé de respirer calmement quand on se trouve dans un environnement idéal. Lorsque vous en aurez pris l'habitude, essayez de respirer correctement dans des situations légèrement stressantes, en conduisant votre voiture, par exemple, ou pendant que vous faites de l'exercice ou dépensez beaucoup d'énergie physique. Certes, ce sera difficile au début et vous retomberez sans doute dans vos vieilles habitudes, mais avec le temps, votre ténacité et votre application porteront fruit.

Les trois modes de respiration

Respirer correctement est le concept le plus important du Qi Gong, car cela vous permet d'augmenter ou de diminuer le flot de qi dans votre corps. Il existe trois principaux modes de respiration: la respiration naturelle, la respiration bouddhiste et la respiration taoïste ou inversée.

La respiration naturelle

Ce mode est surtout utilisé par les débutants qui s'initient aux divers exercices de Wai Dan.

Essayez le bref exercice qui suit. Mettez-vous debout, pieds écartés à la largeur des épaules et bras pendant mollement de chaque côté de votre corps. Détendez votre corps et votre esprit tout en vous concentrant pour demeurer immobile. Tenez cette position pendant quatre minutes.

Comme je n'ai pas précisé de quelle manière vous deviez respirer durant cet exercice, je suppose que vous avez respiré naturellement. C'était là l'unique but de cet exercice.

En principe, vous respirez naturellement quand vous vous concentrez sur les mouvements ou les positions des divers exercices sans vous préoccuper de votre respiration. Cela vous permet de diriger la totalité de votre attention sur les détails de l'exercice sans tenir compte de quoi que ce soit d'autre.

La respiration bouddhiste

La respiration bouddhiste est une respiration profonde coordonnée avec les mouvements du diaphragme et des muscles abdominaux. Lorsque vous inhalez, vous gonflez l'abdomen et lorsque vous expirez, vous détendez vos muscles de sorte que votre abdomen reprend sa position initiale. Ce pompage de vos muscles abdominaux active Tan Tien, le réservoir de qi qui se trouve à environ trois centimètres sous votre nombril. Avec un peu d'entraînement, le simple fait de bouger votre abdomen de cette manière y rassemble du qi parce que les muscles sont soumis à un léger travail. Lorsque vous aurez accumulé une abondante réserve de qi dans Tan Tien, vous apprendrez à le faire circuler dans votre corps grâce à un exercice appelé petite circulation. (Nous expliquerons ce qu'est la petite circulation dans le prochain chapitre «Exercices élémentaires».)

La respiration taoïste ou inversée

Le troisième mode est la respiration dite taoïste ou inversée, dans laquelle les mouvements sont opposés à ceux de la respiration bouddhiste. Rentrez le bas-ventre à l'inhalation et détendez vos muscles à l'expiration pour laisser votre abdomen revenir à sa position initiale. Comme ce mode exige la contraction délibérée des muscles abdominaux, il est plus puissant que les deux autres. On s'en sert surtout pour faire circuler le qi vigoureusement dans tout le corps dans un dessein précis, comme celui d'accroître sa force musculaire ou d'émettre de l'énergie dans le but de guérir, de communiquer un message non verbal ou d'effectuer un transfert d'énergie.

Tout en inhalant, rentrez vos abdominaux comme si vous vouliez aspirer vos entrailles. Ce mouvement fera bouger votre diaphragme et permettra à l'air de pénétrer encore plus profondément dans votre corps. Puis, détendez vos abdominaux afin qu'ils reviennent à leur position initiale. Évitez de les pousser vers l'extérieur, mais détendez-les et laissez-les bouger d'eux-mêmes. Au moment où vos abdominaux reprennent leur position normale, expirez très lentement par le nez. Vos inhalations doivent être à peu près aussi longues que vos expirations ou un peu plus longues, si possible.

Techniques de respiration additionnelles

À mesure que vous progressez, surtout si vous vous initiez au Nei Dan (qui consiste à conduire mentalement le qi), vous pouvez employer diverses techniques respiratoires. Certains styles de Qi Gong utilisent une technique de compression du souffle qui requiert une certaine prudence. En effet, il faut un certain temps pour apprendre à contrôler ses poumons de manière à accomplir cet exercice sans danger.

Lorsque vous retenez votre respiration, votre qi se rassemble à l'endroit de votre corps où est fixée votre attention. Vous devez donc éviter de vous concentrer sur votre tête, car vous risqueriez d'y accumuler un excès de qi et d'éprouver des vertiges. Maintenez plutôt votre attention sur votre peau ainsi que sur la plante de vos pieds et la paume de vos mains. Vous en tirerez un regain d'énergie durable. Certaines personnes ont recours à cette forme de respiration à des fins de guérison, dans le cas d'une fracture, par exemple. Pour ma part, je trouve que la guérison est plus rapide, plus efficace et plus sûre si l'on apprend à faire circuler son qi au lieu de le rassembler à un seul endroit.

Respirer à travers des points précis

Outre les trois modes de respiration, il existe trois principaux endroits où concentrer son attention tout en respirant. Ce sont Tan Tien, les mains et les pieds, et la peau. Au début de votre apprentissage, vous vous concentrerez surtout sur Tan Tien.

Quand vous aurez maîtrisé la petite circulation et aurez commencé à vous initier à la grande circulation, vous pourrez travailler la respiration par les quatre portes en vous concentrant sur vos mains et vos pieds. Le centre des paumes et de la plante des pieds sont des points énergétiques très particuliers, car c'est à partir de ces endroits surtout que l'on peut absorber et émettre du qi. Essayez de rassembler du qi dans vos mains d'abord, car elles sont plus sensibles que les pieds. Tenez vos mains à deux ou trois centimètres l'une de l'autre et utilisez la respiration inversée. Quand vous inhalez, éloignez vos mains de quelques centimètres et quand vous expirez, rapprochez-les l'une de l'autre. Imaginez que vous tenez un minuscule ballon qui se gonflerait et se dégonflerait tour à tour. À la longue, vos expirations devraient créer une accumulation de chaleur dans vos mains.

Lorsque vous aurez maîtrisé cet exercice, faites-le avec vos pieds. Asseyez-vous par terre pieds nus. Placez la plante de vos pieds à deux ou trois centimètres l'une de l'autre. Utilisez la respiration inversée tout en rapprochant et en éloignant lentement vos pieds l'un de l'autre. Il vous faudra peut-être un peu de temps pour sentir la chaleur s'accumuler, mais si vous répétez cet exercice chaque jour, cela viendra.

Faites cet exercice dix minutes chaque jour jusqu'à que vous perceviez la sensation de chaleur causée par l'accumulation de qi. Lorsque vous pourrez émettre du qi à partir de la paume de vos mains et de la plante de vos pieds, placez un ballon gonflé d'air entre vos pieds ou vos mains. Tout en expirant et en émettant du qi par la paume de vos mains ou la plante de vos pieds, sentez-le pénétrer dans le ballon. Si vous procédez correctement, le ballon devrait se réchauffer et même se gonfler. À la longue, vous devriez pouvoir faire éclater le ballon en le remplissant de qi.

Ayant appris à émettre du qi à travers vos mains et vos pieds, vous pouvez apprendre à le diriger vers la peau de tout votre corps en respirant à travers vos pores. Au préalable, prenez conscience de votre peau. La meilleure façon de procéder consiste à prendre une douche fraîche puis à arrêter l'eau et à utiliser la respiration bouddhiste sans s'assécher. Tout en inhalant, fixez votre attention sur l'eau qui couvre votre peau de la tête aux pieds. Vous éprouverez sans doute une sensation de fraîcheur due à l'absorption partielle de l'eau à travers votre peau. À l'expiration, vous sentirez que votre corps se réchauffe légèrement. Faites cet exercices quelques minutes chaque jour après la douche ou le bain.

Lorsque vous réussirez à faire évaporer l'eau de votre peau, vous pourrez tenter de vous assécher sous la pluie. Je conduis une jeep et il m'arrive souvent de baisser le toit. J'habite près de Seattle, connue sous le charmant sobriquet de «ville sous-marine» parce qu'il pleut très souvent dans cette région du Nord-Ouest du Pacifique. Comme vous vous en doutez, j'ai souvent l'occasion de m'exercer à me réchauffer et à m'assécher tout en conduisant.

La respiration environnementale

La respiration environnementale est une forme de respiration très avancée, un exercice complexe d'évaporation de l'eau. Il s'agit d'imaginer qu'un grand cercle de qi vous entoure pendant que vous respirez. À chaque inhalation, le cercle rapetisse et à chaque expiration, il s'agrandit.

Imaginez que vous vous trouvez à l'intérieur d'un gros ballon. Tout en respirant de cette manière, soyez attentif à toute sensation inhabituelle de qi. Si vous vous trouvez près d'un pin, tournez vos paumes vers l'arbre et quand vous inhalez, imaginez que son qi pénètre dans votre corps; lorsque vous expirez, imaginez que vous donnez du qi à l'arbre. Pendant cet exercice, détournez vos paumes de l'arbre et voyez si vous percevez une sensation différente. Avec de la persévérance, vous pourrez sentir le qi de l'arbre. Une fois que vous l'aurez identifié, vous pourrez le comparer à celui d'autres essences d'arbre ou de tout objet se trouvant à proximité. À la longue, vous devriez pouvoir élaborer un système de classification du qi qui vous permettra d'identifier n'importe quel objet, simplement en fonction du Courant d'énergie qu'il émet.

La clé du succès pour bien respirer en Qi Gong consiste à en venir au point où on ne pense plus à sa respiration. Lorsque vous pensez à votre respiration, vous lui imposez une légère tension. Continuez de vous exercer jusqu'à ce que vous puissiez respirer correctement. À force de vous exercer, vous découvrirez des manières subtiles d'améliorer votre respiration.

EXERCICES ÉLÉMENTAIRES

Vous pouvez dévorer tous les livres, articles et ouvrages anciens que vous voulez. Vous pouvez observer les maîtres de Qi Gong en action. Mais si vous voulez vraiment apprendre cet art, vous devrez vous y mettre vous-même. En d'autres termes, vous devrez investir du temps et des efforts dans votre apprentissage.

Avant de vous lancer, toutefois, il y a certains facteurs que vous devez prendre en considération: le moment et le lieu où vous vous exercerez, par exemple, de même que votre habillement. Pensez aussi à aller au petit coin au préalable pour ne pas devoir vous interrompre. En outre, pendant l'heure qui précède et celle qui suit votre séance d'exercice, évitez les excès de nourriture, les rapports sexuels, la cigarette ou l'alcool.

Le bon moment pour s'exercer

Vous devez à tout prix vous exercer au moins vingt minutes par jour si vous voulez obtenir quelque résultat que ce soit. Certes, vous pouvez choisir le moment que vous voulez, mais si vous visez des résultats maximaux, certains moments de la journée optimiseront votre séance de travail. En fait, la meilleure période se situe entre 3 et 5 heures du matin. C'est un moment merveilleux, car l'air regorge de qi yin, tout est calme et les distractions sont peu nombreuses. (Toutefois, rares sont les élèves qui sont prêts à s'exercer à ces heures-là.) Les périodes comprises entre 11 heures et 13 heures et entre 23 heures et 1 heure du matin sont aussi excellentes.

Comme la plupart des gens travaillent durant la journée, il leur est plus facile de s'exercer tôt le matin ou tard le soir. Si vous choisissez le matin, placez-vous face au soleil levant de manière à pouvoir absorber son énergie. Prenez garde, cependant, car lorsque le soleil commence son ascension, vous pourriez vous blesser les yeux en le regardant directement. Bien sûr, vous pouvez toujours les fermer. Si vous optez pour le soir, placez-vous face au sud afin de profiter au maximum de la force magnétique de la Terre.

Outre le moment de la journée, les jours du mois jouent aussi un rôle dans la circulation du qi. Idéalement, vous devriez vous exercer chaque jour, mais concentrez-vous sur votre apprentissage à l'époque de la pleine lune, particulièrement, et pendant les trois jours qui précèdent et suivent celle-ci. Cette période est particulièrement riche en qi yin et elle engendre une quantité phénoménale d'énergie.

Votre lieu d'exercice

Dans la mesure du possible, exercez-vous à l'extérieur. Trouvez de préférence un décor naturel comme un champ, le bord d'un lac ou d'une rivière, l'ombrage d'un arbre ou même une montagne. Les montagnes sont des endroits fabuleux, parce que l'air y est plus pur et les distractions humaines plus rares. Si vous ne vivez pas près d'une montagne, la proximité d'un pin est un endroit excellent parce que les pins dégagent des quantités phénoménales d'oxygène et de qi.

Toutefois, il n'est pas toujours possible de s'exercer à l'extérieur et on doit parfois se contenter de le faire à l'intérieur. Dans ce cas, évitez les lieux éclairés par des fluorescents, car ils peuvent créer des interférences auxquelles certaines personnes sont sensibles. En outre, éloignez-vous autant que possible de tous les appareils électriques afin que leur énergie ne perturbe pas votre concentration. Même le ronronnement du réfrigérateur peut constituer une source de distraction.

Votre habillement

Le type de vêtements que vous portez, surtout si vous débutez en Qi Gong, importe peu. En règle générale, mieux vaut choisir des vêtements lâches et confortables, en coton ou en fibre naturelle. En outre, vous devez éviter d'avoir froid ou de vous exposer au vent.

Le début de votre aventure

Au tout début de votre apprentissage, vous ne sentirez sans doute rien et c'est pourquoi vous devrez souvent faire appel à votre imagination. Mais ne déclarez pas forfait. À la longue, vous finirez par percevoir le qi sous forme d'une sensation de chaleur, de fraîcheur, de picotement, de douceur, de lourdeur, de lumière, de courant, de déferlement ou encore d'une couleur, d'un son, d'une odeur ou d'un goût. Tout probablement, le qi vous paraîtra frais à l'inhalation et chaud à l'expiration. Rappelez-vous, toutefois, que chaque personne est différente physiquement, mentalement et spirituellement. Votre interprétation du qi sera sans doute différente de celle de quelqu'un d'autre. En fait, à mesure que vous progresserez en Qi Gong, vous constaterez que même votre perception du qi se modifie avec le temps. L'important, c'est de comprendre que cette sensation sera quasiment imperceptible au début. Avec le temps, elle s'intensifiera jusqu'à ce qu'un beau jour, elle vous paraisse explosive. Cela ne sera pas seulement causé par l'amplification de votre qi mais aussi par le fait que vous en êtes désormais plus conscient.

QUELLE SENSATION PRODUIT LE QI?

Pour pouvoir faire les exercices de ce livre-ci, vous devez d'abord avoir une idée de ce que vous voulez accomplir. Après tout, on ne peut pas exceller dans une chose que l'on ignore. L'une des meilleures façons d'apprendre à sentir le qi est d'exécuter un exercice simple en sept étapes, susceptible de vous révéler quelle sensation produit l'énergie qui circule dans le corps.

Exercice de familiarisation avec le qi

Étape 1. Mettez-vous debout dans une position confortable, genoux légèrement fléchis et bras pendant mollement de chaque côté du corps.

Étape 2. Déterminez si vous êtes droitier ou gaucher, puis levez votre bras dominant sur le côté jusqu'à la hauteur de l'épaule, paume tournée vers le haut (figure 32). Même si vous exercez une tension musculaire pour tenir votre bras levé, essayez de détendre vos muscles le plus possible, en particulier ceux de l'épaule, du bras et de la main.

Étape 3. Appuyez doucement la langue au milieu de votre palais.

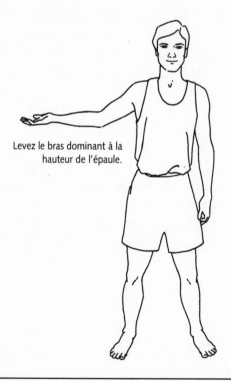

Levez le bras dominant à la hauteur de l'épaule.

Figure 32

Étape 4. Inhalez aussi lentement que possible par le nez et rentrez le ventre en contractant vos abdominaux. Tout en expirant aussi lentement que possible par le nez, relâchez vos abdominaux. Respirez de cette façon pendant toute la durée de l'exercice.

Étape 5. Tenez cette position pendant cinq minutes. Il y a de bonnes chances pour que votre bras, et surtout votre épaule, se fatigue et même devienne douloureux. Cependant, ne le baissez pas avant que les cinq minutes soient écoulées. Cet exercice non seulement vous permet de sentir le qi, mais encore il habitue votre esprit à dominer votre corps.

Étape 6. Au bout de cinq minutes, baissez lentement le bras et restez debout tout en vous détendant le plus possible. Continuez de respirer très lentement, mais maintenant, lorsque vous inhalez, gonflez le bas-ventre et lorsque vous expirez, laissez-le revenir à sa position normale. Il est important que votre respiration soit aussi régulière, lente et douce que possible.

Étape 7. À mesure que votre bras se détend, il est probable que vous sentirez un vigoureux déferlement de sang, d'oxygène et d'énergie dans le bras et la main, suivi d'une sensation de chaleur, de picotement ou de lourdeur.

C'est cette sensation de l'énergie qui circule à travers le corps que j'appelle le Courant. Les muscles de votre épaule étaient contractés lorsqu'ils soutenaient le poids du bras que vous teniez levé. En outre, en tournant votre paume vers le haut, vous tendiez aussi certains muscles du bras et de l'avant-bras. Un muscle tendu comprime certains vaisseaux sanguins et canaux de qi, ce qui entrave la circulation de l'énergie. Quand vous baissez le bras, vos muscles se relâchent et vos vaisseaux sanguins et canaux de qi se remplissent d'une énergie neuve.

Cette sensation inhabituelle de mouvement énergétique est précisément ce que vous finirez par maîtriser à volonté, peu importe que vous soyez en mouvement ou immobile, allongé, assis ou debout. Au début, vous vous concentrerez sur le maintien de certaines postures semblables à celle que vous venez de prendre. Ces postures aident le qi à circuler plus efficacement dans votre corps. Cette circulation plus fluide du qi devrait vous permettre de sentir celui-ci dans un certain nombre de grands groupes musculaires et en particulier dans vos bras. À ce niveau, la circulation naturelle du qi contribue à la santé du corps. Au niveau intermédiaire, vous apprendrez à conduire votre qi mentalement sur des trajectoires de base. Avec l'expérience, vous observerez sans doute certains schémas typiques de qi que vous pourrez classifier en fonction de critères précis tels que la vitesse, le poids, la densité, le mouvement, l'emplacement dans le corps, la température, la quantité, la texture, la qualité, l'effet, le rythme, la couleur, l'odeur, le son et le goût. Si vous vous exercez assidûment, vous atteindrez le niveau avancé où vous apprendrez à diriger votre qi et à conduire instantanément le Courant n'importe où dans votre corps. À la longue, certaines personnes arrivent même à transmettre le qi de leur propre corps à d'autres personnes ou même à l'environnement. On peut aussi apprendre à absorber le qi de n'importe quel lieu, objet ou créature.

EXERCICES D'ÉCHAUFFEMENT

La section qui suit renferme une série d'exercices d'échauffement que vous devriez exécuter avant chaque séance de Qi Gong. Faites ces exercices chaque jour peu importe que vous appreniez le Wai Dan ou le Nei Dan.

Le tronc, soit les muscles de l'estomac, de la poitrine, de la taille et du dos, est la première partie du corps que l'on doit réchauffer parce qu'elle renferme la plupart de nos organes internes. Si votre tronc est rigide, cela nuira à vos organes et, en retour, à la circulation du qi.

Rotations du torse

Étape 1. Mettez-vous debout dans une position confortable, pieds écartés à la largeur des épaules. Laissez vos bras pendre mollement de chaque côté de votre corps.

Étape 2. À partir de la taille, tournez lentement le torse aussi loin possible vers la gauche (figure 33), puis vers la droite (figure 34). Regardez le plus loin possible derrière vous.

Étape 3. Continuez jusqu'à ce que vous ayez effectué neuf rotations de chaque côté.

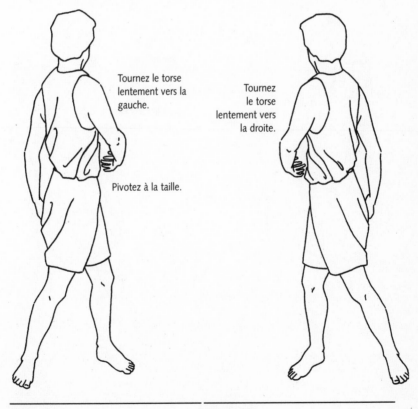

Tournez le torse lentement vers la gauche.

Pivotez à la taille.

Tournez le torse lentement vers la droite.

Figure 33   **Figure 34**

Inclinaisons latérales

Étape 1. Mettez-vous debout dans une position confortable, pieds écartés à la largeur des épaules. Vos bras pendent mollement de chaque côté de votre corps.

Étape 2. Inclinez le tronc de côté en pliant la taille. Descendez lentement et aussi loin que vous le pouvez sans forcer. Penchez-vous d'abord vers la droite (figure 35), puis vers la gauche (figure 36).

Étape 3. Continuez jusqu'à ce que vous ayez effectué neuf inclinaisons de chaque côté.

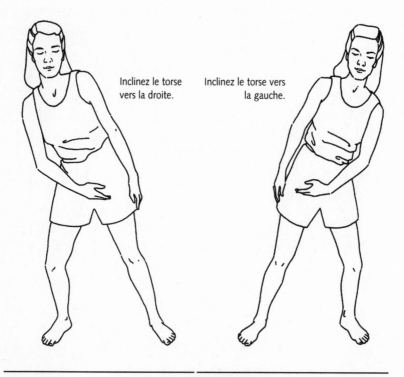

Inclinez le torse vers la droite.

Inclinez le torse vers la gauche.

Figure 35   **Figure 36**

Inclinaisons vers l'avant et vers l'arrière

Étape 1. Mettez-vous debout dans une position confortable, pieds écartés à la largeur des épaules. Vos bras pendent lâchement de chaque côté de vous.

Étape 2. Penchez-vous lentement vers l'avant en pliant la taille et touchez le sol avec vos mains si vous le pouvez (figure 37).

Étape 3. Redressez le tronc puis inclinez-le vers l'arrière en pliant la taille de manière à regarder le ciel (figure 38).

Étape 4. Effectuez neuf inclinaisons vers l'avant et neuf vers l'arrière.

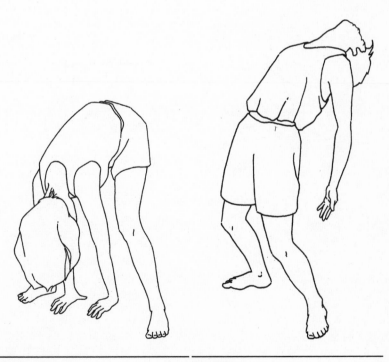

Figure 37 **Figure 38**

Rotations du cou

Il s'agit maintenant de relâcher le cou. Les exercices ressemblent à ceux que vous venez de faire pour la taille. En détendant les muscles de votre cou, vous augmenterez la circulation du qi dans votre tête. Cela devrait vous aider à vous relaxer tout en améliorant votre état de santé général.

Étape 1. Mettez-vous debout dans une position confortable, pieds écartés à la largeur des épaules. Vos bras pendent mollement de chaque côté de vous.

Étape 2. Tournez lentement la tête le plus loin possible vers la gauche (figure 39), puis vers la droite (figure 40).

Étape 3. Effectuez neuf rotations dans chaque direction.

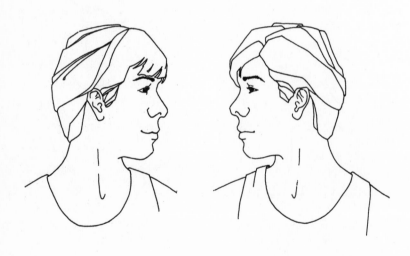

Figure 39   **Figure 40**

Inclinaisons du cou

Étape 1.   Mettez-vous debout dans une position confortable, pieds écartés à la largeur des épaules. Vos bras pendent mollement de chaque côté de votre corps.

Étape 2.   Inclinez la tête de chaque côté en rapprochant le plus possible votre oreille de votre épaule. Inclinez d'abord la tête vers la droite (figure 41), puis vers la gauche (figure 42).

Étape 3.   Effectuez neuf inclinaisons de chaque côté.

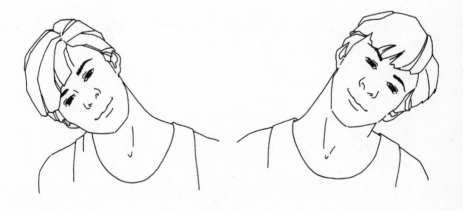

Figure 41   **Figure 42**

Hochements de tête

Étape 1. Mettez-vous debout dans une position confortable, pieds écartés à la largeur des épaules. Vos bras pendent mollement de chaque côté de votre corps.

Étape 2. Inclinez lentement la tête vers l'avant en rapprochant le plus possible votre menton de votre poitrine (figure 43).

Étape 3. Puis relevez la tête et inclinez-la vers l'arrière de manière à regarder le ciel (figure 44).

Étape 4. Effectuez neuf inclinaisons vers l'avant et neuf vers l'arrière.

Maintenant que les muscles de votre torse et de votre cou sont bien réchauffés, vous devez relâcher ceux des bras. Une fois ceux-ci réchauffés, le qi pourra y circuler plus vigoureusement. Cela est particulièrement important étant donné que la moitié des méridiens traversent les bras.

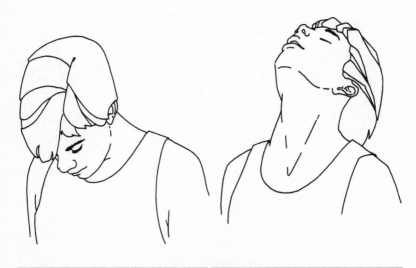

Figure 43   **Figure 44**

Rotations des bras

Étape 1. Mettez-vous debout dans une position confortable, pieds écartés à la largeur des épaules. Laissez pendre mollement vos bras de chaque côté.

Étape 2. Avec lenteur, effectuez de grands cercles avec les bras dans le sens des aiguilles d'une montre. Lancez d'abord les bras vers l'arrière, levez-les ensuite au-dessus de votre tête puis baissez-les devant vous (figures 45, 46 et 47).

Étape 3. Effectuez des rotations dans le sens contraire des aiguilles d'une montre. Pour cela, lancez les bras devant vous, levez-les au-dessus de votre tête, puis baissez-les derrière vous.

Étape 4. Effectuez neuf rotations vers l'avant et neuf vers l'arrière.

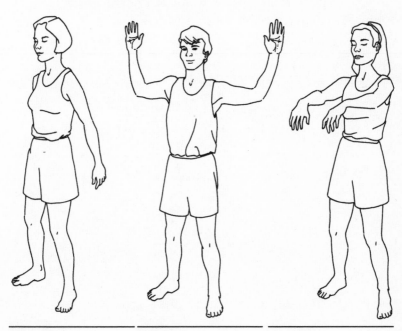

Figure 45   **Figure 46**   **Figure 47**

Enfin, vous devez détendre vos jambes. En les réchauffant, vous faciliterez la circulation du qi dans l'autre moitié des méridiens, ce qui est essentiel au bon fonctionnement de vos organes.

Accroupissements

Étape 1. Mettez-vous debout dans une position confortable, pieds dépassant légèrement la largeur des épaules. Vos bras pendent mollement de chaque côté de votre corps.

Étape 2. Baissez-vous en fléchissant les genoux jusqu'à ce que vos cuisses soient parallèles au sol. Pour protéger vos genoux, évitez de les plier à plus de quatre-vingt-dix degrés (ils ne doivent pas dépasser vos orteils). Vous pouvez lever les bras à la hauteur des épaules pour mieux conserver votre équilibre (figure 48). Aussitôt accroupi, relevez-vous.

Étape 3. Répétez cet exercice neuf fois.

Figure 48

Lancements des jambes

Étape 1.   Mettez-vous debout dans une position confortable, pieds dépassant légèrement la largeur des épaules. Vos bras pendent lâchement de chaque côté.

Étape 2.   Levez lentement une jambe et lancez-la vers l'avant (figure 49), puis vers l'arrière (figure 50) aussi loin que vous le pouvez. Vous pouvez appuyer un bras sur une chaise ou sur un mur pour mieux conserver votre équilibre.

Étape 3.   Répétez cet exercice jusqu'à ce que vous ayez levé chaque jambe neuf fois dans les deux directions.

Figure 49   **Figure 50**

Élévations latérales des jambes

Étape 1. Mettez-vous debout dans une position confortable, pieds dépassant légèrement la largeur des épaules. Laissez vos bras pendre mollement de chaque côté de votre corps.

Étape 2. Levez lentement la jambe droite de côté aussi haut que vous le pouvez (figure 51). Vous pouvez appuyer un bras sur une chaise ou un mur pour mieux conserver votre équilibre.

Étape 3. Refaites cet exercice avec la jambe gauche et continuez jusqu'à ce que vous ayez levé chaque jambe neuf fois.

Une fois vos muscles bien réchauffés, vous pouvez passer aux exercices de Qi Gong.

Figure 51

LE WAI DAN SANS MOUVEMENT

En règle générale, avant de commencer votre apprentissage du Wai Dan, vous devriez lire les rubriques intitulées «La maîtrise du corps», «La maîtrise de la respiration» et «La maîtrise de l'esprit» et effectuer les exercices proposés. En principe, vous y apprendrez comment vous relaxer et vous calmer. Cet état physique et mental est important, car il vous permet de mieux percevoir votre qi.

Le Wai Dan se sert des muscles pour produire du qi. Si vos muscles sont tendus, la circulation du qi est partiellement entravée. En tenant diverses postures avec les bras et les jambes, on peut accumuler une certaine tension dans les membres. Sur les douze méridiens de votre corps, six commencent à l'extrémité de vos doigts et se rendent à vos principaux organes, y compris le cœur et les poumons, et les six autres relient vos orteils à vos organes reproducteurs et digestifs. C'est pourquoi on peut, en créant une tension dans les bras et les jambes, modifier le flot de qi dans n'importe quel organe. Tout blocage du qi dans un méridien diminue sa réserve d'énergie. Or, lorsqu'un méridien dont la réserve de qi est passablement réduite atteint les organes, il y a risque de maladie. Lorsque l'on augmente la tension, le qi finit par se forcer un passage à travers le blocage. Ces blocages sont souvent causés par des facteurs externes comme la nourriture, le climat ou le stress. Nous abordons plus en détail votre relation avec votre environnement dans la section intitulée «Les cinq éléments» du chapitre «Les trois régulations».

Toutefois il y a un exercice que vous pouvez faire tout de suite en suivant les six étapes ci-dessous.

Le cormoran ouvre ses ailes

Étape 1. Mettez-vous debout, les pieds débordant quelque peu la largeur des épaules, et fléchissez légèrement les genoux.

Étape 2. Levez les bras de chaque côté à la hauteur des épaules en gardant les coudes légèrement fléchis et les poignets détendus. Vos coudes et vos doigts pendent vers le bas (figure 52).

Étape 3. Respirez normalement et aussi lentement que possible par le nez. Gardez la langue légèrement appuyée au centre de votre palais.

Étape 4. Tout en tenant cette posture, essayez de vous détendre le plus possible. Cela peut être difficile, parce que cette posture crée une tension croissante dans vos épaules. Imaginez que c'est l'aube et que vous êtes une sorte d'oiseau pêcheur appelé cormoran. Vous êtes perché sur un tronc incliné au-dessus d'un lac paisible et magnifique. Imaginez que le soleil levant réchauffe doucement votre corps et surtout vos ailes déployées. Vos bras sont couverts

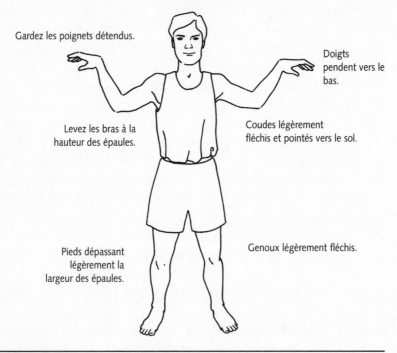

Gardez les poignets détendus.

Doigts pendent vers le bas.

Levez les bras à la hauteur des épaules.

Coudes légèrement fléchis et pointés vers le sol.

Pieds dépassant légèrement la largeur des épaules.

Genoux légèrement fléchis.

Figure 52

de plumes et si légers que le moindre souffle suffit à les faire bouger.

Étape 5. Tenez cette position pendant quatre minutes.

Vous devriez travailler cette position chaque jour en essayant de la garder un peu plus longtemps chaque fois. Lorsque vous pourrez la conserver pendant vingt minutes, vous pourrez passer à la première série d'exercices.

Exercices

Votre premier exercice de Wai Dan sans mouvement s'appelle «Le lotus ouvre et referme ses pétales». Il consiste en une série de six postures que vous tiendrez pendant un laps de temps précis en fonction de vos capacités respiratoires. Chaque posture doit être tenue avec la plus grande aisance possible et vous devez respirer très lentement par le nez. Même si vous réduisez votre fréquence respiratoire, essayez de respirer naturellement. De plus, gardez la langue légèrement appuyée contre votre palais. Répétez cette série au moins une fois par jour.

Le lotus ouvre et referme ses pétales

Posture 1. Mettez-vous debout, jambes écartées à la largeur des épaules et genoux légèrement fléchis. Laissez pendre vos bras mollement de chaque côté. Détendez-vous autant que possible tout en maintenant cette position le temps de vingt-cinq inhalations et expirations que vous accomplirez le plus lentement possible.

Le but de cet exercice de réchauffement est de vous détendre physiquement et mentalement. Sentez la tension quitter votre corps avec chaque respiration. Imaginez que vous êtes un magnifique lotus qui se prépare à dérouler ses pétales dans le soleil matinal. Lorsque vous aurez effectué le nombre de respirations requis, passez lentement à la position suivante.

Posture 2. Levez les bras de côté à la hauteur des épaules. Gardez les coudes légèrement fléchis, détendez vos genoux et vos poignets. Vos paumes sont tournées vers le sol (figure 53). Effectuez seize respirations aussi lentement que possible. Vous devriez sentir une tension sur le dessus de vos épaules.

Dans cette posture, vos bras sont détendus, tandis que les muscles de vos épaules travaillent, ce qui permet au qi de se rassembler dans cette région. Lorsque vous aurez effectué le nombre de respirations requis, passez lentement à la posture suivante.

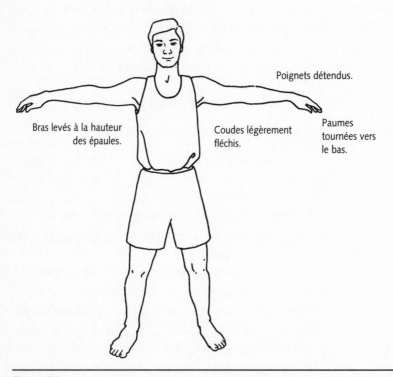

Poignets détendus.

Bras levés à la hauteur des épaules.

Coudes légèrement fléchis.

Paumes tournées vers le bas.

Figure 53

Posture 3. Conservez la même posture, mais tournez les paumes vers le haut (figure 54).

Cette posture fait légèrement travailler vos biceps tout en maintenant une tension dans vos épaules. Elle vise à accentuer la circulation du qi dans vos bras. Effectuez douze respirations aussi lentement que possible, puis passez à la position suivante.

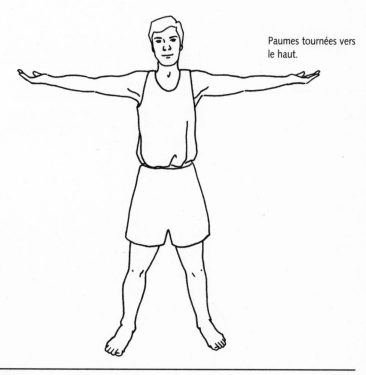

Paumes tournées vers le haut.

Figure 54

Posture 4. Cette posture est semblable à la précédente, sauf que vous fléchissez les poignets le plus possible en pointant les doigts vers le sol (figure 55).

Cette posture fait travailler vos avant-bras de manière à y rassembler le qi. Respirez neuf fois aussi lentement que possible, puis passez à la position suivante.

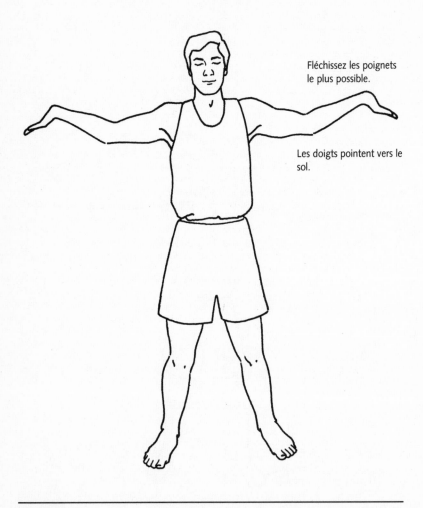

Fléchissez les poignets le plus possible.

Les doigts pointent vers le sol.

Figure 55

Posture 5. Gardez à peu près la même posture, mais cette fois écartez les doigts au maximum (figure 56).

Cette posture vise à accumuler le qi dans vos mains en y créant une tension. Respirez quatre fois aussi lentement que possible, puis passez à la posture suivante.

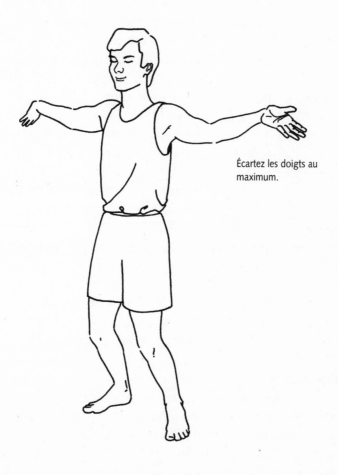

Écartez les doigts au maximum.

Figure 56

Posture 6. Reprenez la quatrième posture.

Posture 7. Reprenez la troisième posture.

Posture 8. Reprenez la deuxième posture.

Posture 9. Reprenez la première posture (voir page 101). Baissez les bras de chaque côté et détendez-les le plus possible. Gardez les genoux légèrement fléchis et conservez cette position le temps de vingt-cinq respirations.

Cette posture est une posture de détente et vous devriez concentrer votre attention sur vos épaules et sur le haut de votre dos pour sentir la tension s'évanouir progressivement. Il est probable qu'une sensation de chaleur et de plénitude envahira peu à peu vos bras, puis vos mains. À ce stade, vos mains devraient picoter à mesure qu'elles se remplissent de qi. Lorsque vous aurez respiré vingt-cinq fois, vous aurez terminé cette série d'exercices.

La durée totale de cet exercice variera en fonction de la longueur de vos inhalations et de vos expirations, mais pour la plupart des débutants, elle sera d'environ vingt minutes. À mesure que vous apprendrez à ralentir votre respiration, vous pourrez soit diminuer le nombre de respirations pour chaque posture soit choisir une ou deux postures et les tenir plus longtemps.

Quand vous travaillez cette série de postures, essayez de sentir le qi circuler dans vos épaules, vos bras et vos mains. Faites cet exercice pendant au moins trente jours.

Progression

Après un mois d'apprentissage quotidien, il est temps que vous passiez à la respiration bouddhiste. Cela signifie que vous amorcez maintenant votre formation de base en Nei Dan tout en poursuivant vos exercices de Wai Dan. Reprenez la série de postures intitulée «Le lotus ouvre et referme ses pétales», sauf que cette fois, lorsque vous inhalez, vous gonflez le bas-ventre et, lorsque vous expirez, vous le laissez revenir à sa position naturelle. Prenez soin de lire la rubrique sur la maîtrise du souffle afin de mieux comprendre cette forme de respiration. Utilisez la respiration bouddhiste pendant les trente prochains jours.

À ce stade-ci, vous devriez entamer votre troisième mois d'apprentissage et remplacer la respiration bouddhiste par la respiration taoïste ou inversée. Celle-ci est décrite en détail dans la rubrique «La maîtrise de la respiration». Essentiellement, lorsque vous utilisez la respiration inversée, vous gonflez le bas-ventre quand vous inhalez et le laissez revenir à sa position naturelle quand vous expirez. Ce mouvement est exactement l'opposé de celui de la respiration bouddhiste. Utilisez la respiration inversée en pratiquant «Le lotus ouvre et referme ses pétales» pendant encore trente jours.

Voici une autre posture que vous devriez travailler désormais et ce, pendant toute la durée de votre apprentissage, jusqu'à ce que vous ayez atteint le niveau de maître. Elle s'appelle «Étreinte de l'arbre». Au début, vous l'utiliserez surtout dans l'esprit du Wai Dan, c'est-à-dire en vous servant de vos muscles pour engendrer du qi. Mais à mesure que vous progresserez et comprendrez les principes du Nei Dan, vous pourrez l'utiliser pour combiner l'apprentissage du Wai Dan et du Nei Dan. Il s'agira alors de conduire mentalement le qi à divers endroits de votre corps, tels que vos mains et vos pieds, tout en gardant la posture.

Étreinte de l'arbre

Étape 1. Mettez-vous debout, pieds écartés à la largeur des épaules et genoux légèrement fléchis. Avec le temps, vous pourrez accentuer le fléchissement de vos genoux jusqu'à ce que vos cuisses soient parallèles au sol. Rappelez-vous, toutefois, que vos genoux ne doivent jamais dépasser l'extrémité de vos orteils.

Étape 2. Levez les bras à la hauteur des épaules et placez les paumes de vos mains à environ soixante centimètres de votre poitrine. Dans cette position, vous devriez avoir l'air d'étreindre un arbre (figure 57).

Étape 3. En employant la respiration bouddhiste ou la respiration inversée, inhalez et expirez par le nez tout en gardant la langue légèrement appuyée contre votre palais. N'oubliez pas de respirer très lentement. Essayez autant que possible d'augmenter la longueur de chaque respiration. Par exemple, si, cette semaine, vos inhalations et expirations durent environ dix secondes, faites-les durer onze secondes la semaine prochaine. À la longue, vous arriverez peut-être à les faire durer une minute ou plus.

Étape 4. Gardez cette position aussi longtemps que vous le pouvez. Au début, vous ne tiendrez peut-être que quelques minutes, mais avec un entraînement assidu, vous développerez suffisamment de force pour pouvoir la tenir vingt minutes par jour.

Lorsque vous pourrez garder cette position pendant vingt minutes, vous pourrez passer aux exercices de Wai Dan avec mouvement.

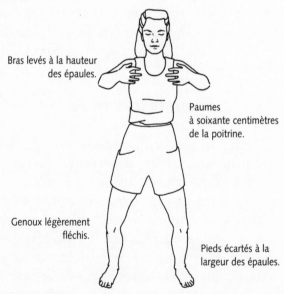

Bras levés à la hauteur des épaules.

Paumes à soixante centimètres de la poitrine.

Genoux légèrement fléchis.

Pieds écartés à la largeur des épaules.

Figure 57

LE WAI DAN AVEC MOUVEMENT

Le Wai Dan avec mouvement repose sur les mêmes principes que le Wai Dan sans mouvement, sauf que vous exécutez avec le corps et les membres des mouvements lents, continus et maîtrisés en les coordonnant avec votre respiration.

La raison pour laquelle vous avez débuté votre apprentissage avec le Wai Dan sans mouvement tient au fait que vous deviez d'abord bâtir une réserve de qi dans votre corps. En outre, la pratique quotidienne du Wai Dan sans mouvement devrait vous donner une force musculaire et une coordination de base. Dans le Wai Dan avec mouvement, vous devez bouger d'une manière aussi détendue que possible. La notion de mouvement détendu est souvent difficile à saisir pour les débutants, car un bon nombre de ceux-ci se mettent au Qi Gong après avoir passé une bonne partie de leur vie à contracter leurs muscles en les bougeant. En outre, un mouvement lent et détendu exige une forte concentration que les exercices de Wai Dan sans mouvement ont dû, nous l'espérons, vous aider à développer.

La première posture, appelée «Écarter les hautes herbes», est destinée à développer le qi dans les bras, les épaules, la poitrine et le haut du dos. En accomplissant cet exercice, essayez de percevoir une sensation de chaleur ou de picotement dans vos muscles lorsqu'ils bougent. Assurez-vous de déplacer vos bras le plus lentement possible tout en coordonnant vos mouvements avec votre respiration. Expirez en «écartant les herbes» et inhalez en ramenant vos bras vers votre poitrine.

Écarter les hautes herbes

Étape 1. Mettez-vous debout dans une position confortable, pieds écartés à la largeur des épaules et genoux légèrement fléchis.

Étape 2. Levez lentement le bras gauche à la hauteur de votre épaule droite (figure 58). Pliez le coude et tournez la paume vers l'extérieur en pointant le pouce vers le bas. Utilisez la respiration taoïste ou inversée et inhalez en levant le bras.

Étape 3. Imaginez que vous vous trouvez devant une talle de hautes herbes que vous écartez en dépliant le coude et en gardant votre paume tournée vers l'extérieur et votre pouce pointé vers le sol. Gardez le bras levé à la hauteur de l'épaule jusqu'à ce qu'il soit tout à fait allongé (figure 59). Expirez en déplaçant votre bras.

Étape 4. Baissez le bras gauche et laissez-le pendre naturellement.

Étape 5. Répétez cet exercice avec le bras droit en le levant jusqu'à la hauteur de votre épaule gauche et en le déplaçant vers la droite jusqu'à ce qu'il soit complètement étendu. Puis baissez-le.

Étape 6. Reprenez ce mouvement vingt-cinq fois avec chaque bras.

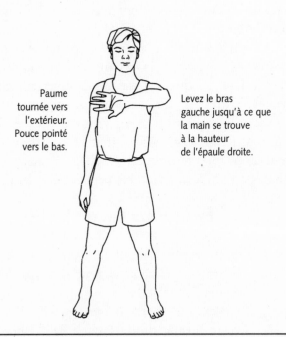

Paume tournée vers l'extérieur. Pouce pointé vers le bas.

Levez le bras gauche jusqu'à ce que la main se trouve à la hauteur de l'épaule droite.

Figure 58

Faites cet exercice chaque jour jusqu'à ce que vous sentiez très clairement le qi circuler dans vos bras sous forme d'une sensation de chaleur, de picotement ou de lourdeur. Faites cet exercice pendant vingt minutes chaque fois. Même si vous avez exécuté le nombre de mouvements requis en un laps de temps moindre, continuez jusqu'à ce que les vingt minutes soient écoulées. Par contre, si vingt minutes ne vous suffisent pas pour exécuter les vingt-cinq mouvements de chaque bras, arrêtez-vous après ce temps. À la longue, vous devriez mettre une minute à effectuer le mouvement avec le bras gauche ou le droit et, au niveau avancé, vous pourrez faire dix mouvements de chaque bras en vingt minutes.

Lorsque vous aurez senti le Courant en exécutant ce premier exercice, vous pourrez passer à l'exercice suivant intitulé «Le singe marche sur la liane». Cette posture améliorera votre coordination tout en renforçant les muscles de vos bras, de vos épaules, de votre dos, de votre taille, de votre abdomen et de

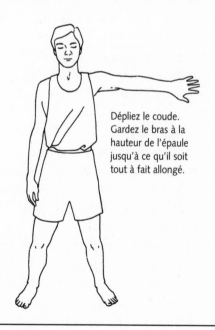

Dépliez le coude. Gardez le bras à la hauteur de l'épaule jusqu'à ce qu'il soit tout à fait allongé.

Figure 59

QI GONG

vos jambes. Elle aura aussi pour effet de masser vos organes internes et en particulier votre foie.

À ce stade-ci, vous voudrez peut-être travailler l'exercice «Écarter les hautes herbes» pendant seize minutes et «Le singe marche sur la liane» pendant quatre minutes. Puis, à mesure que vous vous habituerez à ce dernier exercice, augmentez sa durée et raccourcissez celle du premier. Par exemple, consacrez-leur d'abord seize et quatre minutes respectivement, puis quatorze et six minutes, puis douze et huit minutes. Finalement, accomplissez l'exercice du singe pendant la totalité des vingt minutes.

Le singe marche sur la liane

Étape 1. Mettez-vous debout, pieds écartés à la largeur des épaules, et formez un arc avec les bras au-dessus de votre tête, paumes tournées vers le bas (figure 60).

Étape 2. Placez le pied droit à environ trente centimètres devant vous comme si vous marchiez sur une corde raide suspendue à des centaines de mètres dans le vide. Chaque mouvement de votre pied doit être lent et délibéré. En posant le pied au sol, pointez-le vers l'extérieur à un angle d'environ quarante-cinq degrés (figure 61). Fléchissez légèrement les genoux à chaque pas. En outre, laissez votre corps osciller naturellement vers la droite en pliant la taille. Pendant que vous posez le pied devant vous et balancez votre corps vers la droite, expirez par le nez aussi lentement que possible en utilisant la respiration inversée.

Étape 3. Tout en redressant le torse pour vous préparer à avancer le pied gauche, inhalez par le nez. Puis au moment où vous amorcez le pas suivant et balancez le corps vers la gauche, commencez à expirer.

Étape 4. Avancez le pied gauche et posez-le directement en avant de votre pied droit. Encore une fois, faites des mouvements aussi lents que possible. En posant le pied au sol, laissez le haut de votre corps osciller vers la gauche.

Étape 5. Continuez de marcher ainsi pendant quatre minutes. Si vous manquez de place, tournez-vous lentement en plaçant vos pieds de sorte qu'ils restent sur la corde sur laquelle vous êtes censé marcher. Rappelez-vous de coordonner votre respiration avec vos pas. Chaque fois que vous avancez le pied vers l'avant et que votre corps oscille, expirez. Et chaque fois que vous redressez le tronc et que vous vous préparez à faire le prochain pas, inhalez.

Répétez cet exercice jusqu'à ce que vous puissiez le faire pendant vingt minutes.

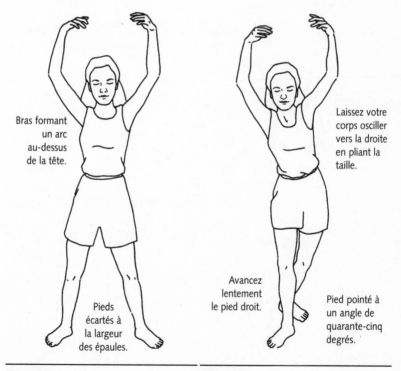

Bras formant un arc au-dessus de la tête.

Laissez votre corps osciller vers la droite en pliant la taille.

Pieds écartés à la largeur des épaules.

Avancez lentement le pied droit.

Pied pointé à un angle de quarante-cinq degrés.

Figure 60   **Figure 61**

Après avoir travaillé «Le singe marche sur la liane» et fortifié vos jambes, vous pourrez passer à l'exercice suivant, intitulé «Le singe cueille des fruits». Cet exercice est extrêmement important parce qu'il fortifiera vos jambes tout en améliorant votre souplesse, deux qualités essentielles à la bonne circulation du qi dans vos jambes.

Le singe cueille des fruits

Exécutez tous les mouvements avec une lenteur maximale et coordonnez-les avec votre respiration. Chaque fois que vous levez un bras ou une jambe ou l'éloignez de votre corps, expirez en appliquant la respiration inversée et les trois régulations. Chaque fois que vous baissez un bras ou une jambe, inhalez.

Levez les bras au-dessus de la tête.

Paumes tournées vers l'avant.

Levez la jambe droite devant vous.

Cuisse parallèle au sol.

Figure 62   **Figure 63**

Étape 1. Tenez-vous debout, pieds écartés à la largeur des épaules et genoux légèrement fléchis. Vos bras pendent mollement de chaque côté de votre corps.

Étape 2. Levez les bras loin au-dessus de la tête, les paumes tournées vers l'avant comme si vous étiez suspendu à une branche (figure 62).

Étape 3. Levez la jambe droite directement devant vous, de sorte que votre cuisse soit parallèle au sol (figure 63).

Étape 4. Pliez le genou droit et rapprochez le plus possible votre pied de votre genou gauche. Puis baissez le bras gauche et touchez la plante de votre pied droit avec la paume de votre main gauche (figure 64).

Pliez le genou droit.

Amenez le pied droit contre le genou gauche.

Touchez la plante du pied droit avec la main gauche.

Levez la jambe du côté droit jusqu'à ce qu'elle soit parallèle au sol.

Figure 64   **Figure 65**

QI GONG

Étape 5.   Levez la jambe droite de côté jusqu'à ce qu'elle soit parallèle au sol (figure 65).

Étape 6.   Pliez le genou droit et amenez votre pied le plus près possible de votre genou gauche. Puis baissez le bras gauche et touchez la plante de votre pied droit avec la paume de la main gauche.

Étape 7.   Étendez la jambe droite derrière vous en reculant votre pied au maximum (figure 66).

Étape 8.   Pliez le genou droit et amenez votre pied le plus près possible de votre genou gauche. Puis baissez le bras gauche et touchez la plante de votre pied droit avec la paume de la main gauche.

Étape 9.   Changez de jambe et répétez l'exercice en entier en exécutant seize séries de mouvements avec chaque jambe.

Travaillez «Le singe cueille des fruits» jusqu'à ce que les mouvements de vos jambes soient aussi fluides que ceux de vos

Étendez la jambe droite derrière vous.

Reculez le pied au maximum.

Figure 66

bras. Imaginez que vos jambes sont soutenues par d'énormes ballons gonflés d'air qui se déplacent à la moindre brise. Au niveau avancé, vous devriez pouvoir tenir la jambe dans n'importe laquelle des positions allongées durant vingt minutes.

Le prochain exercice s'intitule «Regarder le ciel» et vous pouvez commencer à le travailler quand vous voudrez. Cet exercice étire les muscles des jambes, des épaules, du dos, des bras et de la taille. C'est un exercice merveilleux à accomplir le matin au réveil.

Regarder le ciel

Faites cet exercice très lentement afin de ne pas être pris de vertiges. Si cela vous arrive, arrêtez-vous et revenez à la première posture tout en vous concentrant sur votre respiration.

Étape 1.   Tenez-vous debout, pieds écartés à une fois et demie la largeur de vos épaules (figure 67). Vos

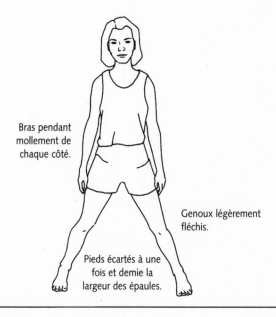

Bras pendant mollement de chaque côté.

Genoux légèrement fléchis.

Pieds écartés à une fois et demie la largeur des épaules.

Figure 67

genoux sont légèrement fléchis et vos bras pendent mollement de chaque côté de votre corps. Inhalez aussi lentement que possible par le nez.

Étape 2. Utilisez la respiration inversée. Tout en expirant, penchez-vous vers l'avant et essayez d'effleurer le sol de vos mains (figure 68). Si vous le pouvez, glissez vos mains entre vos jambes de manière à regarder le ciel à l'envers, derrière vous.

Étape 3. Tout en inhalant, redressez lentement le torse et ouvrez grand les bras de chaque côté de vous. Continuez le mouvement en arquant le dos, de sorte que votre visage et votre poitrine soient tournés vers le ciel (figure 69).

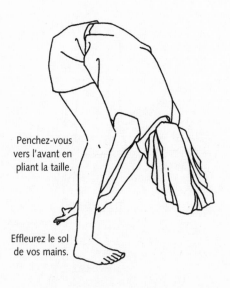

Penchez-vous
vers l'avant en
pliant la taille.

Effleurez le sol
de vos mains.

Figure 68

Étape 4. Inhalez et redressez le torse en ramenant les bras au centre de votre corps. Puis penchez-vous vers l'avant et répétez la deuxième étape.

Étape 5. Continuez cet exercice le temps de seize respirations.

Le prochain exercice, «Se tourner pour regarder la lune», exige que vous tourniez le torse à gauche et à droite, ce qui fait travailler les muscles de la taille, du bas du dos et de la colonne vertébrale. Le mouvement de torsion met aussi en jeu les muscles des jambes, des bras et du cou.

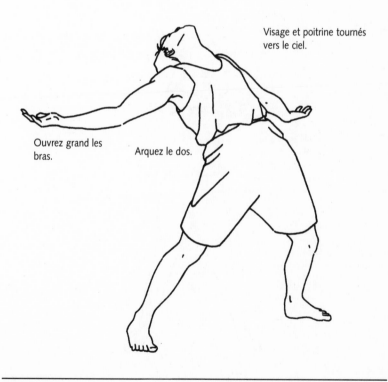

Visage et poitrine tournés vers le ciel.

Ouvrez grand les bras.

Arquez le dos.

Figure 69

Se tourner pour regarder la lune

Étape 1. Mettez-vous debout, pieds écartés à la largeur des épaules. Gardez les genoux légèrement fléchis. Vos bras pendent lâchement de chaque côté de votre corps. Utilisez la respiration bouddhiste et inhalez aussi lentement que possible par le nez.

Étape 2. En expirant, levez le bras gauche et placez votre main à environ trente centimètres devant votre épaule droite (figure 70). Pendant que vous levez le bras, tournez lentement le torse vers la droite.

Étape 3. Continuez de pivoter de manière à regarder le plus loin possible derrière vous. À ce stade, vos pieds et votre main droite devraient conserver leur position initiale, tandis que votre visage, votre poitrine et

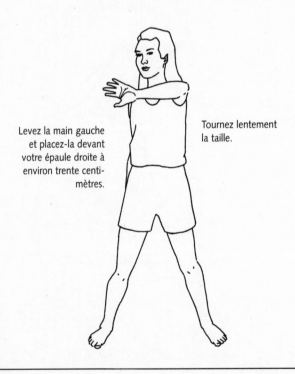

Levez la main gauche et placez-la devant votre épaule droite à environ trente centimètres.

Tournez lentement la taille.

Figure 70

votre main gauche sont tournés dans la direction opposée (figure 71).

Étape 4. Tout en inhalant, tournez lentement la taille et baissez le bras de manière à revenir à la première position, le tronc tourné vers l'avant.

Étape 5. Expirez et reprenez la deuxième étape mais cette fois, levez le bras droit et tournez le tronc vers la gauche.

Étape 6. Répétez cet exercice vingt-cinq fois.

Travaillez quotidiennement les exercices de Wai Dan avec mouvement. À la longue, vous apprendrez à sentir le qi dans n'importe quelle position. Ceci vous permettra de pratiquer le Qi Gong peu importe l'endroit où vous êtes ou l'activité physique à laquelle vous vous adonnez.

Tournez le torse aussi loin que possible vers la droite.

La main gauche, le visage et la poitrine sont tournés vers la droite.

Pieds pointés vers l'avant.

Figure 71

LE NEI DAN

Le Nei Dan est l'un des niveaux les plus avancés du Qi Gong. Il est passablement difficile à comprendre et il faut une grande ténacité pour le maîtriser. Bien qu'on puisse l'apprendre dans les livres, mieux vaut trouver un maître capable de diriger la circulation de votre qi afin que vous compreniez mieux ce qui est censé se passer durant les exercices.

Le Nei Dan est un exercice mental et stationnaire dans lequel on utilise la pensée pour conduire le qi à travers ses vaisseaux et ses méridiens. Avant de vous lancer dans cet apprentissage, vous devez au préalable apprendre à maîtriser votre corps, votre souffle et votre esprit. Je vous conseille de lire les sections précédentes et de répéter les exercices jusqu'à ce que vous ayez compris les principes de base de la relaxation.

Pendant les exercices de Nei Dan, vous travaillerez deux exercices différents. Le premier, appelé **petite circulation** ou Petit Cercle Céleste, consiste à faire circuler le qi dans sa tête et son corps à l'exception des bras et des jambes. Lorsque vous aurez maîtrisé la petite circulation, vous pourrez aborder le deuxième exercice, appelé la **grande circulation** ou Grand Cercle Céleste. La grande circulation consiste à faire circuler le qi dans tout son corps le long des douze méridiens et des huit vaisseaux.

Voici comment fonctionne le Nei Dan. Tout d'abord, vous devez détendre votre esprit, votre corps et votre souffle et maîtriser aussi vos émotions. En d'autres termes, vous devez vous sentir aussi calme, à l'aise et détendu que possible.

Si vous êtes prêt à essayer les exercices, enfilez des vêtements confortables et trouvez un endroit où vous ne serez pas dérangé. Si possible, exercez-vous à l'extérieur, mais prenez votre décision en fonction du temps et de votre constitution physique. Si vous vous exercez à l'intérieur, je vous recommande d'acheter une plante, un petit conifère, par exemple, un genièvre et de le placer près de votre lieu d'exercice. Les bonsaïs sont fabuleux à cet égard (figure 72). Comme les plantes dégagent de l'oxygène, l'arbre vous aidera à bien respirer tout en vous enseignant l'art de l'immobilité. Il vous donnera un point où concentrer votre attention pendant les exercices. Dès que vous aurez choisi un endroit où vous asseoir, placez-vous face à l'est le matin et l'après-midi, et face au sud, le soir. Le matin, vous vous alignez sur le Soleil levant ainsi que sur le mouvement rotatoire naturel de la Terre. Le soir, vous vous alignez sur son champ magnétique.

Asseyez-vous sur le sol les jambes croisées (figure 73) et trouvez une position confortable. Si vous débutez en Qi Gong, vous pouvez placer une couverture pliée sous la moitié arrière de vos fesses pour réduire la tension musculaire causée par la position assise ou encore soutenir votre dos avec un oreiller.

À titre d'échauffement, demeurez simplement assis sans bouger et respirez normalement. Détendez tous vos muscles le plus possible tout en vous concentrant exclusivement sur votre respiration. Relaxez-vous de plus en plus profondément. Au bout d'environ quatre minutes, vous pouvez entamer le premier exercice.

À ce stade, passez à la respiration bouddhiste. Tout en inhalant, gonflez les muscles de votre abdomen en sortant le

Figure 72   **Figure 73**

QI GONG

bas-ventre. Lorsque vous expirez, laissez votre abdomen revenir à sa position normale. Continuez de respirer ainsi pendant vingt-cinq minutes. Si vous sentez la moindre tension dans la poitrine quand vous respirez, c'est que vous utilisez une trop grande force musculaire. Le cas échéant, relaxez-vous et essayez de respirer plus lentement, plus doucement et plus légèrement.

Accomplissez cet exercice d'échauffement et de respiration au moins une fois, mais de préférence deux fois par jour jusqu'à ce que vous sentiez une certaine chaleur s'accumuler dans votre abdomen. La majorité des gens y parviennent après cent jours d'exercice quotidien. Certaines personnes plus sensibles percevront presque aussitôt cette sensation de chaleur, tandis que d'autres mettront plus de temps que la moyenne à la ressentir. Vous devez fonder votre entraînement sur vos propres résultats.

Lorsque le qi s'accumulera dans votre Tan Tien, vous y percevrez une sensation distincte de chaleur. Une fois ce stade atteint, vous pourrez passer à la respiration inversée.

Pour respirer selon cette méthode, vous devez, lorsque vous inhalez, rentrer le ventre en contractant vos abdominaux comme si vous vouliez l'aspirer à l'intérieur. Puis, lorsque vous expirez, détendez vos abdominaux et laissez votre ventre reprendre sa position naturelle. Assurez-vous de respirer par le nez tout en appuyant légèrement la langue contre votre palais et de coordonner votre respiration avec les mouvements de votre abdomen. Cette forme de respiration vous permettra de bâtir une plus grande réserve d'énergie que la respiration bouddhiste. Travaillez la respiration inversée jusqu'à ce qu'elle vous vienne facilement et vous pourrez ensuite apprendre à faire circuler votre qi.

La petite circulation

Dans la petite comme dans la grande circulation, le qi peut emprunter trois voies principales lorsqu'il se déplace à travers les méridiens: la Voie du Feu, la Voie du Vent et la Voie de l'Eau. Vous commencerez par travailler la Voie du Feu.

Votre corps compte douze méridiens et huit vaisseaux. Les deux vaisseaux que vous utiliserez pour cet exercice sont le Vaisseau Conception et le Vaisseau Gouverneur. Le premier descend sur le devant du corps tandis que le second remonte dans le dos (voir page 45). Lorsqu'il emprunte la Voie du Feu, le qi part de Tan Tien, descend jusqu'au point Huiyin, situé entre les jambes juste devant l'anus, et remonte jusqu'au coccyx. Il suit ensuite la colonne vertébrale jusqu'à la tête, passe sur la crête du crâne et redescend sur le devant du visage et du torse jusqu'à Tan Tien. C'est la voie que suit naturellement le qi et, chez une personne en santé, il complète son cycle une fois toutes les douze heures.

La Voie du Feu

Pour faire circuler votre qi sur la Voie du Feu, vous devez d'abord bâtir une réserve d'énergie grâce aux exercices précédents de cette section-ci. Cela fait, vous pourrez aborder l'exercice ci-dessous.

Commencez par utiliser la respiration inversée. Ensuite, tout en concentrant votre attention sur Tan Tien, contractez l'anus en imaginant que vous voulez cesser d'uriner. Vous sentirez une légère contraction musculaire près du conduit urinaire. Comme la plupart des gens font rarement cet exercice, le point Huiyin est sans doute celui où le qi circule le plus difficilement. Lorsque vous tendez vos muscles pour interrompre un flot d'urine imaginaire, les muscles qui entourent le point Huiyin se détendent, permettant ainsi au qi de circuler dans cette région.

Ensuite, vous devez vous imaginer que le qi monte dans votre dos. Au début, cet exercice sera surtout imaginaire, mais si vous l'accomplissez régulièrement, vous sentirez une véritable sensation de chaleur dans votre dos. Au moment où le qi atteindra le haut de votre dos, détendez au maximum les muscles de vos épaules et de votre dos. Ensuite, le qi remontera derrière votre tête et vous éprouverez une sensation de chaleur ou de picotement. Il passera sur le dessus de votre crâne et descendra sur le devant de votre visage, provoquant peut-être une bouffée de chaleur autour de votre nez. Lorsqu'il approchera de votre bouche, vos lèvres pourraient picoter. De là, le qi descendra dans votre poitrine pour revenir à Tan Tien.

Durant cet exercice, vous devez coordonner votre respiration avec la visualisation de l'emplacement du qi dans votre corps. À l'inhalation, imaginez que le qi descend sur le devant de votre corps en direction du point Huiyin et à l'expiration, sentez-le monter dans votre dos le long du Vaisseau Gouverneur.

Travaillez cet exercice en utilisant la visualisation jusqu'à ce que vous sentiez vraiment le déplacement du qi sous forme d'une sensation de chaleur ou de picotement. Lorsque vous percevrez cette sensation tant dans le Vaisseau Conception que dans le Vaisseau Gouverneur, vous aurez maîtrisé la petite circulation.

La Voie du Vent

Lorsque vous pourrez accomplir la petite circulation sur la Voie du Feu, essayez la Voie du Vent. Suivez les mêmes principes que pour la Voie du Feu sauf que, au lieu de faire circuler le qi sur le devant du corps puis dans le dos, vous inversez sa trajectoire. Lorsque vous inhalez, vous faites descendre le qi dans votre dos depuis la crête de votre crâne jusqu'au point Huiyin. Et lorsque vous expirez, vous faites monter le qi sur le devant de votre corps depuis le point Huiyin jusqu'à votre tête en passant par Tan Tien. Cette trajectoire inversée rend le qi plus yin. Autrement dit, elle contribue à équilibrer et à harmoniser votre système interne.

La Voie de l'Eau

Continuez de travailler la Voie du Vent jusqu'à ce que vous arriviez à faire circuler votre qi de cette manière. Puis, familiarisez-vous avec la Voie de l'Eau. La Voie de l'Eau est une technique extrêmement avancée de Nei Dan qui exige un entraînement intensif. Il s'agit de faire circuler le qi dans la même direction que pour la Voie du Feu, mais cette fois, lorsqu'il remonte dans le dos, il voyage à l'intérieur de la colonne vertébrale plutôt qu'à côté d'elle. Pour maîtriser cette technique, vous devez amener le qi à imprégner vos os grâce à une série d'exercices qui associent la visualisation, la contraction musculaire, le massage et même le martèlement.

La grande circulation

Lorsque vous aurez appris à diriger votre qi le long de ces trois voies Feu, Vent et Eau vous apprendrez à le faire circuler dans vos membres. La clé consiste à utiliser votre imagination, car le qi suit la pensée. L'art de faire circuler le qi dans tout le corps s'appelle la grande circulation.

L'apprentissage de la grande circulation commence de la même manière que celui de la petite circulation. Contentez-vous d'utiliser la Voie du Feu et, lorsque le qi a atteint vos épaules, conduisez-le dans vos bras jusqu'à un point situé au centre de vos paumes.

Vous aurez sans doute moins de difficulté à faire circuler le qi dans vos bras que dans vos jambes. Cela est dû au fait qu'il est plus ardu de détendre complètement les muscles des jambes. La meilleure façon d'apprendre à détendre un muscle consiste à le contracter pour ensuite le laisser se relâcher naturellement. À la longue, vous reconnaîtrez la sensation produite par un muscle détendu et n'aurez plus besoin de le raidir d'abord. Exercez-vous, cela viendra.

Lorsque vous aurez maîtrisé la grande circulation et pourrez conduire le qi dans tout votre corps à volonté, tâchez d'améliorer vos capacités de centration et d'équilibre. Pour cela, vous devez conduire le qi dans vos pieds et même loin dans le sol. Par exemple, penchez-vous vers l'avant et trouvez votre point limite d'équilibre. Lorsque vous êtes sur le point de tomber, conduisez le qi dans vos bras et vos jambes jusque dans vos pieds. Votre torse devrait alors vous paraître plus léger, de sorte que vous pourrez accentuer votre inclinaison.

Poursuivez votre apprentissage

Lorsque vous aurez maîtrisé tant la petite que la grande circulation, le moment sera venu d'apprendre à conduire votre qi n'importe où dans votre corps sur commande. Cette aptitude exige un travail assidu. Rappelez-vous que l'imagination, la créativité, la conscience sensorielle et la détente sont les clés du succès.

Au début, faites circuler votre qi le long de vos méridiens en le conduisant en lignes plus ou moins droites d'un point à un autre. Lorsque vous y parviendrez, essayez d'exercer un certain contrôle sur lui. Par exemple, si vous pouvez accomplir la grande circulation, faites circuler le qi dans votre bras puis faites-le tourner en spirale dans le sens horaire, puis antihoraire. Vous pouvez aussi varier sa vitesse.

Ensuite, essayez d'absorber du qi pendant que vous expirez. Cet exercice vous paraîtra sans doute ardu puisqu'en général, c'est en inhalant que l'on absorbe du qi. L'une des meilleures façons d'apprendre cet exercice consiste à se concentrer simultanément sur les deux bras. Ensuite, inhalez et imaginez que le qi pénètre dans votre paume gauche. Lorsque vous expirez, faites-le sortir par votre paume droite. Vous établirez ainsi un circuit énergétique. Au bout de quelques minutes, imaginez que le qi que vous projetez de la main droite tout en expirant pénètre en même temps dans votre paume gauche. C'est comme si vos mains se trouvaient dans une rivière et que l'une pointait vers l'amont et l'autre vers l'aval: l'eau pénètre dans une main et ressort de l'autre.

L'étape suivante consiste à diriger le qi sans l'aide de la respiration. Tous ces concepts sont des outils d'apprentissage dont chacun s'ajoute au précédent, mais comme pour n'importe quelle aptitude, vous pourrez à la longue abandonner les techniques individuelles pour vous concentrer sur la circulation fluide d'un produit fini.

C'est ainsi que le Qi Gong englobe tous les autres systèmes énergétiques ésotériques. À la base, chaque système semble radicalement différent. Par exemple, pour amplifier l'énergie, un Santero Mayor fabriquera une tête en argile avec des yeux, des oreilles, une bouche et un nez en coquillage et la placera sur un mouchoir blanc avec un cigare et un pichet de rhum. De même, un chaman Jivaro rêvera qu'il trouve et éloigne le jaguar qui terrorise le village. Ou à Hawaï, un sorcier Kahuna récitera une prière en tenant un bâton portant des inscriptions spéciales avant de lancer celui-ci en direction d'un ennemi. Chaque système emploie des méthodes différentes pour amplifier l'énergie avant de l'utiliser. En fin de compte, tous parviennent au même résultat. Cela explique pourquoi le Qi Gong, au niveau avancé, permet d'embrasser n'importe quel système énergétique et est plus complet que la plupart des traditions magiques. En effet, la majorité d'entre elles nécessitent une sorte d'outil rituel pour fonctionner. Le Qi Gong aussi à un niveau simpliste. (C'est là le rôle fondamental des divers modes de respiration.) Mais à mesure que vous progressez, vous pouvez laisser tomber la technique de respiration et vous concentrer sur la conduite spécifique du qi.

EXERCICES DE RÉCUPÉRATION

Toute séance de Qi Gong doit obligatoirement se terminer par des exercices qui ont pour but d'harmoniser votre qi et de conduire une partie de celui que vous avez accumulé au cours des exercices de Wai Dan ou de Nei Dan à d'autres parties du corps.

Paumes sur les yeux

Asseyez-vous, frottez rapidement vos mains l'une contre l'autre et appliquez vos paumes sur vos yeux. Utilisez la respiration bouddhiste et sentez la chaleur pénétrer dans vos yeux à chaque inhalation.

Tapotement de la tête

Tout en utilisant la respiration bouddhiste, tapotez légèrement la surface entière de votre cuir chevelu avec les doigts.

Claquement des mâchoires

Ouvrez et fermez lentement la bouche en faisant légèrement claquer vos mâchoires l'une contre l'autre vingt-cinq fois
de suite. Détendez votre bouche le plus possible.

Massage du visage et du cuir chevelu

Massez doucement votre visage en insistant sur votre nez,
vos joues, vos oreilles, le dessus, les côtés et l'arrière de votre
crâne. Continuez pendant environ une minute.

Rotations du cou

Lentement, dessinez des cercles avec la tête neuf fois dans
un sens et neuf fois dans l'autre.

Massage des articulations

Avec la paume de vos mains, massez doucement vos poignets, vos coudes, vos épaules, votre cou, vos hanches, vos
genoux et vos chevilles. Massez chaque articulation neuf fois.

Figure 74   **Figure 75**

Massage de la paume des mains
et de la plante des pieds

Avec l'index de la main gauche, tracez des cercles concentriques dans le centre de votre paume droite en appuyant légèrement (figure 74). Puis changez d'index pour masser la paume de votre main gauche. Ensuite, massez le centre de la plante de vos pieds avec les index (figure 75). Dessinez neuf cercles dans la paume de chaque main et la plante de chaque pied.

Massage des reins

Avec les poings, massez la région du bas de votre dos où se trouvent vos reins (figure 76). Faites-le neuf fois.

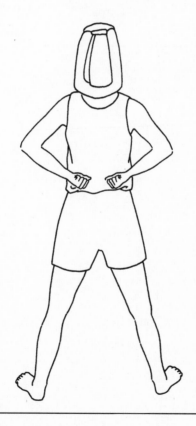

Figure 76

À ce stade-ci, vous devriez avoir parfaitement récupéré. Il vous reste un dernier exercice. Allongez-vous sur le dos (figure 77) et sentez l'énergie circuler dans votre corps. N'essayez pas de maîtriser ces sensations ni de les modifier, mais contentez-vous de prendre conscience du Courant. Au bout d'une minute environ, levez-vous lentement. Vous avez maintenant complété vos exercices de récupération.

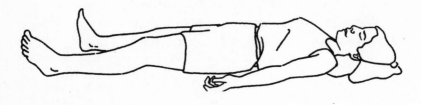

Figure 77

DEUXIÈME PARTIE

L'ENTRAÎNEMENT PHYSIQUE

Cet entraînement met en jeu diverses techniques visant à développer la conscience du corps. Au niveau élémentaire, les exercices sont surtout orientés vers le Wai Dan, mais à mesure que vous progresserez, vous pourrez les accomplir en appliquant les principes du Nei Dan.

LA MARCHE NU-PIEDS

Nous sommes souvent tellement pris par le mode de vie artificiel que nous nous sommes créé dans la société moderne, que nous perdons le contact avec notre nature biologique. Il existe une façon de revenir à nos racines et c'est de marcher nu-pieds aussi souvent que possible. Pour profiter de cet exercice au maximum, marchez sur de la moquette, sur des planchers de bois, sur l'herbe, sur des roches, dans des flaques d'eau et même dans la neige. En fait, plus vous exposerez vos pieds à des surfaces variées, plus cet exercice sera bénéfique pour vous.

Pour commencer, marchez pieds nus pendant quelque temps chaque jour. Ceci non seulement accroîtra la sensibilité tactile de vos pieds, mais agira aussi comme une sorte d'exercice de Wai Dan. Marcher nu-pieds stimule les divers muscles des pieds en vous donnant une plus grande variété de mouvements.

Retirer ses chaussures, même quelques instants, est une merveilleuse façon de recharger ses batteries. Imaginez que vous êtes au travail. Vous êtes las, tendu et en avez marre du système. C'est le moment de la pause et vous vous dites qu'un peu d'énergie ferait merveille. Vous retirez vos bas ou chaussettes et vos chaussures, et vous marchez nu-pieds pendant quelques minutes. Tout en détendant votre esprit et en oubliant momentanément vos problèmes, vous accumulez du qi dans vos pieds, du simple fait que vous bougez la plante de vos pieds et vos orteils dans tous les sens. Tout en pratiquant les trois régulations, tâchez de détendre vos pieds. Votre pause tire à sa fin mais vous serez revitalisé et prêt à tout.

Essayez ceci: achetez quelques tiges de bambou que vous taillerez en sections de trente centimètres chacune. Éparpillez-les sur le sol et marchez dessus; elles masseront les muscles de vos pieds à chaque pas. Vous constaterez sans doute que vos pieds transpirent à mesure qu'ils accumulent du qi afin de pouvoir supporter la contrainte de cet exercice.

Lorsque vous sentirez que vos pieds transpirent, ils seront revitalisés. En fait, cette sudation se produit couramment, peu importe l'endroit où se rassemble votre qi, surtout chez les élèves des niveaux débutant et intermédiaire. Lorsque vous percevrez le Courant dans vos pieds, marchez pieds nus. Retirez vos chaussures et vos bas ou chaussettes et allez marcher dehors. Sentez le contact de vos pieds avec le sol et goûtez cette sensation. Laissez ces impressions nouvelles faire danser votre esprit. Tout en marchant, concentrez-vous sur la plante de vos pieds. Utilisez la respiration inversée, et faites le plus de pas possibles pendant chaque inhalation et chaque expiration. Ceci est une manière extrêmement rafraîchissante de se détendre et de se revigorer.

Lorsque vous aurez appris la grande circulation, vous pourrez diriger votre qi vers vos pieds par la pensée. Au centre de la plante de chaque pied, près de l'arche, se trouve un point appelé Yongquan. Ces points, ainsi que les points situés au centre de la paume des mains, sont les quatre principales portes à travers lesquelles il est relativement facile d'émettre et de recevoir de l'énergie au moyen du Nei Dan. Sur ces quatre points énergétiques, ceux de la plante des pieds sont les plus difficiles à sentir, car le manque d'exercice et de souplesse fait que la plupart des gens ne sont pas en contact avec leurs jambes et leurs pieds. Par ailleurs, la plante des pieds vous met directement en contact avec le qi de la Terre, qui exerce un effet apaisant et curatif.

Pour marcher nu-pieds selon les principes du Nei Dan, imaginez que vous respirez par la plante des pieds. En utilisant la respiration inversée, inhalez lentement et imaginez que l'énergie pénètre directement dans la plante de vos pieds et monte dans vos jambes jusqu'à Tan Tien. Puis expirez et voyez l'énergie jaillir de Tan Tien pour descendre dans vos jambes, sortir de la plante de vos pieds et pénétrer dans le sol. Cet exercice vous donnera rapidement un coup de fouet peu importe l'endroit où vous vous trouvez.

La marche nu-pieds associée aux exercices de Wai Dan et de Nei Dan peut non seulement vous aider à développer votre qi, mais encore contribuer à prévenir divers troubles et maladies. À chaque pas, le sol masse vos pieds. Plus le sol est inégal et dur, mieux cela vaut pour vos pieds. Comme vous le savez sans doute, votre corps est parcouru de nerfs qui s'entremêlent avec vos méridiens en formant divers schémas. Par conséquent, pendant que le sol stimule vos pieds, votre qi circule dans tout votre corps et imprègne au moins la moitié de vos organes. Cette forme de stimulation des pieds obéit aux mêmes principes que la réflexologie, sorte de massage manuel des pieds, tandis qu'en marchant nu-pieds, vous massez vos propres pieds chaque fois que vous en ressentez le besoin.

LA NAGE SOUS L'EAU

Nager sous l'eau est un excellent moyen d'amplifier votre qi. Pour cela, vous devez apprendre à retenir votre souffle. Avec un entraînement régulier, vous augmenterez graduellement le laps de temps que vous passerez sous l'eau, jusqu'à ce que vous puissiez tenir jusqu'à huit minutes. En apprenant à absorber l'oxygène et le qi de l'eau, vous pourrez rester sous l'eau encore plus longtemps. De plus, en sortant une main, un pied ou une autre partie du corps hors de l'eau et en assimilant correctement le qi de l'air, vous pourriez augmenter ce temps encore davantage.

Mais pour en arriver là, vous devez au préalable apprendre à maîtriser votre souffle. Passez en revue les trois régulations et assurez-vous de bien comprendre comment détendre votre esprit, votre corps et votre respiration. Avant de plonger sous l'eau, utilisez la respiration bouddhiste et inhalez lentement et doucement par le nez. Gardez la langue légèrement appuyée contre votre palais. Après avoir rempli vos poumons aux trois quarts environ, descendez sous l'eau. À la moindre sensation d'inconfort, revenez à la surface. Ne faites pas trop d'efforts. Cette technique exige un long entraînement et vous devez vous montrer très prudent. Mieux vaut faire cet exercice en présence d'une personne qui pourra vous prêter assistance en cas de besoin.

Avec un peu d'entraînement, vous pourrez retenir votre souffle de plus en plus longtemps. À un moment donné, vous atteindrez un palier où vous aurez l'impression de ne plus progresser. Cela est parfaitement normal et pour beaucoup, ce palier se situe à trente ou quarante-cinq secondes. Peu importe où se trouve votre palier, vous devez tenir compte de vos propres capacités sans vous comparer aux autres. Chacun est unique et possède ses propres talents. On ne peut pas se comparer pour la simple raison que les variables sont trop nombreuses.

Lorsque vous ne progressez plus, vous pouvez apprendre à absorber le qi de l'eau. Mais auparavant, vous devez être convaincu que le qi peut vraiment voyager dans l'eau. Si votre intellect le croit, votre corps le croira aussi. Immergez-vous jusqu'aux épaules dans une piscine ou un lac. En utilisant la respiration inversée, inhalez lentement et dirigez le qi vers la paume de vos mains et la plante de vos pieds. Si vous n'y arrivez pas selon les principes du Nei Dan, essayez la technique de Wai Dan suivante. Debout dans l'eau, serrez les poings et contractez vos orteils afin d'y conduire le qi. Si vous êtes bien détendu, vous remarquerez sans doute que de minuscules bulles d'air se dégagent de vos mains et de vos pieds, et remontent le long de vos membres pour éclater à la surface de l'eau. Même si vous ne les voyez pas, elles vous chatouilleront sans doute au passage.

L'eau est un excellent outil pour apprendre à relâcher entièrement ses muscles. Pendant que vous êtes dans l'eau, pratiquez les trois régulations, puis détendez vos épaules et vos bras au maximum. Ensuite, serrez les poings pour accumuler du qi dans vos mains. Au bout de quelques minutes de respiration inversée, vos bras devraient, à mesure qu'ils se remplissent de qi (et en autant que vous soyez parfaitement détendu), remonter lentement à la surface de l'eau et y flotter. Vous pouvez aussi contracter vos orteils pour y développer le qi, puis vous appliquer à détendre les muscles de vos hanches et de vos jambes. Si vous êtes complètement détendu, une de vos jambes devrait lever.

Exercez-vous à demeurer sous l'eau aussi souvent que possible, ne serait-ce que dans votre baignoire. L'essentiel quand vous faites cet exercice, c'est de vous détendre complètement et de ne pas fournir trop d'efforts. Vos progrès vous paraîtront sans doute très lents comparés à ceux que vous faites avec d'autres techniques. Persévérez et vous découvrirez que la nage sous l'eau améliore grandement votre capacité de respirer et de vous détendre.

LE MASSAGE AVEC LE QI

Le massage est l'une des manières les plus faciles d'ouvrir les canaux de qi afin que l'énergie y circule plus facilement. Il peut en outre vous aider à vous guérir vous-même ou à guérir les autres.

De plus, masser est une chose que la plupart d'entre nous faisons naturellement. Vous est-il déjà arrivé de heurter un objet et de vous faire un bleu? Dans ce cas, votre première réaction a sans doute été d'exprimer verbalement vos sentiments et la seconde, de masser l'endroit douloureux. En criant, vous augmentez automatiquement votre niveau de qi et en frottant la meurtrissure, vous dispersez le sang et le qi qui y stagnent, amorçant ainsi la guérison.

On peut utiliser le massage dans divers buts. Il peut aider à relâcher la tension physique et mentale, à distribuer le qi stagnant, à ressouder les fractures et même à accélérer la guérison d'une maladie. On peut se masser soi-même ou masser les autres ainsi que les plantes et les animaux. Lorsque vous massez, assurez-vous d'employer une variété d'outils. Vous pouvez utiliser vos doigts, vos jointures, la paume et le tranchant de votre main, vos avant-bras et vos pieds. Chacun de ces outils peut pénétrer les muscles d'une manière unique et modifier légèrement le massage. Il est important que vous expérimentiez chacune de ces méthodes afin de déterminer leur effet sur vous.

Vos doigts sont de merveilleux outils de massage. Comme vous les utilisez chaque jour, ils vous assurent le meilleur degré de contrôle possible. Vous pouvez masser légèrement ou vigoureusement, en surface ou en profondeur. Vous pouvez utiliser vos jointures pour appliquer une forte pression sur un muscle, car les doigts n'ont souvent pas la force ni la résistance nécessaires pour pénétrer aussi profondément.

Les paumes constituent l'un des meilleurs instruments de massage qui soient parce qu'il est facile de transmettre du qi à un muscle à travers elles. La meilleure façon de développer le qi dans vos paumes est de les frotter rapidement l'une contre l'autre jusqu'à ce qu'elles deviennent chaudes. Puis massez jusqu'à ce qu'elles refroidissent. Vous pouvez aussi y rassembler du qi en contractant les muscles de vos mains et en y conduisant mentalement le qi selon les principes du Nei Dan.

Si une région nécessite un massage assez long et assez profond, essayez le tranchant de la main. Cet outil étroit mais puissant vous permet de pénétrer profondément dans le muscle. Les avant-bras sont idéals pour masser les parties extrêmement sensibles, car ils permettent d'exécuter de doux mouvements circulaires.

Vous pouvez aussi masser avec vos pieds. Ceux-ci présentent des avantages similaires à ceux des paumes, puisque le centre de la plante des pieds est aussi un puissant transmetteur de qi. La plupart des gens ont de la difficulté à masser avec leurs pieds parce qu'ils n'ont pas pris le temps de développer la coordination de leurs jambes autant que celle de leurs bras. Toutefois, les jambes sont beaucoup plus fortes que les bras et, par conséquent, elles permettent de conduire le qi dans les couches profondes du corps.

Lorsque vous aurez choisi votre outil de massage, vous avez le choix entre une grande variété de techniques: balancer, claquer, effleurer, faire vibrer, frotter, gratter, hacher, pétrir, pincer, pousser, presser, secouer, soulever, tapoter et tirer.

Balancer: Cette méthode consiste à tenir une jambe, un bras ou toute autre partie du corps et à la balancer doucement. Elle permet de déterminer le degré de relaxation d'un muscle. Si vous n'avez pas de mal à balancer un bras ou une jambe, c'est que ce membre est détendu. C'est une manière très douce de conduire le qi dans les membres.

Claquer: Des claques se donnent à l'aide du plat de la main. Ce mouvement amène le qi à la surface de la peau où il peut alors être distribué en poussant.

Effleurer: Ce mouvement est une danse légère et gracieuse de vos doigts ou de vos mains qui glissent sur la peau. Il favorise la circulation fluide du qi dans les méridiens.

Faire vibrer: Les vibrations sont des secousses rapides qui visent à engendrer rapidement du qi dans un muscle.

Frotter: Il s'agit de la technique la plus courante. Vous pouvez employer n'importe quel outil pour masser la surface de la peau, mais la main est la plus couramment utilisée. Vous devez toutefois veiller à exécuter des mouvements doux et détendus. Comme cette méthode est plutôt superficielle, elle est souvent utilisée sur les régions plus sensibles ou les contusions douloureuses. Elle sert aussi à conduire le qi doucement dans tout le corps. Effectuez des mouvements circulaires et essayez de déplacer doucement le muscle sous la peau.

Gratter: Cette technique utilise les ongles et les doigts pour effleurer doucement la peau. Elle s'utilise surtout sur le crâne pour stimuler le cuir chevelu.

Hacher: Ce mouvement s'effectue avec le tranchant des mains pour battre rapidement les muscles. Il conduit le qi dans les couches profondes du corps.

Pétrir: Il s'agit d'agripper légèrement la peau et le muscle et de presser doucement. Une pression ferme et constante transmet le qi de la paume de votre main au muscle au moment de l'expiration. À l'inhalation, relâchez la prise. En général, on applique cette technique sur les points de digitopuncture du corps.

Pincer: On effectue ce mouvement en créant une tension entre un doigt et le pouce, puis en faisant claquer le doigt contre la peau. Cette technique développe le qi à un endroit précis et limité, généralement un point de digitopuncture situé le long d'un méridien. Elle peut également servir à conduire le qi vers la peau pour améliorer sa tonicité.

Pousser: Ce mouvement consiste à appuyer sur le muscle afin de faire circuler le qi sur toute sa longueur. Appuyez sur le muscle avec la paume de la main puis glissez celle-ci doucement sur toute la longueur du muscle.

Presser: Utilisez les mains pour exercer une pression égale et constante sur le muscle tout en expirant. Cette technique permet d'atteindre les couches superficielles ou intermédiaires.

Secouer: Il s'agit d'imprimer un mouvement lent et régulier au muscle afin d'accroître la circulation du qi.

Soulever: Cette méthode, que l'on utilise généralement avant beaucoup d'autres techniques, vise à relâcher des parties volumineuses du corps telles que les jambes, les bras et la taille. Empoignez ces parties et soulevez-les lentement. Elle est particulièrement utile pour les régions meurtries, car elle stimule la circulation du qi en douceur.

Tapoter: À l'aide des doigts, pressez doucement mais rapidement sur les points de digitopuncture. Cette technique est surtout utilisée sur le dessus de la tête pour y développer le qi et éveiller la personne.

Tirer: Ce mouvement, qui exige que l'on applique une tension égale et constante, sert à redresser les muscles, les ligaments et les os des bras et des jambes. Cette traction contribue à étirer les membres, favorisant ainsi une circulation fluide du qi.

Quand vous massez avec le qi, commencez par vous relaxer. Concentrez-vous. Respirez. Laissez l'air pénétrer profondément dans votre abdomen tout en faisant circuler votre énergie. Imaginez que votre qi circule dans l'outil que vous utilisez pour le massage, que ce soit votre main, votre pied ou votre bras, et se transmet à la région que vous massez. Vous éprouverez sans doute une sensation de chaleur et même de picotement ou de chatouillement. Commencez par masser une petite surface et étendez graduellement le qi à des régions plus larges. Faites-le circuler depuis la tête vers les pieds et depuis le centre du corps vers les extrémités.

Que vous vous massiez vous-même ou massiez quelqu'un d'autre, les techniques et les outils sont les mêmes. Il est un peu plus facile de masser une autre personne ou de recevoir un massage que de se masser soi-même. En effet, quand on reçoit un massage, on arrive à se détendre plus rapidement. Si vous vous massez vous-même, vous aurez du mal à atteindre certaines parties comme vos épaules, votre cou et votre dos; en outre, vous ne pourrez pas vous détendre complètement parce que vous devrez utiliser certains de vos muscles pour vous masser. Vous pourrez cependant vous masser les pieds, les jambes, les mains, les bras, l'abdomen, la poitrine, le visage et le cuir chevelu. Cela demeure une solution intéressante quand personne n'est là pour vous masser.

Le massage est une technique fondamentale d'autoguérison qui repose sur les principes du Wai Dan. Lorsque vous aurez appris le Nei Dan et la grande circulation, vous pourrez vous masser vous-même avec du qi sans avoir à utiliser vos muscles comme outils. Vous y arriverez en pratiquant d'abord les trois régulations, puis la respiration bouddhiste. Conduisez votre qi en pensée à l'endroit que vous désirez masser. Puis imaginez que votre qi dessine une variété de schémas tout en massant doucement vos muscles.

Masser avec le qi est intéressant, car cela permet d'augmenter la circulation du qi, du sang et de l'oxygène dans votre corps ou celui d'un autre, ce qui contribue à améliorer la santé. Vous devriez le faire le plus souvent possible.

LE TOURNOIEMENT

Le tournoiement, qui consiste à tourner sur soi-même tout simplement (figure 78), permet d'apprendre à concentrer son esprit et à le coordonner avec son corps. La plupart d'entre nous l'ont déjà fait à un moment ou un autre de leur vie, sans doute quand ils étaient enfants. En fait, les enfants sont souvent plus doués que les adultes pour tournoyer, car non seulement ils n'ont pas d'idées préconçues, mais encore ils sont plus portés à vivre l'instant présent, à se concentrer sur ce qui se passe dans le moment. Devenus adultes, nous avons besoin de beaucoup plus de temps pour atteindre cet état et tournoyer nous désoriente. Après tout, à quand remonte votre dernier tour de manège?

Si tournoyer vous donne le vertige, c'est que votre esprit est trop agité. Autrement dit, vous pensez à trop de choses. Même la peur de vomir peut vous faire tourner la tête en entravant la circulation de votre qi. Pour tournoyer sans difficulté, vous devez calmer votre esprit et laisser votre corps bouger sans y penser.

Figure 78

Par mesure de précaution, je vous conseille de vous abstenir de manger ou de boire au moins deux heures avant de tournoyer. Au début, gardez votre regard flou. Si vous regardez le monde tourner autour de vous, vous aurez très vite le vertige.

Ne tournoyez pas trop souvent ni pendant trop longtemps. À vous de juger ce que vous pouvez faire. Le tournoiement peut non seulement vous apprendre à vous centrer, il peut aussi vous aider à développer votre intuition en vous permettant de sentir pendant combien de temps vous pouvez tournoyer.

C'est parce qu'il vous permet de concentrer votre esprit afin d'éliminer son babillage excessif que le tournoiement l'ouvre à de nouvelles façons de penser et de sentir. Si votre esprit est trop agité, vous le saurez tout de suite parce que vous tomberez. C'est seulement lorsque vous arriverez à vous concentrer que vous pourrez tournoyer pendant des périodes plus longues.

Le tournoiement est une excellente façon d'apprendre à maîtriser ses pensées et cette maîtrise de l'intellect sert de tremplin pour améliorer ses habiletés en Qi Gong Nei Dan. En effet, le tournoiement vous permet de développer votre concentration et votre conscience sensorielle, et crée un lien entre l'action physique et la maîtrise du mental.

LE ZHAN ZHUANG

Le Zhan Zhuang (prononcer *yan yong*) est l'une des formes d'exercice les plus exigeantes qui soient bien qu'elle paraisse simple en apparence. Un peu trop simple même. Dès que vous commencerez les exercices, vous saisirez leur degré de difficulté. Le Zhan Zhuang est un outil qui permet d'apprendre à détendre son esprit, ses muscles et même son être profond. En outre, il peut vous conférer une force intérieure et un pouvoir incroyables tout en vous enseignant des leçons illimitées sur vous-même.

Par définition, Zhan Zhuang signifie se tenir immobile comme un arbre. Cette forme d'exercice relève à la fois du Wai Dan et du Nei Dan. Essentiellement, vous vous tenez immobile, les genoux légèrement fléchis et les bras levés comme les branches d'un arbre. Sans bouger, vous tenez la posture aussi longtemps que possible. Au début, vous ne pourrez la tenir qu'une minute ou deux, mais à la longue, vous devriez pouvoir la garder pendant vingt minutes. Avec des années d'entraînement, vous pouvez raisonnablement espérer la tenir une heure ou deux.

Cette méthode de développement de l'énergie comporte de nombreuses postures, mais j'ai constaté que n'importe quelle posture ou presque était efficace. Idéalement, vous devriez commencer par vous mettre debout, les pieds écartés à la largeur de vos épaules et les genoux légèrement fléchis. Laissez pendre vos bras mollement de chaque côté de votre corps. Avec l'expérience, vous pourrez lever les bras un peu plus haut

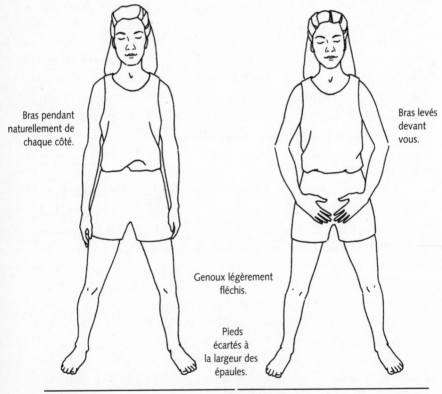

Bras pendant naturellement de chaque côté.

Bras levés devant vous.

Genoux légèrement fléchis.

Pieds écartés à la largeur des épaules.

Figure 79   **Figure 80**

et à la longue, vous les tiendrez directement au-dessus de votre tête. Vous pouvez faire de même avec vos jambes. Commencez par répartir votre poids également sur vos deux jambes puis exercez-vous à lever légèrement une jambe tout en conservant votre équilibre.

Voici différentes positions que vous pouvez essayer. Choisissez-en une et tenez-la aussi longtemps que possible. Changez de posture chaque jour.

Position 1. Mettez-vous debout, pieds écartés à la largeur des épaules et genoux légèrement fléchis. Vos bras pendent de manière naturelle de chaque côté de votre corps (figure 79).

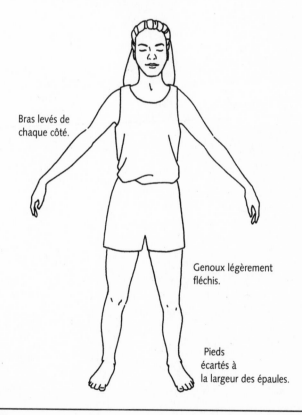

Bras levés de chaque côté.

Genoux légèrement fléchis.

Pieds écartés à la largeur des épaules.

Figure 81

Position 2. Mettez-vous debout, pieds écartés à la largeur des épaules et genoux légèrement fléchis. Levez les bras jusqu'à ce que vos mains se trouvent à environ trente centimètres de votre nombril (figure 80).

Position 3. Mettez-vous debout, pieds écartés à la largeur des épaules et genoux légèrement fléchis. Levez les bras de côté jusqu'à ce que vos mains soient à peu près à la hauteur de votre nombril (figure 81).

Position 4. Mettez-vous debout, pieds écartés à la largeur des épaules et genoux légèrement fléchis. Levez les bras devant vous jusqu'à ce que vos mains se trouvent à environ trente centimètres de votre poitrine comme si vous vous apprêtiez à attraper un ballon

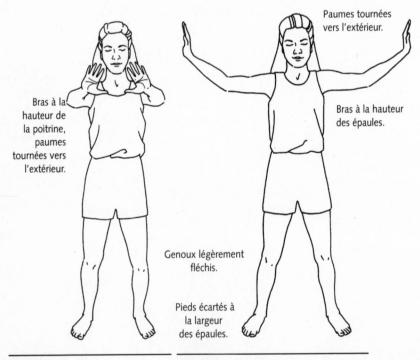

Paumes tournées vers l'extérieur.

Bras à la hauteur de la poitrine, paumes tournées vers l'extérieur.

Bras à la hauteur des épaules.

Genoux légèrement fléchis.

Pieds écartés à la largeur des épaules.

Figure 82   **Figure 83**

de basket-ball. Vos paumes sont tournées vers l'extérieur (figure 82).

Position 5. Mettez-vous debout, pieds écartés à la largeur des épaules et genoux légèrement fléchis. Levez les bras à la hauteur de vos épaules et tournez vos paumes vers l'extérieur (figure 83).

Position 6. Mettez-vous debout, pieds écartés à la largeur des épaules et genoux légèrement fléchis. Levez les bras au-dessus de la tête en pliant légèrement les coudes. Tournez vos paumes vers l'extérieur (figure 84).

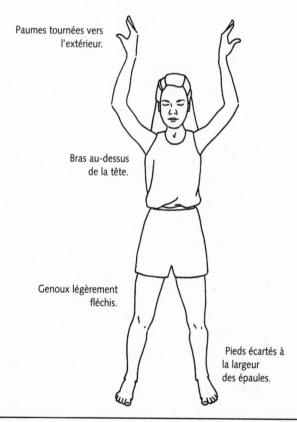

Paumes tournées vers l'extérieur.

Bras au-dessus de la tête.

Genoux légèrement fléchis.

Pieds écartés à la largeur des épaules.

Figure 84

Au début, vous remarquerez, entre autres choses, que vos muscles se mettent à trembler et peuvent même vous causer de brefs élancements. Cela peut vous paraître alarmant, mais tâchez d'ignorer ces malaises et poursuivez vos exercices sans baisser vos membres tremblants. Passez à travers la douleur et les tremblements. Au bout de quelques minutes, vos muscles secondaires prendront la relève et l'exercice vous paraîtra plus facile. C'est un peu comme trouver son second souffle au jogging.

Travaillez les postures de Zhan Zhuang tous les jours. Inventez vos propres variantes. Par exemple, lorsque vous conduisez votre voiture, vous pourriez tenir le volant fermement d'une main et y appuyer l'autre très légèrement. Au bout de vingt minutes, changez de bras. Lorsque vous lisez, carrez-vous dans un fauteuil et tenez votre livre devant vous sans appuyer vos avant-bras sur les accoudoirs. Commencez par des livres de poche, généralement plus petits et plus légers que les livres à couverture rigide. Considérez le Zhan Zhuang comme un outil d'apprentissage élémentaire tant que vous pratiquerez le Qi Gong.

LE TAIJI QUAN STYLE LIBRE

Le Taiji Quan est un art chinois merveilleux dont les origines remontent à des milliers d'années. Il consiste en une série de mouvements enchaînés lents et a été créé initialement en tant qu'art martial. En se déplaçant lentement, l'adepte de l'art martial apprenait à générer du qi et à l'utiliser dans les situations de combat. Les mouvements amenaient le qi dans les muscles et la peau du combattant, le rendant plus sensible à l'énergie, ce qui lui permettait d'anticiper les gestes de son adversaire.

Rares sont ceux qui comprennent les applications martiales du Taiji Quan aujourd'hui et la plupart des gens le pratiquent dans le but d'améliorer leur santé. La meilleure façon d'atteindre cet objectif est d'apprendre à développer et à identifier le qi dans votre corps. Dès que vous aurez accumulé une réserve d'énergie grâce aux mouvements, celle-ci circulera dans tout votre corps, améliorant votre santé et votre forme physique.

Essentiellement, le Taiji Quan style libre est votre propre interprétation des mouvements que vous devez faire en fonction de votre unicité. Certaines personnes sont grandes, d'autres petites, certaines sont fortes et d'autres, faibles. Ces variables font que chacun de nous possède sa propre manière de bouger. Il s'agit de découvrir les mouvements qui sont bons pour vous et, pour cela, vous devrez expérimenter.

L'important, dans le Taiji Quan, c'est de bouger le plus lentement possible. Vos mouvements doivent être maîtrisés et réfléchis. Faites appel à votre imagination et bougez comme si vous vous déplaciez dans l'eau. En fait, s'exercer dans une piscine, un lac ou même assis dans la baignoire peut être une excellente façon d'apprendre certains mouvements.

Tout en bougeant, concentrez-vous sur le Courant. Perdez-vous dans ses déplacements à travers votre corps. Vous éprouverez sans doute une envie soudaine de bouger un bras ou une jambe de telle façon ou telle façon. Écoutez-vous. C'est votre corps qui vous dit quoi faire. Si vous éprouvez une légère appréhension, mettez de la musique que vous aimez.

Voici quelques suggestions à l'intention des débutants.

Exercice de l'éventail

Procurez-vous un éventail de bois mesurant environ trente centimètres de longueur. Ouvrez-le et déplacez-le lentement dans les airs. Au lieu de l'agiter avec le poignet seulement comme le font la plupart des gens, bougez le bras tout entier. Concentrez-vous sur la sensation produite par la résistance de l'air pendant que vous agitez doucement votre éventail. Prenez toutes les positions imaginables avec votre corps et vos bras en vous déplaçant aussi lentement et gracieusement que possible. Voici quelques exercices que vous pouvez essayer:

Exercice 1. Levez le bras à la hauteur de votre épaule et étendez-le aussi loin devant vous que vous le pouvez, puis ramenez l'éventail vers vous en fléchissant lentement le coude. Répétez ce mouvement dix fois avec chaque bras.

Exercice 2. Levez le bras aussi loin que possible au-dessus de votre tête puis baissez-le de manière à ramener l'éventail au-dessous de votre taille. Faites ce mouvement dix fois avec chaque bras.

Exercice 3. Dessinez un grand cercle devant vous avec l'éventail. Levez-le aussi haut que possible, étendez le bras au maximum sur le côté puis effleurez doucement le sol avec l'éventail. Faites dix grands cercles avec chaque bras dans le sens des aiguilles d'une montre et dix autres dans le sens contraire.

Exercice du ballon

Trouvez une sorte de ballon de plage ou de caoutchouc. Ce ballon devrait mesurer au moins trente centimètres ou plus de diamètre et être aussi léger que possible. (Un ballon de basket-ball serait trop lourd pour la plupart des gens.) Tenez le ballon dans vos deux mains et déplacez-le doucement de haut en bas et de gauche à droite (figure 85). Variez vos déplacements: marchez lentement en ligne droite et en cercle, tournez et pivotez de différentes manières. Tout en bougeant, gardez la taille souple.

Le crawl

Cet exercice ressemble à la nage appelée style libre ou crawl, sauf qu'on l'exécute en marchant. Avancez le pied droit et dessinez en même temps un grand cercle avec le bras gauche: lancez-le derrière vous, levez-le au-dessus de votre tête et abaissez-le devant vous (figure 86). Puis, avancez le pied gauche et lancez votre bras droit vers l'avant en effectuant un grand cercle dans le sens contraire. Bougez aussi lentement que possible et coordonnez les mouvements de vos bras avec ceux de vos jambes. Lorsque vous ferez cet exercice, trouvez votre propre rythme et votre propre démarche afin d'illustrer à votre manière ce mouvement de natation exécuté en marchant. Faites cet exercice pendant dix minutes.

Ce ne sont là que quelques idées destinées à vous familiariser avec le Taiji Quan style libre. Les animaux et les plantes peuvent vous inspirer de nouvelles idées de mouvement. Essayez d'imiter un singe ou un flamant rose. Laissez votre corps osciller comme un palmier. Vous pouvez même imaginer comment vous bougeriez si vous étiez un arc-en-ciel.

Choisissez un ou deux exercices et répétez-les pendant vingt minutes au moins une fois par jour. Pratiquez régulièrement le Taiji Quan style libre. C'est une façon merveilleuse de se mettre en train le matin et de se détendre le soir.

Figure 85   **Figure 86**

LES BAINS FROIDS

L'eau froide peut améliorer votre qi en mettant à l'épreuve votre capacité de vous réchauffer. Vous devriez essayer de nager ou de vous baigner dans l'eau froide aussi souvent que possible. Pour ma part, je médite dans l'eau froide tous les jours.

Qu'est-ce qu'une eau froide? Cela dépend de chacun. La température moyenne du corps se situe autour de 37 degrés, de sorte que toute eau qui atteint un degré inférieur nous paraîtra fraîche et même froide. La plupart des gens que j'ai interrogés m'ont affirmé que l'eau froide leur paraissait encore tolérable à 17 degrés, mais qu'à une température moindre, ils préféraient ne pas s'y aventurer.

Il importe de prendre quelques précautions lorsque l'on veut s'habituer à prendre des bains froids. Assurez-vous que votre corps, et en particulier votre cœur, peut supporter l'effort que lui imposera l'eau froide. Avant de se lancer dans un programme d'exercice, quel qu'il soit, il est toujours conseillé de consulter son médecin.

Que vous vous jetiez à l'eau d'un coup ou que vous vous y immergiez lentement, c'est à votre choix. Tout dépend de la capacité de votre système à absorber le choc. Les deux manières sont aussi efficaces l'une que l'autre. C'est au moment où vous êtes entièrement mouillé que débute votre véritable entraînement.

En premier lieu, je vous recommande de pratiquer les trois régulations. Cela vous paraîtra peut-être ardu jusqu'à ce que vous soyez habitué à l'eau froide. Au contact de l'eau froide, la plupart des gens contractent leurs muscles, ferment leur esprit et suffoquent en expirant profondément. Ces réactions naturelles sont des exemples de techniques de Wai Dan auxquelles vous pouvez recourir pour vous réchauffer. Lorsque vous vous contractez, vous augmentez la circulation du qi dans vos muscles et votre peau. Engourdi par le froid, votre esprit se concentre naturellement sur une seule pensée. Respirer vigoureusement vous donne de l'énergie, mais vous voulez arriver à maîtriser votre esprit, votre corps et votre respiration par la force de votre volonté plutôt que de laisser les réactions naturelles de votre corps prendre le dessus. Cela vous donnera un meilleur contrôle sur votre corps quand vous en aurez besoin.

Une fois dans l'eau, respirez aussi lentement que possible par le nez en utilisant la respiration inversée et aspirez l'air jusque dans Tan Tien. Soyez attentif à vos sensations intérieures. Tâchez d'amener le qi à circuler dans votre peau en raidissant vos muscles. Oubliez le froid et concentrez-vous sur votre respiration. Cet entraînement raffermira votre volonté. Si vous êtes frigorifié, sortez de l'eau.

L'une des techniques utilisées par les moines asiatiques consiste à plonger nu dans un trou pratiqué dans un lac gelé. Les moines restent dans l'eau quelques minutes, puis ils sortent, s'assoient sur la glace et se couvrent de draps mouillés. Recourant à une combinaison de techniques de Wai Dan et de Nei Dan, ils vérifient leur maîtrise du qi en tentant d'assécher le plus grand nombre de draps possible avec leur propre énergie. Il s'agit là d'une forme très avancée d'autotest que je ne recommande pas aux personnes qui n'ont pas encore atteint le niveau de maître en Qi Gong. En outre, il est très important, quand on fait ce type d'exercice, d'avoir d'autres personnes avec soi au cas où l'on aurait besoin de secours médical.

Plongez dans l'eau froide aussi souvent que vous le pouvez. Apprenez à goûter son étreinte paralysante puis à ne plus la sentir. Lorsque vous pourrez entrer dans l'eau froide sans broncher, vous aurez atteint un niveau passablement élevé de Qi Gong.

LES BAINS DE NEIGE

La technique des bains de neige ressemble à celle des bains glacés quant à ses effets sur votre qi. Vous pouvez procéder de diverses manières.

L'une d'elles consiste à marcher nu-pieds dans la neige pendant de brefs moments. Gardez-vous de vous geler les pieds et limitez-vous à quelques secondes les premières fois.

Au moment où vos pieds se rafraîchissent sous l'action du froid, le qi monte dans vos jambes et vous devez donc apprendre à le ramener dans vos pieds. La façon la plus simple de le faire consiste à agiter les orteils et à contracter les muscles de ses pieds. Si vous connaissez la grande circulation, vous pouvez aussi amener mentalement le Courant jusqu'à vos pieds. Cette aptitude avancée devrait vous permettre de concentrer votre qi dans la plante de vos pieds afin qu'ils restent chauds aussi longtemps que vous le voulez.

Voici d'autres activités extérieures que vous pouvez accomplir en maillot de bain. Lorsqu'il neige, sortez dans le jardin et laissez fondre les flocons sur votre peau nue. Pratiquez les trois régulations et la respiration inversée, et contractez autant de muscles de votre corps que vous le pouvez. En tendant et en détendant vos muscles en alternance, vous augmenterez la circulation du qi à la surface de votre peau, ce qui devrait vous réchauffer. Une réaction similaire se produit quand vous grelottez. Voyez combien de temps vous pouvez rester dehors sans geler. Avec un peu d'entraînement, vous accentuerez graduellement votre tolérance au froid. Finalement, lorsque vous apprendrez les techniques de Nei Dan, essayez de conduire le qi directement à la surface de votre peau.

Lorsque vous arriverez à vous réchauffer sous la neige tombante, dessinez des anges dans la neige. Étendez-vous sur le dos et exécutez de grands arcs avec les bras et les jambes. Vous créerez ainsi une figure qui ressemble à une sorte d'ange ailé. Cet exercice est un peu plus avancé que le précédent parce qu'au lieu d'avoir un peu de neige qui tombe sur votre peau, vous y enfoncez la plus grande partie de votre corps. Il va de soi que vous vous refroidirez beaucoup plus vite de cette manière. Si vous êtes débutant, utilisez la technique de Wai Dan qui consiste à contracter vos muscles pour vous réchauffer. Si vous êtes plus avancé, émettez du qi à travers votre peau jusque dans la neige.

Les Inuits ont plus de vingt mots différents pour désigner la neige tandis que nous n'en possédons que quelques-uns. La neige est sèche, légère, fondante, mouillée, dure ou craquante. Elle peut être bonne ou mauvaise selon le point de vue où l'on se place. En réalité, plus on observe une chose sous différents angles, plus on y devient sensible. En d'autres termes, on comprend mieux ce qui nous est familier. Comme les exercices avec le qi visent à accroître votre sensibilité, ils vous offrent une nouvelle façon d'élargir vos horizons. Dans ce cas-ci, ne voyez pas la neige comme de la simple neige. Observez-la attentivement. Sentez-la, humez-la, goûtez-la et même écoutez-la tomber. Essayez de percevoir son essence. Quelles leçons la neige peut-elle vous enseigner? Pour le savoir, écoutez votre intuition.

Les bains de neige peuvent non seulement vous apprendre à vous réchauffer avec l'énergie grâce à la tension musculaire du Wai Dan et la projection mentale du Nei Dan, mais encore ils ouvrent votre corps à de nouvelles stimulations sensorielles. Plus vous maîtriserez vos sens, plus vous deviendrez sensible au Courant.

LA DANSE DU VENTRE

La danse du ventre est une façon merveilleuse tant pour les hommes que les femmes d'accroître la maîtrise du qi. Il existe de nombreux styles de danse du ventre, dépendant du pays d'origine et du type de musique utilisée.

Pour commencer, trouvez le style de musique qui vous plaît. Écoutez de la musique africaine, espagnole, polynésienne ou orientale. Vous pouvez aussi vous procurer un jeu de castagnettes ou un tambour basque. Vous pourriez, en outre, vous acheter une longue jupe fluide en soie ou en viscose, moins contraignante que des vêtements serrés. Si vous aimez le hula, trouvez-vous une jupe hawaïenne ou confectionnez-en une. Pensez aussi à acheter une longue écharpe ou un voile, des bijoux, en particulier de longs pendants d'oreilles, des bracelets, des colliers et des ceintures. Cet attirail n'est pas nécessaire, mais il peut contribuer à vous mettre dans l'ambiance.

Certains d'entre vous se rebifferont peut-être à l'idée d'apprendre la danse du ventre, mais pourquoi laisser des stéréotypes sociaux ou sexuels vous limiter? La danse du ventre est une excellente manière d'apprendre à se détendre et à lâcher prise. Nous avons tous besoin de cela, car la vie moderne est telle que beaucoup d'entre nous souffrent d'une tension excessive et d'un manque de maturité émotive. La danse du ventre peut nous aider à cultiver notre côté féminin afin de nous permettre de mieux vivre les polarités yin et yang.

La danse du ventre vous apprendra à vous mouvoir doucement et gracieusement. Elle constitue un outil parfait pour apprendre à se détendre tout en bougeant. En outre, les mouvements inusités de l'abdomen et des hanches vous donneront un regain d'énergie en stimulant votre Tan Tien.

Écoutez la musique. Concentrez-vous. Puis laissez votre corps bouger d'une manière aussi décontractée et fluide que possible au rythme de la musique. Dessinez des cercles et des huit avec vos hanches. Faites-les onduler vers l'avant et vers l'arrière, de haut en bas et d'un côté à l'autre. Tout en vous déplaçant à partir de votre centre, détendez vos jambes et suivez le mouvement amorcé par votre ventre. En même temps, balancez gracieusement vos bras. Au début, vous éprouverez sans doute une forte tension musculaire, mais à la longue vos muscles se décrisperont.

Lorsque vous aurez répété divers mouvements et serez à l'aise avec eux, dansez en tenant un voile léger dans les mains. Cela est une excellente manière de mesurer votre maîtrise du qi. Laissez le voile ondoyer autour de vous comme si vous étiez un toréador. Faites-le claquer, tournoyer et virevolter tout en suivant ses mouvements avec votre corps. Sentez-le flotter dans l'air. Lorsque vous pourrez maîtriser quelque peu ses mouvements, essayez d'y transmettre du qi. Si vous débutez, contentez-vous d'appliquer les techniques du Wai Dan avec mouvement pour développer le Courant. À ce niveau, imaginez simplement que votre énergie se communique aux mouvements gracieux du voile. Si vous connaissez les techniques de Nei Dan et la grande circulation, essayez de transmettre délibérément du qi au tissu. Voyez si vous pouvez le faire flotter juste un peu plus longtemps qu'il le ferait normalement. Il ne s'agira peut-être que d'une fraction de seconde au début, mais avec de la persévérance, cette fraction de seconde se muera en une seconde entière ou deux secondes ou peut-être même plus. Ne renoncez pas.

Vous pouvez aussi porter une jupe et vous exercer de la même manière qu'avec le voile. Cette jupe doit être aussi évasée que possible de manière à produire d'amples mouvements. Essayez divers tissus pour trouver les plus fluides. Les jupes hawaïennes sont excellentes parce que, outre qu'elles bougent naturellement, elles produisent des sons froufroutants qui enflammeront votre danse. Tout en tournoyant, laissez votre jupe virevolter autour de vous puis immobilisez-vous et sentez-la battre lentement contre vos jambes. Essayez de communiquer de l'énergie à votre jupe pour la rendre aussi légère que possible. Surmontez vos inhibitions et accordez-vous le droit d'avoir du plaisir et de sourire.

Outre qu'elle représente un exercice fabuleux, la danse du ventre est aussi une manière pratique de développer et de vérifier votre qi. Si vous ne voulez pas porter des vêtements spéciaux, libre à vous. L'important, c'est de vous assurer que vous ne vous limitez pas simplement par crainte de l'opinion d'autrui. Après tout, vous êtes la seule personne que vous pourrez jamais vraiment contenter.

L'ENTRAÎNEMENT MENTAL

L'entraînement mental englobe une série de techniques qui font appel à l'esprit. Bien que certaines d'entre elles puissent s'appliquer à l'apprentissage du Wai Dan, elles relèvent surtout du Nei Dan en ce qu'elles sont destinées à améliorer votre concentration et votre vigilance. Un grand nombre d'entre elles, loin de se limiter à des exercices concrets, débouchent sur de nouveaux modes de pensée.

NOTEZ VOS RÊVES

Nous rêvons presque tous. En fait, la plupart des gens, même s'ils ne s'en souviennent pas toujours, rêvent plusieurs fois par nuit. Nous avons parfois l'impression que nous passons des jours et des semaines sans rêver, mais ce n'est pas le cas. Le meilleur moyen de se rappeler ses rêves consiste à les coucher sur papier.

Notre cerveau a besoin de demeurer actif et c'est pourquoi il nous entraîne dans des voyages inimaginables lorsque nous rêvons. Ceux-ci, pourtant, n'existent pas seulement dans notre imagination.

Quand nous rêvons, nous pénétrons dans un autre état de conscience caractérisé par une phase de mouvements oculaires rapides ou phase MOR. C'est là un des signes physiques que nous rêvons.

Il existe maintes théories sur la nature des rêves et leur signification. Certains rêves permettent de s'évader des contraintes de la vie quotidienne alors que d'autres semblent prémonitoires. Certains sont tout bonnement saugrenus.

Comme les rêves se rapportent à nos états mentaux, ils relèvent du Nei Dan. Pour vous initier à cette forme de Qi Gong, je vous conseille de tenir un journal de vos rêves. Placez un bloc-notes et un stylo au chevet de votre lit. Si vous vous réveillez pendant la nuit et vous rappelez un rêve, notez-le aussitôt. Au début, cela vous paraîtra peut-être ardu, mais à la longue, vous vous y accoutumerez.

Plus tard, relisez vos notes et cherchez des liens entre votre rêve et votre vie. Ouvrez votre esprit et certains schémas vous apparaîtront peu à peu.

Vous pouvez aussi apprendre à programmer vos rêves ou à les modifier, même en dormant. Commencez par prendre conscience de vos rêves puis, tandis que vous rêvez, dites-vous que votre rêve est une émission de télévision et changez de chaîne. Avec un peu d'entraînement, vous y arriverez facilement. Ensuite, décidez à l'avance du contenu de votre rêve. Avant de vous endormir, pensez à un rêve que vous aimeriez faire et imaginez-en tous les détails. Puis voyez s'il se produit.

En exploitant le pouvoir de vos rêves, vous vous reliez à votre subconscient, ce qui vous permet d'élargir votre conscience et d'accroître vos habiletés en Nei Dan.

DÉVELOPPEZ VOTRE INTUITION

L'apprentissage du Qi Gong, et en particulier du Nei Dan, exige, comme vous pourrez le constater, une dose énorme d'imagination, surtout au niveau élémentaire et intermédiaire. Les sensations produites par le qi sont si subtiles qu'il est facile de les rater. Vous vous surprendrez souvent à vous demander si vous avez senti quelque chose. C'est votre intuition qui vous parle. Vous devez apprendre à vous fier à votre instinct. Si vous pensez avoir senti quelque chose, vous avez sans doute raison. Apprenez à faire confiance à votre intuition. Avec l'expérience, vous constaterez que vos intuitions sont de plus en plus souvent justes.

Développer son intuition est une technique que l'on peut travailler tout au long de la journée. Par exemple, mangerez-vous des céréales ou des œufs au petit déjeuner? Devriez-vous déjeuner au restaurant avec votre collègue ou traverser le parc seul ce soir? Comme vous le constatez, certaines décisions semblent bénignes tandis que d'autres pourraient avoir des conséquences néfastes. Le fait est que vous pouvez exercer votre intuition constamment. Tenez un journal de vos intuitions et notez-y les conséquences de vos décisions. Lorsque vous comprendrez mieux le Courant, vous serez étonné de constater les progrès que vous avez réalisés à cet égard. Vous n'avez rien à perdre. Améliorer votre Qi Gong développera votre intuition ce qui, en retour, renforcera vos habiletés en Qi Gong.

La lecture de ce livre en ce moment même peut vous fournir une occasion immédiate d'exercer votre intuition: quelle section ou chapitre lirez-vous ensuite? Que vous conseille votre intuition?

TROUVEZ DE MULTIPLES SOLUTIONS À VOS PROBLÈMES

Le Qi Gong peut vous aider à résoudre à peu près n'importe quel problème en vous enseignant à penser plus rapidement et avec une lucidité accrue. Ce mode de réflexion vous permettra de trouver de multiples solutions à vos problèmes au lieu de vous arrêter à un seul aspect de la situation ou à une seule solution.

En apprenant à respirer correctement, vous amenez plus d'oxygène au cerveau, lui assurant ainsi le meilleur fonctionnement possible. Essentiellement, plus vous absorbez d'oxygène et mieux vous utilisez cet oxygène, plus vous êtes lucide. Cette lucidité vous permet de trouver un plus grand nombre de solutions à vos préoccupations et tâches quotidiennes.

Bien des gens se demandent quel est leur quotient intellectuel, si on peut augmenter celui-ci et de quelle façon. Dans cette éventualité, ils se prennent à rêver des nouvelles idées ou techniques qu'ils pourraient mettre en œuvre.

En améliorant votre capacité d'absorber de l'oxygène et la circulation de votre qi, vous pouvez accéder à une intelligence supérieure et, dans bien des cas, exceptionnelle. En conséquence, vous pourrez inventer de nouvelles manières d'exécuter presque n'importe quelle tâche à laquelle vous vous attelez.

Si vous débutez en Qi Gong, l'une des manières d'atteindre cet objectif consiste à apprendre à aborder ses problèmes en adoptant le point de vue d'une autre personne. Par exemple, supposons que votre enfant a échoué en mathématiques. Au lieu de vous mettre dans tous vos états, prenez une profonde inspiration et détendez tous vos muscles. Puis pratiquez la respiration bouddhiste et les trois régulations jusqu'à ce que vous soyez détendu et ayez les idées claires. Ensuite, regardez votre enfant dans les yeux. Pour cela, vous devez détendre votre regard de manière à utiliser uniquement votre vision périphérique. Vous y arriverez en prenant conscience des objets situés à l'extrême gauche ou à l'extrême droite de votre champ visuel plutôt que de poser votre regard directement sur l'enfant devant vous. Parce que vous utilisez votre vision périphérique plutôt que votre vision centrale, normalement plus claire, le visage de votre enfant devrait vous paraître légèrement flou. Inhalez par le nez tout en faisant circuler le qi dans tout votre corps une fois. Maintenant essayez d'imaginer pourquoi votre enfant se heurte à ce problème précis. Peut-être n'a-t-il pas suffisamment étudié ou était-il souffrant? Le professeur enseigne peut-être mal sa matière ou celle-ci est trop avancée. Le manuel est peut-être incomplet. Votre enfant a peut-être subi un stress dans ses rapports sociaux avec ses pairs.

Laissez votre esprit flotter librement d'une pensée à l'autre pendant que vous examinez chaque idée nouvelle. Puis demandez à votre enfant pourquoi il a échoué et écoutez attentivement sa réponse. Il est très important que vous saisissiez non seulement ses paroles, mais également le sens caché de ses propos. En outre, observez attentivement son langage non verbal. Par exemple, se penche-t-il vers vous en parlant ou a-t-il quasiment l'air de vouloir se cacher? Vous regarde-t-il dans les yeux ou détourne-t-il le regard?

Si vous voulez obtenir des résultats positifs, vous devez cultiver l'empathie. Il vaut beaucoup mieux éprouver de l'empathie à l'égard de la personne concernée que d'aborder de front les difficultés. En effet, cela vous donne la chance de trouver de multiples solutions et de choisir la meilleure. En outre, vous devez explorer librement le problème avec vos pensées et vos émotions. C'est seulement après avoir fait de votre mieux pour saisir le point de vue de votre enfant que vous trouverez une solution appropriée.

Pour apprendre à solutionner efficacement vos problèmes, vous devez pouvoir en discerner les multiples facettes. Lorsque vous affrontez des circonstances difficiles, prenez une minute ou deux pour détendre votre esprit, votre corps et vos émotions, respirez et tentez de prendre le plus de recul possible. Si vous suivez ces étapes, vous serez plus objectif et par conséquent, mieux apte à résoudre vos problèmes.

CULTIVEZ DES PENSÉES POSITIVES

Pour pouvoir progresser dans l'art du Qi Gong, vous devez être convaincu que vous arriverez à quelque chose. Or, cultiver des pensées positives est une manière d'atteindre cet état d'esprit.

Le qi est énergie. C'est notre vitalité, le fondement même de notre existence. Nous pouvons vivre un mois sans nourriture et quelques jours sans eau, mais privés d'oxygène et d'énergie, nous ne survivrions que quelques instants. C'est pourquoi il est important d'absorber la meilleure énergie possible, en l'occurrence une énergie positive. Réfléchissez-y un moment. Comment vous sentez-vous quand vous êtes heureux, amoureux ou comblé? Dans ces moments-là, votre esprit est détendu, vous pensez clairement et vous vous sentez en pleine forme.

Maintenant, pensez aux moments où vous êtes en colère, blessé ou effrayé. Votre esprit se ferme, votre corps se tend et vous n'êtes plus à votre meilleur. L'un des tristes aspects de la vie moderne tient au fait que bien des gens croient être à leur meilleur lorsqu'ils souffrent.

Par exemple, est-ce que le stress vous aiguillonne? Peut-être êtes-vous de ceux qui associent travail sous pression et efficacité optimale. Il est intéressant de noter qu'il ne s'agit pas là d'un phénomène naturel, mais plutôt d'une conséquence de la vie moderne. Est-ce parce que ce mode de vie est le nôtre aujourd'hui qu'il est le meilleur? Bien sûr que non. Si vous avez répondu par l'affirmative à la question précédente, c'est que vous possédez une vision étroite du monde et devriez peut-être envisager d'élargir un peu vos horizons. Certes, notre très grand pouvoir d'adaptation représente une des forces de la race humaine. Mais comment cette capacité nous affecte-elle à la longue? Nous souffrons de troubles cardiaques, d'accidents cérébrovasculaires, d'hypertension artérielle et d'une foule d'autres maladies.

Donc vaut-il mieux subir un stress excessif et s'épanouir dans la négativité ou apprendre à se relaxer et à mener une vie positive? En fin de compte, chacun doit décider pour soi. Assurez-vous, cependant, d'opérer vraiment un choix et non de laisser la société décider à votre place.

Un mot de plus. Certes la négativité semble vous valoir une foule d'avantages matériels dans notre monde moderne et vous arrivez peut-être, avec force rationalisations, à vous convaincre qu'elle vous rend heureux. Mais, entre vous et moi, n'est-il pas plus agréable de cultiver des pensées positives?

MAÎTRISEZ UN ART À L'AIDE DE LA VISUALISATION

Peu importe la tâche qui vous attend, la meilleure façon d'en venir à bout est de visualiser son exécution. Cette technique particulière a été mise à profit avec beaucoup de succès lors des derniers jeux olympiques. Par exemple, Picabo Street, médaillée d'argent en ski, en 1994; Danny Everett, médaillé d'or de la course de vitesse de 400 mètres, en 1988; et Janet Evans, médaillée d'or en natation, en 1988 et en 1992. Tous ces athlètes ont eu recours à la visualisation pour améliorer leur performance.

Toutefois, cette technique n'est pas aussi simple qu'elle en a l'air. Visualiser, c'est plus que s'imaginer en train de faire quelque chose de nouveau. Il faut y mettre autant de zèle que si on exécutait réellement cette tâche.

Essayons de visualiser une action simple. Imaginez que vous buvez un verre d'eau, carré dans votre fauteuil favori. Vous n'avez qu'à imaginer que vous tendez le bras pour prendre votre verre. Sentez votre bras bouger même s'il reste immobile. Imaginez les muscles qui se contractent et s'étirent lentement. Sentez le poids de votre bras dans les airs. Au moment où vous portez le verre à vos lèvres, imaginez le goût de l'eau dans votre bouche.

Lorsque vous aurez accompli cet exercice avec brio, reprenez-le en utilisant le qi cette fois. Pour cela, vous devez posséder quelque expérience du Wai Dan afin de pouvoir reconnaître la sensation de qi. Tout en imaginant que vous déplacez votre bras, représentez-vous l'énergie qui y circule. Cet exercice exige un véritable effort de concentration. En un sens, vous devez pouvoir sentir le Courant. Calmez votre respiration tout en inhalant et en expirant par le nez.

Ensuite vous pouvez essayer de vous imaginer en train d'exécuter des mouvements plus complexes. Choisissez une activité familière dans laquelle vous souhaitez vous améliorer, le ski ou la natation, par exemple. Peu importe le domaine choisi, vous pouvez progresser grâce à la visualisation.

Pour faire l'exercice suivant, vous devez avoir déjà pratiqué le Nei Dan et la grande circulation. Imaginez que vous faites de l'alpinisme et désirez améliorer votre technique grâce à la visualisation. Imaginez une montagne avec le plus de détails possible. Puis voyez-vous en train d'escalader une de ses faces. Imaginez chaque muscle que vous devez bouger en grimpant pas à pas. Tout en demeurant calé dans votre fauteuil, éprouvez la sensation d'être suspendu à des milliers de mètres dans le vide tout en n'étant retenu que par quelques minuscules prises. Sentez la contrainte qu'impose votre poids à vos muscles. Au moment où vous vous apprêtez à tendre le bras pour trouver une nouvelle prise, sentez le mouvement de votre bras. Ne le bougez pas, mais utilisez votre pensée et imaginez la scène le plus nettement possible. Sentez l'altitude et son effet sur votre respiration.

En vous exerçant quotidiennement à visualiser, vous finirez par y exceller. Puis vous constaterez soudain que vous pouvez accomplir presque n'importe quelle activité beaucoup plus efficacement qu'auparavant. Vos pensées seront plus lucides, vos mouvements plus souples, et votre qi circulera mieux, ce qui devrait rendre presque tous les aspects de votre vie beaucoup plus harmonieux et plus conformes à vos désirs.

L'ENTRAÎNEMENT ÉMOTIONNEL

Les exercices qui suivent vous apprendront à maîtriser vos émotions et développeront vos habiletés en Nei Dan. Ils s'appliquent aussi à l'apprentissage du Wai Dan, surtout au niveau élémentaire, car nos émotions sont clairement reliées à notre corps physique.

CULTIVEZ LA PATIENCE

Le Qi Gong développe la patience et la patience développe le qi. Pour vous harmoniser avec votre corps aux niveaux les plus subtils, il vous faudra beaucoup de patience. Vous vous rendrez très vite compte, en apprenant le Qi Gong, que le développement du qi exige une somme fantastique de temps et d'efforts. Certains des niveaux les plus avancés peuvent exiger des années et même toute une vie de travail. Pour ma part, je pratique une grande variété de techniques de Qi Gong depuis trente ans et je découvre encore chaque jour de nouvelles manières de sentir le qi.

En vous concentrant sur votre respiration, vous dirigez votre attention consciente vers vos sensations les plus intimes, ce qui requiert autant de détermination que de patience. Au début de votre apprentissage, vous devrez surtout fournir un effort mental formé d'un alliage de créativité et d'imagination. Vous devez persévérer et vous exercer chaque jour, tout au long de la journée: quand vous attendez en file, par exemple, ou chaque fois que vous pouvez détourner votre attention de votre activité du moment pour la diriger vers l'intérieur. Il va de soi que vous devez être prudent quand vous conduisez, opérez de la machinerie ou accomplissez une activité potentiellement dangereuse, mais tant que vous utiliserez votre jugement, cela ne devrait pas poser problème.

Vous aurez tôt fait de constater que l'apprentissage du Qi Gong vous rend plus patient et plus tolérant. Au lieu de considérer les bouchons de circulation ou les longues files à l'épicerie comme des désagréments, vous les verrez comme des occasions idéales de vous exercer. Au lieu de vous stresser, vous apprendrez à détendre votre esprit, votre corps et vos émotions. Vous vous intéresserez sans doute davantage à la nature et passerez plus de temps à l'extérieur. Dans la nature, vous serez peut-être surpris de constater que vous prenez plaisir à voir grandir un arbre ou à observer la course des étoiles dans le ciel nocturne. Toutes ces choses, et bien d'autres encore, témoignent d'une conscience accrue de la richesse intérieure et d'une patience plus grande. Quoi que vous fassiez dans la vie, apprenez à prendre votre temps et à laisser les choses se produire. Par-dessus tout, apprenez à goûter chaque moment.

Cultivez la patience en copiant

Copier est l'une des meilleures façons qui soient d'apprendre la patience. Par exemple, prenez un livre, n'importe lequel, et copiez-le mot à mot. Vous pensez peut-être que la copie est réservée aux écoliers, mais en fait c'est un art de maître. Aux niveaux avancés, copier exige une attention extraordinaire aux détails.

Lorsque vous aurez copié un livre ou deux, essayez de reproduire une peinture ou un dessin. Choisissez un artiste que vous aimez et reproduisez le plus fidèlement possible une de ses œuvres. Avec un peu d'entraînement, vous ferez des progrès, mais vous n'arriverez jamais à produire une copie parfaite. Pourquoi? Prenons l'exemple du Shodo, l'art japonais de la calligraphie. Au début, vous aurez de la difficulté à recueillir la juste quantité d'encre sur votre pinceau. Trop d'encre et vous dégoutterez sur le papier. Trop peu et votre pinceau sera sec avant que vous ayez terminé votre trait. Lorsque vous saurez quelle quantité d'encre utiliser, vous devrez vous garder de toute erreur. En effet, un trait mal placé gâcherait le dessin tout entier, puisque vous ne pourrez pas l'effacer. Vous devez donc exécuter chaque trait avec une intention claire. Si vous vous concentrez vraiment sur ce que vous faites et visez l'excellence, alors chaque coup de pinceau devient une question de vie ou de mort. Une fois ce niveau atteint, vous devez apprendre à vous concentrer et à transmettre du qi à votre pinceau. Pour déterminer de façon précise comment votre qi circule dans votre pinceau, scrutez au microscope chaque trait de votre dessin. Au début, vous remarquerez sans doute que les poils de votre pinceau ont tendance à se séparer, mais à mesure que s'améliorera votre maîtrise du qi, vous constaterez que les poils restent de plus en plus collés, au point d'avoir l'air de se toucher tous. Comme vous voyez, votre œuvre aura beau ressembler à une autre, elle ne pourra jamais lui être identique. C'est pourquoi copier est un excellent moyen d'acquérir de la patience.

Prenez votre temps pour atteindre vos objectifs en Qi Gong. Avec de la persévérance et de la patience, vous les réaliserez tous.

EXPLOREZ VOTRE SEXUALITÉ

Même si nous manifestons une tolérance croissante à l'égard des «modes de vie parallèles», bon nombre d'entre nous s'arrêtent encore à des étiquettes sexuelles comme «il» ou «elle», «gay» ou «hétéro». Plus vous progresserez en Qi Gong et ouvrirez votre esprit à de nouvelles possibilités, plus vous verrez que toutes les étiquettes sans exception constituent des entraves inutiles à notre croissance. Si vous voulez réaliser votre ultime potentiel sur les plans physique, intellectuel et spirituel, vous devez expérimenter le plus possible. Et vous pouvez le faire, entre autres, en explorant votre sexualité d'une manière plus ouverte.

Par exemple, dans notre société moderne, les femmes ont le droit de porter des vêtements masculins, mais les hommes qui portent des toilettes féminines sont traités de travestis, de transsexuels ou d'homosexuels. Mais songez-y un instant. Qu'importent notre habillement ou nos comportements, du moment qu'ils ne causent de tort à personne?

En nous coupant de notre identité féminine ou masculine, nous limitons notre croissance et, en conséquence, notre capacité d'accroître notre qi. Par exemple, si vous êtes un homme, vous vous efforcez peut-être de correspondre au modèle que la société attribue à l'homme. Vous buvez de la bière, réparez des voitures, regardez le football, chassez, excellez dans votre travail ou fumez le cigare. Mais que retirez-vous vraiment de ces comportements stéréotypés? Vous sentez-vous vraiment plus viril? Non. Vous avez simplement l'air de concorder avec la définition moderne du rôle de l'homme.

Et si, au lieu d'adopter exclusivement le comportement stéréotypé correspondant à votre sexe, vous exprimiez aussi ouvertement l'autre facette de vous-même? Par exemple, si vous êtes un homme, vous pourriez ressentir de l'attrait pour la culture des fleurs, la cuisson de plats exotiques ou même la couture. Si vous êtes une femme, vous avez peut-être envie de participer à des courses de motocyclettes, de faire de la lutte ou de cracher en assistant à des joutes de base-ball. Ces activités vous catégorisent-elles de quelque façon que ce soit? Pas vraiment, mais elles révèlent la diversité de vos intérêts et, par conséquent, votre nature harmonieuse.

En exprimant ouvertement ce que vous êtes, vous libérez votre esprit, votre corps et votre être profond. Au lieu de vous limiter quant à ce que vous pouvez ou aimez faire, vous vous arrogez le droit de poursuivre les activités qui vous intéressent peu importe où elles vous mènent. Cette attitude ouvre et détend votre corps, votre esprit et libère vos émotions, de sorte que votre énergie peut circuler beaucoup plus librement. Vous vous ouvrez ainsi à la possibilité d'accomplir et de ressentir davantage, ce qui vous permet en retour d'accomplir et de ressentir davantage.

Chaque fois que nous ne sommes pas à notre aise dans une activité, nous devenons tendus, physiquement et mentalement. Si nous nous entêtons à poursuivre cette activité en dépit de notre malaise, nous nous heurtons à des difficultés. En réalité, cette tension étouffe nos capacités. C'est pourquoi il est important de s'ouvrir à des activités nouvelles que l'on n'a jamais envisagées auparavant: goûter des mets nouveaux, visiter des endroits inconnus et se lancer dans de nouvelles entreprises. Ne laissez pas votre appartenance à l'un ou l'autre sexe amoindrir votre plaisir ou freiner votre participation à une activité.

Apprenez à accepter tant votre côté masculin que féminin. Après tout, ces deux aspects sont présents en chacun de nous. Saviez-vous, par exemple, que tous les fœtus sont de sexe féminin à l'origine et qu'il s'écoule un certain temps dans l'utérus avant que les hormones entrent en action et fassent des garçons de certains d'entre nous? C'est pourquoi je vous invite à ne pas laisser votre sexe vous dicter vos goûts.

En osant essayer librement des activités soi-disant réservées aux membres d'un seul sexe, vous vous découvrirez une toute nouvelle identité. La vie ne vous paraîtra plus jamais assommante puisque n'importe quel sujet, idée ou activité peut combler un besoin ou un désir inconscient susceptible de favoriser votre croissance personnelle.

Au lieu d'adopter un point de vue extrême face à la vie, essayez la voie du milieu.

DÉVELOPPEZ VOTRE CONFIANCE EN VOUS

Pour exceller en Qi Gong, vous devez avoir suffisamment confiance en vous pour croire en ce que vous faites. Un grand nombre des techniques sont plutôt ésotériques et vous devez être convaincu qu'elles sont efficaces. Si vous croyez en vous-même, vous ferez davantage de progrès et vos habiletés nouvelles renforceront encore davantage votre confiance en vous.

Donc qu'est-ce qui vient en premier, la confiance ou les habiletés? Vous l'avez sans doute deviné, c'est la confiance qui vient en premier et ce, pour une raison bien simple. Pour réussir quoi que ce soit dans la vie, il faut croire que ce soit possible. Si vous n'avez jamais pensé faire une chose, vous ne pourriez pas l'accomplir puisque vous ignoreriez son existence. Rappelez-vous cependant que ce n'est pas parce que l'on croit à une chose qu'elle se concrétisera nécessairement. Pour accomplir quoi que ce soit, il faut associer la conviction à l'effort.

Il est important, entre autres, que vous fassiez confiance à vos sens. Ne laissez pas les autres vous dire ce que vous pouvez ou ne pouvez pas ressentir. Vous êtes le seul juge de tout ce qui vous arrive. Par conséquent, multipliez les occasions de vivre toutes les expériences qui vous tentent. Croyez en vous-même et laissez votre confiance en vous faire en sorte que tout arrive au lieu et au moment opportuns.

NOUEZ DES AMITIÉS FONDÉES SUR LA PERSONNE

Lorsque nous étions jeunes, nos amitiés semblaient être le fruit du hasard. En effet, comme nous ne disposions en général d'aucun moyen de transport, nos amis habitaient assez proche pour que nous puissions leur rendre visite à pied ou en vélo. En grandissant, nos amitiés se sont peut-être diversifiées, mais elles ont continué de se former en fonction de l'endroit où nous vivions ou travaillions. Nos amis vivent dans notre voisinage, travaillent ou vont à l'école avec nous ou s'adonnent aux mêmes activités que nous.

Choisissons-nous nos amis avec discernement? Bien sûr, nous aimerions tous croire que c'est le cas. Mais combien de vos amis sont des êtres négatifs? Passent-ils leur temps à se plaindre? C'est le cas de certains, je m'en doute bien. Avez-vous déjà réfléchi à l'effet que leur attitude produit sur vous? Les pensées et actions négatives des autres sont des exemples de qi négatif.

Les personnes irritables, geignardes, déprimées, prétentieuses, arrogantes, manipulatrices ou méchantes vous gênent plus que vous le pensez. Leur qi suinte de tout leur être et imprègne tout ce qu'il rencontre, y compris vous-même. Je connais des gens qui possèdent un qi extrêmement négatif. Quand ils pénètrent dans une pièce, l'air devient épais et lourd. Soudain, tout le monde se sent déprimé. Essayez d'éviter ce genre de personnes. Si vous avez affaire à elles, concentrez-vous sur des pensées positives afin de compenser leur négativité. Par ailleurs, je connais des personnes qui dégagent un qi positif. Elles sont lumineuses. Partout où elles vont, elles remontent le moral des autres.

Vous vous demandez peut-être comment vous y prendre pour choisir des amis positifs. L'apprentissage du Qi Gong peut vous être utile à cet égard. Au niveau élémentaire, vous chercherez surtout à accroître votre conscience de soi en pratiquant les trois régulations et en vous concentrant sur le développement de votre qi. Quand vous rencontrez quelqu'un de nouveau, essayez de détendre votre corps, votre souffle et votre esprit. Ainsi, vous serez mieux à même de comprendre cette personne parce que vous serez plus réceptif à son qi. Cette sensibilité vous permettra de sentir toute tension ou stress présent chez elle. (Plus vous progresserez en Qi Gong, moins il vous faudra de temps pour percer à jour une personne inconnue.) Lorsque vous pourrez sentir le qi d'une autre personne, vous saurez instantanément à qui vous avez affaire et si cette personne va devenir votre amie. Entre temps, fiez-vous à votre première impression parce qu'en autant que l'on ait l'esprit ouvert, cette impression est habituellement fondée.

EXPOSEZ-VOUS AU PLUS GRAND NOMBRE D'EXPÉRIENCES POSSIBLE

Si vous voulez vraiment progresser en Qi Gong ou dans une autre discipline, vous devez à tout prix ouvrir votre esprit et vous exposer au plus grand nombre d'expériences possible. Trop souvent, nous nous en tenons à ce qui est connu et confortable. Nous mangeons les mêmes mets, conduisons les mêmes voitures et prenons nos vacances au même endroit, année après année.

Lorsqu'il s'agit d'étudier des systèmes énergétiques, il est facile de se limiter à un seul type. Après tout, vous vous dites peut-être: «Pourquoi devrais-je étudier un système énergétique bizarre et étranger? Je sais ce que j'aime et ce dont j'ai besoin.» Peu importe dans quel art mystique ou ésotérique vous vous spécialisez, lorsque vous aurez acquis une certaine expérience de cette discipline, vous discernerez les liens qui unissent toutes les traditions. Mais vous devez d'abord acquérir la maturité qui vient avec l'expérience pour actualiser votre meilleur potentiel d'apprentissage.

En ouvrant votre esprit et en essayant de nouvelles choses, vous apprendrez beaucoup. Vous apprendrez surtout à établir des analogies inhabituelles, ce qui peut développer votre intelligence d'une manière considérable. Or, plus vous deviendrez intelligent, plus vous trouverez de nouvelles occasions d'améliorer vos habiletés en Qi Gong. En outre, si vous gardez un esprit ouvert, vous accepterez les gens et les choses pour ce qu'ils sont. Cela, vous le constaterez, est le début de la véritable croissance spirituelle. Tout bond en avant à ce niveau vous permettra de développer encore davantage votre maîtrise du qi.

Comme vous voyez, tout est interrelié. Autrement dit, nous sommes tous un. Lorsque nous rejetons quelque chose, nous tournons en quelque sorte le dos à nous-mêmes. Au lieu de suivre cette voie destructrice, ouvrez votre cœur. Voyez la magie dans toute chose et apprenez à embrasser tout ce qui existe. Vous serez alors mieux disposé à vous exposer à de nouvelles expériences, ce qui, en retour, augmentera votre qi.

PASSEZ DU TEMPS AVEC DES ENFANTS

Les enfants sont des centrales d'énergie naturelles. Ils peuvent jouer toute la journée; ils mangent tout ce qu'ils veulent, puis brûlent ces calories; ils s'intéressent à tout. Si vous avez des enfants ou en avez souvent gardés, vous savez à quel point il est épuisant d'essayer de les suivre. Mais il existe une manière d'utiliser à son profit une partie de leur énergie débordante.

Durant leurs jeux, les enfants saturent l'air ambiant d'une énergie puissante. Le simple fait de se trouver en leur présence vous bombarde de leur qi. Essayez d'absorber une partie de l'énergie qu'ils déversent dans l'atmosphère. Restez aussi calme que possible, détendez-vous, respirez et imaginez que leur énergie vous pénètre. Si vous procédez correctement, vous aurez autant de vitalité qu'eux. Ceci est une excellente manière de ralentir le processus de vieillissement.

Regardez les enfants jouer et voyez si vous pouvez les imiter. Explorez différentes choses. Ouvrez votre esprit afin que tout vous paraisse nouveau et passionnant. N'ayez crainte de vous ridiculiser et oubliez l'idée que vous devez vous comporter en adulte. Rappelez-vous que l'on peut apprendre de tout et de chacun. Passez du temps avec des enfants et apprenez d'eux. Trouvez l'enfant caché en vous et l'univers deviendra votre terrain de jeu.

Lorsque vous aurez compris cela, vous constaterez sans doute que vous avez réalisé d'énormes progrès en Qi Gong parce qu'en adoptant la perception du monde des enfants, vous éliminerez une grande partie de vos préjugés et tensions. La circulation de votre qi s'en trouvera améliorée, ce qui fera de vous un adulte plus heureux et en meilleure santé.

Passez du temps avec des enfants. Non seulement ils ont besoin de vous, mais vous constaterez sans doute que vous aussi avez besoin d'eux.

AMÉLIOREZ VOTRE SANTÉ

La section qui suit comporte des activités qui visent précisément à augmenter vos réserves de qi et, par conséquent, à améliorer votre santé.

MANGEZ SAINEMENT

Ce que nous mangeons a certainement un effet sur notre qi parce que notre corps absorbe automatiquement l'énergie des aliments. Mais tous les aliments ne sont pas égaux. Certains contiennent des niveaux beaucoup plus élevés de qi. Vous avez sans doute remarqué, par exemple, que certains aliments vous rendent apathiques, tandis que d'autres vous stimulent et vous donnent un surcroît d'énergie. Puisque vous êtes votre qi, vous êtes aussi ce que vous mangez. Bien sûr, chacun possède ses propres besoins alimentaires fondés sur des facteurs comme l'âge, le sexe, le poids, la condition physique, le degré d'activité et même l'état mental et émotionnel, mais voici quelques lignes de conduite susceptibles de vous guider.

En premier lieu, vous devriez manger des aliments faibles en gras et privilégier les hydrates de carbone complexes, les fruits et les légumes. Il n'est pas nécessaire que vous deveniez végétarien, mais moins vous mangerez de viande, meilleure sera la qualité de votre qi. Avez-vous remarqué que, quand vous mangez de la viande, vous êtes plus agressif? Si vous devez manger de la viande, limitez-vous aux animaux tués naturellement plutôt qu'aux animaux de boucherie. La raison en est simple. Les animaux tués à l'abattoir sont souvent fort stressés avant leur mort, parce qu'ils sentent la peur et la souffrance des autres animaux. Cette énergie négative passe directement dans leur chair. (S'il est vrai que les animaux tués par des prédateurs connaissent souvent une mort violente, en un sens, cette mort est naturelle. Évidemment, lorsqu'un animal en tue un autre pour se nourrir, cela nous paraît violent même si c'est dans l'ordre naturel des choses.) Par conséquent, si vous devez manger de la viande, essayez de trouver des animaux qui sont tués aussi naturellement et aussi rapidement que possible. Leur qi sera meilleur pour vous.

Vous pouvez aussi essayer de multiplier les repas légers tout au long de la journée au lieu de prendre un ou deux repas substantiels. Mangez pour vivre, ne vivez pas pour manger. Dans la mesure du possible, mangez des aliments frais et naturels plutôt que des aliments en conserve. Évitez le plus possible les additifs, en particulier le sucre, les édulcorants artificiels, les agents de conservation et les rehausseurs d'arôme comme le glutamate de sodium et le sel.

À mesure que vous progresserez en Qi Gong, vous apprendrez à absorber l'énergie de l'environnement et aurez moins besoin de nourriture. Les anciens Taoïstes croyaient qu'il était possible de vivre uniquement de l'énergie solaire. Comme vous pouvez l'imaginer, cela dépasse de beaucoup la compétence de la plupart des gens, mais n'est pas aussi incroyable qu'il y paraît. Quand vous mangez, vous convertissez vos aliments en énergie que vous utilisez physiquement. En absorbant le qi de l'environnement, vous éliminez une étape de la chaîne alimentaire, celle de l'alimentation et de la conversion de l'énergie, et utilisez l'énergie directement.

Perdre du poids

Si vous vous nourrissez correctement, vous serez plus susceptible de conserver votre poids idéal et votre santé. Votre poids idéal dépend de votre taille et de votre ossature. Un médecin pourrait vous expliquer comment le calculer avec précision. Maintenir son poids idéal comporte de nombreux avantages: meilleure santé, vitalité accrue et capacité d'accomplir une plus grande variété d'activités. Cela peut en outre renforcer vos habiletés en Qi Gong, car moins votre taux de graisse est élevé, plus la circulation du qi dans votre corps est vigoureuse.

Vous pouvez développer votre intelligence en perdant du poids. La graisse utilise une quantité formidable de sang, d'oxygène et de qi. Sans elle, tous ces soutiens énergétiques peuvent circuler librement dans votre cerveau et le nourrir, améliorant ainsi votre intelligence et vous donnant une lucidité accrue, des réactions plus rapides et une meilleure concentration. Une intelligence supérieure pourrait augmenter votre efficacité au travail, enrichir vos relations et même vous faire découvrir de nouveaux intérêts. Perdre du poids peut aussi accroître votre conscience sensorielle, parce que votre qi circule d'une manière plus efficace quand il n'est pas entravé par un excès de graisse. Toutes vos perceptions et sensations se trouvent alors intensifiées.

Certaines personnes déclarent la guerre à leur poids, leur vie durant parfois, et gagnent rarement la bataille. Il n'est pas nécessaire qu'il en soit ainsi. Mais comment perdre ces kilos superflus? Après tout, vous avez faim.

La réponse est simple: respirez. En absorbant du qi, vous stimulez votre corps. Au lieu de manger une friandise pour vous donner de l'énergie, absorbez le qi du soleil, de la lune, des forêts ou de la mer. À mesure que avancerez en Qi Gong, vous pourrez modifier votre métabolisme et aurez besoin, par conséquent, de moins de nourriture pour conserver votre force et votre endurance. En mangeant moins, vous accédez plus facilement à votre qi, et l'augmentation de votre qi vous permet de manger moins. (Toutefois, même si vous mangez moins, vous devez quand même suivre un régime sain.)

La prochaine fois que vous aurez envie d'un en-cas, essayez de faire le plein de qi. Après tout, les aliments constituent seulement une source d'énergie parmi d'autres.

FAITES DE L'EXERCICE

Le terme exercice évoque sans doute différentes choses pour chacun de nous, étant donné la diversité des types qui existent. Du point de vue de la santé, peu importe quel type d'exercice vous choisissez, du moment que vous en faites.

Certaines personnes aiment les séances d'exercice épuisantes comme les programmes d'haltérophilie, tandis que d'autres préfèrent la marche, moins fatigante. Peu importe l'activité que vous choisissez, vous pouvez l'améliorer grâce au Qi Gong. Par exemple, tout en marchant, vous pouvez pratiquer la respiration énergétique. Celle-ci non seulement rendra votre promenade plus délassante et meilleure pour votre santé, mais elle vous permettra d'accroître à volonté l'intensité de votre marche.

Essayez l'exercice ci-dessous.

Soutenir le ciel

Étape 1. Mettez-vous debout et répartissez votre poids également sur vos deux jambes. Fléchissez légèrement les genoux. Votre dos devrait être droit mais non

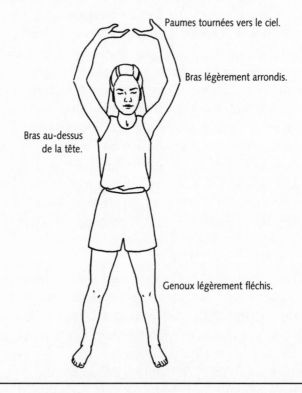

Paumes tournées vers le ciel.

Bras légèrement arrondis.

Bras au-dessus de la tête.

Genoux légèrement fléchis.

Figure 87

rigide. Gardez la tête bien droite comme si elle était suspendue au plafond par une ficelle. Votre cou doit être souple et détendu.

Étape 2. Levez les bras au-dessus de la tête en pliant légèrement les coudes. Vos paumes sont tournées vers le ciel (figure 87).

Étape 3. Détendez vos muscles le plus possible et gardez cette position. Utilisez la respiration inversée.

Étape 4. Gardez cette posture pendant vingt minutes au plus en bougeant uniquement vos muscles abdominaux pour respirer. Cela peut vous sembler malaisé. Il est probable que vos muscles se mettront à trembler et que vous transpirerez abondamment, mais n'abandonnez pas et ne bougez pas jusqu'à ce que le temps soit écoulé.

Lorsque vous aurez terminé, comparez cet exercice à n'importe quel programme d'exercice que vous avez déjà suivi. Je parie qu'il nécessite au moins autant d'efforts que la majorité d'entre eux. Si ce n'est pas le cas, tant mieux pour vous, car vous êtes en excellente forme. Vous pourriez reprendre l'exercice, mais en tenant cette fois un poids de deux kilos dans chaque main et, si cela ne suffit pas, tenez des poids de quatre kilos ou fléchissez les genoux jusqu'à ce que vos cuisses se trouvent parallèles au sol.

Le but de cet exercice est de vous montrer que la simple posture debout peut entraîner une incroyable fatigue physique. À propos, cet exercice est un exemple de Zhan Zhuang. Il peut donner des résultats formidables en terme de force, d'endurance, de coordination, de maîtrise mentale et de volonté. Je vous recommande, si vous pratiquez les sports de façon sérieuse, peu importe lesquels, d'y ajouter une dose quotidienne de vingt minutes de Zhan Zhuang à titre d'exercice complémentaire.

Peu importe le programme d'exercice que vous suivez, apprenez à tenir compte du Courant. Vous y arriverez en pratiquant les trois régulations et en appliquant les principes du Wai Dan et du Nei Dan. Vous constaterez sans doute que le qi vous permet de vous exercer avec plus de vigueur, d'intensité et d'endurance, tout en améliorant votre coordination, vous permettant ainsi de donner un rendement optimal.

Voici comment intégrer le Qi Gong à différents sports.

Alpinisme: Absorbez l'énergie des rochers que vous escaladez pour accroître votre force et votre endurance. Devinez quel chemin vous mènera là où vous devez aller. Augmentez votre souplesse en amenant le qi dans vos muscles.

Arts martiaux: Développez votre agilité, votre pouvoir et votre endurance à l'aide du qi. Tâchez de deviner à l'avance les mouvements de votre adversaire.

Base-ball: Vous lancerez la balle ou la frapperez avec plus de force si vous émettez du qi en même temps. Utilisez le qi pour sentir où envoyer la balle en tenant compte de l'inattention du joueur de champ. Dans la position du lanceur, servez-vous du qi pour donner de la vigueur et de l'intensité à votre lancer. En tant que joueur de champ extérieur, devinez plus rapidement le point de chute de la balle.

Basket-ball: Utilisez le qi pour sentir la position des joueurs que vous ne voyez pas. En lançant le ballon avec votre qi, vous aurez une meilleure maîtrise sur votre lancer, qui sera plus précis. Devinez les pensées de vos coéquipiers grâce au qi. Augmentez votre endurance en appliquant les techniques de respiration, qui vous aideront à absorber un surplus d'énergie.

Course à pied: Augmentez votre endurance, votre vitesse et votre souplesse.

Équitation: Devenez plus sensible à votre cheval grâce au qi et utilisez le qi pour communiquer avec lui. Accordez-vous à l'énergie de votre corps pour améliorer votre coordination.

Escrime: Transmettez du qi à votre épée pour accroître votre sensibilité. Utilisez votre calme et votre souplesse accrues pour augmenter votre rapidité de manière considérable. Apprenez à prévoir les coups de votre adversaire.

Football: Utilisez le qi pour prévoir les tactiques de vos adversaires et améliorer votre endurance, votre force et votre coordination. Modifiez la trajectoire du ballon pendant qu'il se trouve dans les airs.

Golf: Frappez la balle avec votre qi en vous détendant pour accroître votre force. Ayez davantage confiance en votre capacité de choisir le bon bâton.

Gymnastique: Faites circuler le qi dans tout votre corps pour améliorer votre conscience corporelle, votre force, votre coordination et votre équilibre.

Hockey: Devinez la position de vos adversaires invisibles grâce au qi et améliorez votre force, votre vitesse et la précision de vos lancers. Anticipez les mouvements de vos adversaires.

Marche: Absorbez l'énergie de l'environnement. Partagez-la avec les plantes et les animaux. Trouvez les animaux grâce au qi.

Natation: Absorbez le qi de l'eau pour accroître votre endurance et votre vitesse. Apprenez à respirer plus efficacement.

Pêche: Repérez le poisson grâce au qi. Comprenez que nous sommes tous un et ne gardez que les poissons que vous pourrez manger. Honorez les poissons que vous attrapez et remerciez-les de leur sacrifice.

Tennis: Apprenez à anticiper les coups de votre adversaire. Frappez avec plus de force, de vitesse et de précision.

Tous les sports et les exercices comportent un risque de blessure. Si cela vous arrive, vous pouvez accélérer votre guérison en pratiquant les trois régulations et une combinaison d'exercices de Wai Dan et de Nei Dan afin d'améliorer la circulation de votre qi. Votre corps guérira mieux et plus vite si le qi y circule bien.

Peu importe le sport que vous pratiquez, le Qi Gong peut vous aider à améliorer votre rendement. Pratiquez toutes sortes de sports et inventez de nouvelles façons d'intégrer les principes du Qi Gong à vos séances d'exercice. Que vous soyez un athlète amateur ou un athlète professionnel désireux de prendre l'avantage, vous pouvez améliorer votre performance considérablement grâce au Qi Gong.

ÉTIREZ-VOUS

Il est très important d'étirer vos principaux muscles et articulations chaque jour si vous voulez exceller en Qi Gong et jouir d'une excellente santé durant toute votre vie. Il y a plusieurs manières de s'étirer. Certaines sont sans danger tandis que d'autres comportent des risques assez sérieux.

Commençons par ces dernières. Vous vous rappelez sans doute l'époque où votre professeur de gymnastique vous faisait sauter pour étirer vos muscles. Sauter est un excellent moyen de déchirer ligaments et muscles. Une autre idée fausse consiste à croire qu'il n'y a pas de progrès sans douleur. Cette idée repose sur un malentendu et l'application erronée d'un principe biologique valable. La douleur physique a pour fonction de nous avertir que quelque chose ne va pas. Beaucoup d'entre nous feignent d'ignorer ce signal, croyant que la douleur est un signe de progrès, alors qu'en fait elle entraîne une détérioration et un affaiblissement éventuel de nos capacités.

Au lieu de vous blesser, mieux vaut vous étirer lentement et graduellement afin que votre corps puisse s'habituer à chaque nouvelle position. Les muscles ont besoin d'être détendus pour s'étirer correctement. En les détendant au moyen du Qi Gong, vous augmenterez votre souplesse sans courir de risques inutiles. Lorsque vos muscles sont contractés, ils entravent la circulation du qi, ce qui inhibe votre potentiel athlétique et nuit à votre santé. La souplesse vous procurera d'innombrables bénéfices. Des muscles détendus permettront à votre sang de circuler d'une manière plus fluide dans votre corps, ce qui accroîtra votre intelligence, fortifiera vos cheveux et votre peau, améliorera votre respiration, et réchauffera vos pieds et vos mains.

Voici quelques groupes de muscles que vous devriez étirer. Rappelez-vous, quand vous faites des étirements, de vous arrêter à la moindre sensation de douleur. Étirez-vous lentement et doucement, et tenez chaque position pendant au moins trente secondes tout en utilisant la respiration bouddhiste. Expirez pendant l'étirement et imaginez que le qi coule directement dans vos fibres musculaires. Lorsque vous inhalez, relâchez légèrement la tension.

Étirements

Cou   Tournez la tête d'un côté et de l'autre, vers l'avant et vers l'arrière et dans toutes les directions.

Épaules   Faites des cercles vers l'avant et vers l'arrière avec les épaules. Levez-les puis poussez-les vers le bas.

Biceps   Allongez lentement le bras (figure 88).

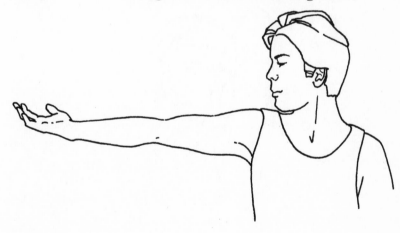

Figure 88

Triceps	Levez le bras au-dessus de la tête, puis pliez le coude (figure 89).
Poignets	Tournez les poignets dans toutes les directions.
Mains	Écartez les doigts le plus possible. Bougez-les dans tous les sens.
Haut du dos	Roulez les omoplates vers l'avant et vers l'arrière.
Bas du dos	Tournez lentement le torse d'un côté, puis de l'autre. Penchez-vous vers l'avant et vers l'arrière en pliant la taille.
Hanches	Levez et baissez les jambes en amorçant le mouvement au niveau des hanches. Lancez les jambes vers l'avant et vers l'arrière de sorte que le mouvement parte des hanches.
Quadriceps	Tenez-vous debout sur une jambe et pliez l'autre au niveau du genou, tout en approchant votre pied le plus possible de vos fesses

Figure 89

(figure 90). Appuyez-vous contre un mur au besoin.

Ischio-jambiers Penchez-vous vers l'avant et essayez de toucher vos orteils.

Mollets Asseyez-vous par terre et rapprochez le plus possible vos orteils de vos tibias (figure 91).

Chevilles Faites tournez vos chevilles dans tous les sens.

Pieds Fléchissez les pieds et écartez vos orteils le plus possible.

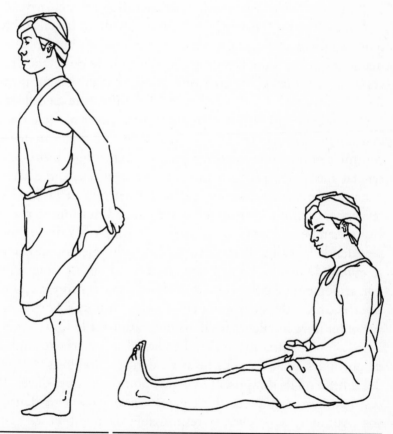

Figure 90   **Figure 91**

S'étirer est une façon merveilleuse d'intensifier le Courant. Vous y gagnerez en souplesse, ce qui augmentera la quantité de qi qui circule dans votre corps. En retour, vous serez plus lucide et cette lucidité accrue stimulera vos aptitudes métaphysiques.

LIMITEZ LA CONSOMMATION DE TABAC, D'ALCOOL ET DE DROGUES

L'art du Qi Gong est intimement lié au développement de vos sens. La conscience sensorielle, en conséquence, est la clé de votre apprentissage. C'est pourquoi il est vital pour le développement de votre qi et pour votre santé que vous cessiez de fumer, de boire et de consommer des drogues récréatives.

Il est vrai que certaines drogues augmentent la sensibilité d'une manière artificielle. En fait, de nombreuses cultures chamaniques ont recours aux drogues pour induire des états altérés de conscience. Cette consommation est relativement inoffensive, puisque l'intention est tout à fait différente de celle du consommateur qui utilise la drogue pour se divertir. Quand un vrai chaman a recours à la drogue, il le fait d'une manière contrôlée et avec une intention précise; il cherche à provoquer un état spécifique d'élargissement de la conscience, afin d'accéder à certaines connaissances qui lui permettront de guérir. En revanche, celui qui consomme des drogues à des fins récréatives recherche un état d'euphorie pour le simple plaisir ou pour s'évader de la réalité. Dans les deux cas, la drogue est une excuse et une dérobade. La consommation de drogue a pour effet non seulement de vider votre portefeuille, mais encore de nuire à votre santé. Alors pourquoi en prendre, surtout si vous pouvez obtenir de meilleurs résultats en pratiquant le Qi Gong?

La consommation d'alcool et de tabac est très répandue de nos jours, mais les gens ne se rendent pas toujours compte des limites qu'ils s'imposent et à quel point ils sont esclaves de ces mauvaises habitudes. La cigarette non seulement détruit vos poumons, mais elle est responsable de nombreuses maladies pouvant être fatales. Elle embrouille votre esprit et vous empêche même de bouger comme vous devriez pouvoir le faire. De plus, fumer vous empêche de respirer à pleins poumons, un facteur qui gênera vos progrès en Qi Gong. Il est vrai que certaines traditions, surtout chez les Amérindiens, considèrent le fait de fumer la pipe comme un acte sacré. Ils honorent l'acte de fumer et croient fermement aux pouvoirs sacrés du calumet. C'est pourquoi ils ne fument jamais d'une manière excessive ou régulière. N'oubliez pas que l'intention est extrêmement importante.

Il en est de même pour l'alcool. Les prêtres de certains cultes comme la Santeria utilisent le rhum, mais là encore, ils le consomment d'une manière particulière et sacrée, et pas seulement par habitude. La consommation immodérée d'alcool a des effets dévastateurs. L'alcool émousse les sens, détruit le foie et tue lentement.

La vie est faite pour être vécue, alors pourquoi ne pas la vivre pleinement? Certaines personnes soutiennent que le fait de fumer, de boire et de consommer des drogues leur permet justement de vivre pleinement. Elles affirment qu'en se privant de ces choses, elles rateraient certaines expériences de la vie. Mais quelle expérience gagnez-vous vraiment en vous livrant à ces passe-temps destructeurs? Une fois que vous les avez essayés, quelles nouvelles sensations vous procurent-ils? Alors pourquoi ne pas plutôt vous ouvrir à une stimulation sensorielle illimitée et même inimaginable? La pratique du Qi Gong vous apportera chaque jour des idées, des sensations et des expériences nouvelles pour le restant de votre vie.

Par exemple, le Qi Gong aiguisera votre acuité sensorielle et plus vous vous exercerez, plus elle s'intensifiera. Vous remarquerez que tout vous paraît plus clair et vous vous sentirez bien vivant. Certes, vous pouvez boire, fumer, prendre de la drogue et pratiquer le Qi Gong. En apparence, vous aurez l'impression de profiter du meilleur des deux mondes. Mais ce n'est pas le cas. Ces mauvaises habitudes limitent votre capacité de sentir le qi. Vous pouvez les conserver, mais vous n'atteindrez pas le niveau d'habileté ésotérique que vous atteindriez autrement.

Par conséquent, si vous recherchez une certaine plénitude sensorielle ou désirez mettre toutes les chances de votre côté, je vous conseille d'extirper vos mauvaises habitudes. Et si vous êtes de ceux qui consomment de la drogue, fument ou boivent d'une manière contrôlée pour des raisons spirituelles, rappelez-vous toujours l'importance de l'intention et de la modération.

L'APPLICATION DU QI GONG
À DIVERSES ACTIVITÉS

Vous pouvez appliquer les principes du Qi Gong à toute activité qui vous intéresse. Le but du présent chapitre est de vous aider à intégrer vos exercices de Qi Gong à vos passe-temps préférés. Il propose une vaste gamme d'activités amusantes qui sont à la portée de presque tous.

JOUEZ DE PLUSIEURS INSTRUMENTS DE MUSIQUE

Il n'est jamais trop tard dans la vie pour apprendre à jouer d'un instrument de musique. Peu importe que vous n'en ayez jamais joué ou que vous vous sentiez dépourvu de tout talent musical. Il existe littéralement des milliers d'instruments différents dans le monde et vous pouvez en apprendre au moins un.

Mais qu'entend-on au juste par jouer et quel degré de virtuosité devez-vous viser? Jouer veut simplement dire tirer des sons de l'instrument. Vous n'avez pas besoin de jouer un thème en particulier et peu importe que vous ayez du talent ou non. Du moment que vous jouez, c'est tout ce qui compte. Je dis cela parce que le simple acte de jouer d'un instrument peut vous procurer du plaisir et, par le fait même, augmenter votre niveau de qi.

La plupart des gens qui apprennent à jouer d'un instrument désirent reproduire des airs et mesurent leur succès en fonction de la beauté des sonorités qu'ils tirent de l'instrument. Le problème, c'est que l'on ne peut pas se comparer aux autres, puisque nous possédons tous des dons et une expérience uniques. Donc, essayez d'éviter ce piège.

La sorte d'instrument n'a pas vraiment d'importance. En fait, vous pouvez en essayer plusieurs. Pour ma part, je joue de la harpe celtique, du banjo, de la guitare, du didjeridoo, de la guimbarde, de la cruche, du tympanon des Appalaches, du bodrán[1], des congas, du tambourin, du flageolet, du violon, du hochet, de la scie musicale et du balafon[2]. Tous les instruments nécessitent un mouvement corporel quelconque, qu'il s'agisse de pincer des cordes, de frapper la surface de la main ou du pied, ou de souffler avec la bouche ou le nez. Peu importe les muscles que vous devez bouger, concentrez-vous afin de bien sentir leur contraction. Essayez de jouer le plus lentement possible. Par exemple, si vous jouez de la flûte, faites durer chaque mouvement de vos doigts une seconde toute entière, puis deux secondes. Continuez de vous exercer jusqu'à ce que vous mettiez trente secondes ou plus à déplacer un seul doigt. En ralentissant vos mouvements, vous les maîtriserez mieux, ce qui augmentera votre précision et votre qi.

Lorsque vous jouez, n'essayez pas de reproduire une chanson ou un air précis, mais contentez-vous d'émettre des sons qui vous plaisent. De cette façon, vous intégrerez peu à peu du qi à votre musique. Ensuite, concentrez-vous sur vos muscles en y amenant le qi. Utilisez la respiration inversée et détendez-vous en pratiquant les trois régulations. Prenez votre instrument, flûte ou guitare, et tenez-le aussi légèrement que possible. Imaginez que vos bras sont aussi légers que des plumes et effectuez des mouvements extrêmement lents. Ce concept, qui relève du Wai Dan avec mouvement, aidera le qi à s'accumuler dans vos bras et vos mains. Après environ vingt minutes, vous devriez avoir développé une réserve suffisante de qi. Avec le temps, une partie de cette énergie se mettra à couler directement dans votre instrument et s'y rassemblera, et vous le sentirez chaque fois que vous le prendrez pour en jouer. Si vous transmettez suffisamment de qi à votre instrument, celui-ci devrait être chaud au toucher.

Quelques personnes possèdent un véritable talent musical et semblent pouvoir jouer presque n'importe quoi. Toutefois, il

---

1. Tambourin irlandais en peau de chèvre. (N.d.T.)
2. Xylophone à 17, 19 ou 20 lames de bois munies de résonateurs en calebasse. (N.d.T.)

existe un niveau supérieur à celui-là, le niveau de barde, qui exige des habiletés considérables en Qi Gong. À ce niveau, vous pouvez utiliser votre instrument pour diriger à votre gré le qi d'autrui et celui de la nature. Vous pouvez émettre de l'énergie à travers votre instrument et en absorber de n'importe quoi. Pour cela, vous devez maîtriser la grande circulation et pouvoir projeter du qi au moyen de la respiration environnementale. Si vous savez comment transmettre du qi à travers votre musique, par exemple, vous pouvez, en jouant une seule note, modifier l'opinion d'une personne ou son comportement dans presque toute circonstance. Vous pouvez également communiquer avec les animaux et les plantes à travers la musique et utiliser celle-ci pour vous guérir et guérir les autres.

Comme tout dans l'univers est fondé sur le principe de la vibration, apprendre la musique est une manière merveilleuse d'accéder à l'énergie magique. Servez-vous de votre intuition pour choisir un instrument qui vous attire et apprenez à en jouer. Concentrez-vous surtout sur les principes élémentaires. Maîtrisez-les et vous pourrez ensuite apprendre à émettre du qi tout en jouant.

Si vous connaissez la grande circulation et les principes du Nei Dan, vous pouvez aussi projeter mentalement du qi dans vos mains et dans votre instrument. Il s'agit pour cela de conduire le qi dans vos mains, puis à l'extérieur de votre corps jusque dans votre instrument. Vous y arriverez en devenant plus conscient de votre instrument. Quel est son poids? Celui-ci change-t-il pendant que vous jouez? Vous devez apprendre à le tenir si légèrement que si une mouche s'y posait, vous sentiriez ce poids additionnel. Pour cultiver cette sorte de sensibilité, attachez une plume à votre instrument au moyen d'une ficelle. Tout en jouant, sentez bouger la plume. Lorsque vous percevrez le poids supplémentaire et le mouvement de la plume, remplacez-la par une plus petite. Continuez de réduire la taille de la plume jusqu'à ce qu'il ne vous reste plus que la ficelle. Puis raccourcissez celle-ci graduellement. En cultivant ainsi votre sensibilité, vous deviendrez plus conscient de votre instrument et de sa position relative dans l'espace et finirez par le considérer comme un prolongement de votre corps. Lorsque vous sentirez cela, vous pourrez y transmettre du qi.

L'étape suivante consiste à émettre du qi à travers votre instrument. La manière la plus évidente de le faire consiste à jouer avec émotion. Sentez le pouvoir de votre musique et projetez-la à l'extérieur pour le profit de tous. Vous pourrez ensuite viser un niveau encore plus avancé de projection du qi en imaginant que votre qi passe à travers votre instrument et chevauche les ondes de votre musique. Imaginez que vous le dirigez vers des cibles précises comme une plante ou peut-être un animal familier. Observez si une réaction se produit.

À l'étape suivante, vous apprendrez à absorber du qi tout en jouant. Pour cela, pensez à votre instrument comme à une sorte d'aspirateur qui aspire le qi des objets. Concentrez-vous sur votre musique pendant que vous inhalez. Imaginez que le qi se dirige vers vous. Essayez de le sentir vraiment. Plus vous pourrez vous concentrer sur votre respiration, surtout pendant l'inhalation, plus ce sera facile.

Lorsque vous aurez appris à transmettre et à recevoir du qi en jouant, apprenez à déchiffrer la signature musicale de toute chose. Prenez un objet, un cyprès, par exemple, et demandez-vous à quelle sorte de musique il vous fait penser. Vous devez absolument faire confiance à votre intuition. Ne pensez à rien de précis, détendez-vous, respirez et écoutez l'arbre. Observez sa façon de bouger dans le vent. Notez ses diverses couleurs, sa hauteur. Humez-le. Avec un peu d'entraînement, il vous viendra des idées sur ce que cet arbre représente musicalement. Puis jouez quelques notes. Laissez la musique couler hors de vous et aller où elle veut. Lorsque vous aurez raffiné cette aptitude, vous saurez, aussitôt entré dans un édifice, comment le représenter en musique.

Au niveau le plus élevé de votre entraînement musical énergétique, vous pourrez reconnaître la musique produite par les gens. Comme nous sommes tous constitués d'un ensemble de schémas vibratoires et nés à des moments différents, à chacun de nous correspond une série de notes qui représentent ce que nous sommes. Pour découvrir ces motifs musicaux, il faut étudier les gens attentivement, en découvrir le plus possible à leur sujet. À la longue, il vous suffira de jeter un coup d'œil sur une personne pour connaître aussitôt sa chanson personnelle. Puis vous pourrez jouer pour elle, la guérir ou l'aider à modifier son comportement, car les gens réagissent naturellement au thème musical unique qu'ils représentent.

N'ayez pas peur de développer de nouveaux talents. Même si vous n'avez jamais joué d'un instrument auparavant, il n'y a aucune raison de ne pas vous y mettre dès aujourd'hui.

ÉCOUTEZ DE LA MUSIQUE

En fin de compte, le Qi Gong est l'étude de l'énergie et toute énergie est constituée de vibrations. Écouter de la musique est l'une des façons parmi les plus faciles et les plus agréables d'apprendre à reconnaître les vibrations.

La musique est formée d'ondes sonores qui voyagent dans l'air et pénètrent dans votre corps, principalement à travers vos oreilles, mais aussi à travers votre peau. C'est pourquoi il est possible de percevoir la musique même quand on ne l'entend pas. Quelle sorte de musique devriez-vous écouter? Qu'est-ce que de la bonne musique? Voilà une question fort relative qui dépend des goûts personnels de chacun; après tout, certaines personnes aiment le rock, d'autres, le jazz et d'autres, la musique country. En ce qui concerne la pratique du Qi Gong, la musique idéale est celle du Sud de l'Inde, en particulier les solos joués sur une veena. La veena est une sorte de sitar ressemblant à une guitare et munie d'une caisse de résonance supplémentaire. Pour ma part, je préfère la veena *sarasvati* qui peut non seulement produire des bémols et des dièses comme la veena, mais dont on peut tirer une foule de commas grâce à la structure et à la position des cordes additionnelles.

Une chaîne stéréophonique est un excellent investissement pour votre santé et votre longévité. Vous pouvez acheter des microsillons, des disques compacts ou des cassettes, peu importe. Mais ne vous limitez pas à une simple radio, car un appareil plus complexe vous permettra de faire jouer à votre guise votre musique préférée. (Personnellement, je vous conseille d'acheter un lecteur laser pour la simple raison que les disques compacts semblent plus durables que les cassettes et les microsillons.)

Écouter de la musique soutient votre pratique du Qi Gong d'un certain nombre de façons. La plus évidente est qu'elle vous aide à vous relaxer, ce qui est directement lié aux trois régulations. C'est pourquoi une musique plus lente est meilleure pour la santé. Lorsque vous écoutez une musique qui vous détend, votre respiration ralentit, vos muscles se relâchent et votre esprit se concentre sur la pièce que vous entendez.

En outre, vous pouvez vous servir de la musique pour développer votre toucher. Écoutez une pièce et sentez son rythme pénétrer votre corps. Vous y arriverez plus facilement si vous commencez avec une musique stimulante, une chanson rock, par exemple. Choisissez-en une qui vous donne vraiment envie de bouger et voyez comme elle vous entraîne. Vous ne pouvez vous empêcher de taper du pied, de faire claquer vos doigts ou même de vous contorsionner d'une manière quasiment incontrôlable. Cela s'explique par le fait que le qi de la musique vous stimule. En d'autres termes, vous absorbez le Courant. C'est exactement ce qui se produit quand vous apprenez à utiliser le Nei Dan et à absorber le qi des plantes, des animaux ou des rochers. Bien sûr, le degré d'intensité est différent, mais la sensation de participation personnelle est la même. Pour vous habituer à absorber du qi, écoutez de la musique et remarquez l'effet qu'elle produit sur vous et comment elle semble pénétrer dans votre corps.

Dirigez la paume de vos mains ou la plante de vos pieds vers la source musicale. Lorsque vous inhalerez, vous sentirez la musique pénétrer dans votre corps. Plus vous vous exercerez, plus vous aurez de la facilité à le sentir.

Lorsque vous choisissez votre musique, mieux vaut éviter les paroles violentes ou les rythmes dissonants qui peuvent détériorer la santé et perturber la circulation du qi. Optez plutôt pour une musique qui vous rend joyeux. Écoutez-la aussi souvent que possible. Vous constaterez qu'elle favorise l'apprentissage du Qi Gong, ce qui, en retour, vous aide à mener une vie plus saine et plus agréable.

COLORIEZ, DESSINEZ, PEIGNEZ

Colorier, dessiner et peindre peuvent grandement améliorer la circulation de votre qi. Premièrement, l'exécution de mouvements précis avec les muscles du bras et de la main constitue une forme de Wai Dan. Deuxièmement, ce travail exige de la concentration. Les mouvements de votre bras et de votre main doivent être fermes et, pour cela, votre esprit doit être calme. Il s'agit là d'une aptitude précieuse en regard du Qi Gong parce qu'il faut de la concentration d'esprit pour bien sentir le qi.

Un grand nombre d'exercices de Qi Gong exigent une imagination fertile, surtout pour les débutants. Dessiner est un excellent moyen de mettre à contribution l'hémisphère droit de votre cerveau et de développer votre imagination et votre créativité. Regardez un objet puis essayez de le dessiner de mémoire. Rendez bien tous les détails. Si vous dessinez un arbre, par exemple, tâchez de dessiner ce que vous voyez selon votre propre interprétation artistique. Comment voyez-vous cet arbre? Pouvez-vous capturer son essence?

Le dessin et la peinture présentent aussi l'avantage d'être très délassants. Grâce à eux, on peut se perdre dans le moment présent et s'accorder un peu de plaisir. Pour progresser en Qi Gong, vous devez savoir vous relaxer. Les muscles raides, un esprit fermé et une humeur abattue gênent considérablement la circulation du qi. Développer de nouveaux talents en s'initiant à une forme quelconque d'art, par exemple, peut vous mettre en contact avec le côté agréable de votre conscience sensorielle. Vous vous enseignez littéralement à vous-même comment vous détendre tout en vous divertissant.

Vous pouvez apprendre à transmettre le qi à votre crayon ou votre pinceau afin d'imprégner votre œuvre de votre énergie et de votre force vitale. (Avis aux artistes: votre œuvre n'en sera que plus fascinante aux yeux des spectateurs.) Pour cela, vous devez respirer correctement, tenir votre pinceau légèrement et vous concentrer sur votre main. Imaginez que le qi circule dans votre bras et votre main, puis passe directement dans votre crayon ou votre pinceau. De là, il coule sur la toile, conférant à votre dessin un caractère magique et vivant.

Au début, vous emploierez des techniques de Wai Dan pour générer du qi. Évitez d'appuyer votre bras sur une table ou une chaise et tenez-le plutôt dans les airs. Rappelez-vous la position de vos bras dans la posture de l'Étreinte de l'arbre, expliquée dans la section sur le Wai Dan sans mouvement (voir pages 107 et 108). Donc asseyez-vous confortablement sur une chaise, prenez votre crayon ou votre pinceau et tenez votre bras comme dans cette posture (figure 92). Pratiquez les trois régulations puis baissez lentement le bras de manière que son seul contact avec la table se fasse à travers le crayon ou le

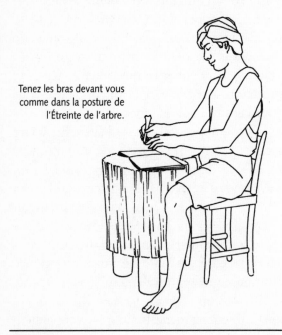

Tenez les bras devant vous comme dans la posture de l'Étreinte de l'arbre.

Figure 92

pinceau. De cette façon, le qi se développera dans votre épaule et votre bras. Si vous débutez en Qi Gong, vos bras trembleront peut-être, mais avec le temps, les tremblements disparaîtront. Lorsque vos bras auront cessé de trembler, commencez à colorier, à dessiner ou à peindre en exécutant des traits aussi légers et contrôlés que possible. Avec un entraînement suffisant, votre qi circulera dans votre crayon ou votre pinceau et débordera sur votre toile.

Lorsque vous aurez atteint un niveau avancé en Qi Gong, vous pourrez mettre de côté encre, bâton de graphite et peinture pour apprendre à vous exprimer avec le qi. Dès que vous aurez maîtrisé la grande circulation et la projection du qi, vous pourrez transmettre du qi à l'environnement. Sortez dehors et constatez l'effet de votre énergie sur le monde qui vous entoure. Utilisez le Courant pour guérir la Terre et en faire un endroit où il fait bon vivre.

JOUEZ À DES JEUX

À mesure que nous vieillissons et soi-disant mûrissons, nous cessons de jouer. Cela explique sans doute pourquoi la plupart des gens croient les jeux réservés aux enfants. Mais les jeux sont aussi pour les adultes. Car, voyez-vous, jouer est une façon merveilleuse de conserver sa jeunesse. Cela peut contribuer à garder votre esprit et votre corps en santé et alertes. En outre, c'est une manière formidable d'interagir avec les autres tout en se distrayant.

Quel est le lien entre les jeux et le Qi Gong? Le Qi Gong est l'étude de l'énergie et jouer est une forme d'expression énergétique. Pensez à la vitalité des enfants. Ils ne cessent d'explorer, de jouer, d'apprendre et de faire de nouvelles expériences. En tant qu'adultes, nous perdons souvent cette spontanéité parce que nous nous enlisons dans les contraintes quotidiennes de la vie. En outre, nous ne voulons pas avoir l'air immatures aux yeux de nos pairs.

Eh bien, le moment est venu de renverser la vapeur. Cet ennuyeux stéréotype adulte que vous vous acharnez à polir étouffe votre capacité de réaliser cela même que vous tentez d'accomplir grâce au Qi Gong. Si nous apprenions à nous détendre, nous serions plus énergiques, plus frais, plus alertes et plus créatifs. Cela nous rendrait plus efficaces au travail et pimenterait sans doute notre vie sociale. Or il est possible, en jouant à des jeux, de retrouver ces attributs perdus. Allez-y, essayez. Je parie que les habiletés que vous développerez en jouant vous inspireront des solutions créatives, ainsi que des manières plus efficaces de venir à bout de vos tâches.

N'attendez pas vos deux semaines de vacances annuelles pour vous détendre. Mettez-vous au jeu dès maintenant. Jouez chaque jour ou pendant les week-ends, à votre guise. L'essentiel, c'est que vous vous remettiez à jouer. Entrez dans les magasins de jouets et explorez les merveilles qu'ils renferment. Vous serez étonné de constater à quel point les jeux et les jouets ont changé depuis votre époque. Donnez libre cours à votre imagination et vous vous découvrirez une réserve presque illimitée d'énergie.

COLLECTIONNEZ DES OBJETS EN VOUS FIANT À VOTRE INTUITION

Enfants, beaucoup d'entre nous collectionnaient divers objets, insectes, voitures miniatures, pierres ou même mots par intérêt personnel et pour le plaisir.

En vieillissant, nous avons pour beaucoup délaissé nos collections. Peut-être est-ce parce que nous sommes trop occupés à travailler, à entretenir nos relations ou tout bonnement à exister. Nos collections d'adultes sont souvent fondées sur leur intérêt financier et constituent une forme d'investissements. Collectionner des objets pour le simple plaisir est une manière de développer son qi. Vous pouvez collectionner n'importe quoi: des timbres, des pièces de monnaie ou même des souvenirs. L'important, c'est que vous détendiez votre esprit et appreniez à suivre votre intuition ou votre instinct.

Pour ma part, je collectionne n'importe quoi: des roches, des livres, des stylos, des jouets (en particulier des poupées Barbie[MC]). Ce qui importe, c'est que mes collections sont intuitives. Par exemple, lorsque je m'attarde dans une librairie, je détends mon esprit et parcours les allées suivant leur énergie. Je peux aboutir dans n'importe quelle section: cuisine, sports, jardinage ou géographie, tous les sujets peuvent m'appeler. Une fois rendue dans une section particulière, je me détends de nouveau et laisse mon qi circuler d'un livre à l'autre, jusqu'à ce que je trouve un titre qui me convienne tout à fait. Ensuite j'entreprends de trouver le bon livre. Vingt livres peuvent porter le même titre, mais un seul d'entre eux me conviendra parfaitement et c'est celui-là que j'achèterai.

Comment cela fonctionne-t-il? Tout objet retient l'énergie de ceux qui le touchent. Par exemple, à la librairie, certains livres sont imprégnés du qi de personnes déprimées, joyeuses ou même psychopathes. Chaque livre paraît donc différent lorsque l'on perçoit son courant énergétique.

Voilà, en principe, la raison d'être des porte-bonheur comme les pattes de lapin ou les trèfles à quatre feuilles. Ils possèdent une sorte de qi qu'une foule de personnes sensibles à l'énergie ont perçue à un moment ou un autre, puis ces objets sont transmis d'une personne à l'autre, jusqu'à ce qu'ils se muent en porte-bonheur.

En Inde, les personnes très versées dans l'art du Qi Gong offrent souvent de menus cadeaux aux personnes qu'elles rencontrent. Ces cadeaux sont de simples objets tels des pierres, des graines ou même des morceaux de tissu, mais il ne faut pas se fier aux apparences. En fait, ils sont imprégnés du qi de l'auteur du présent. Au fond, à travers son présent, celui-ci offre une partie de lui-même, de son souffle vital, de sa vie. Le même principe s'applique aux présents que vous faites ou recevez pour vos collections.

Commencez toutes sortes de collections. Choisissez soigneusement vos objets et prenez le temps de les regarder et de les toucher. Lorsque vous en tenez un dans la main, prenez la posture de l'Étreinte de l'arbre afin de développer votre qi et d'en transmettre une partie à l'objet. Celui-ci deviendra encore plus spécial à vos yeux. Lorsque vous aurez appris le Nei Dan, vous pourrez aussi communiquer mentalement votre qi à vos collections. Si vos intérêts et besoins changent, donnez vos vieilles collections pour que d'autres personnes puissent en profiter. En donnant une collection qui vous était chère, vous partagez votre énergie avec d'autres.

FAITES VOLER DES CERFS-VOLANTS

Faire voler des cerfs-volants est une excellente façon de s'exercer au Qi Gong et au transfert d'énergie. J'ai été initié à cet art à l'âge de dix ans et n'ai jamais cessé de le pratiquer depuis. Les cerfs-volants modernes sont loin des modèles monocordes faits de vieux bouts de papier et de pin que je faisais voler étant petite. Aujourd'hui, il existe des cerfs-volants acrobatiques, des cerfs-volants de combat et des modèles inimaginables.

Je vous conseille, pour votre apprentissage énergétique, de choisir un cerf-volant acrobatique. La plupart des boutiques de bricolage en vendent, mais vous pouvez aussi vous en fabriquer un. Ces cerfs-volants comportent deux cordes et deux poignées qui, lorsqu'on les tire, font virer le cerf-volant à gauche ou à droite.

Pour commencer, vous devez apprendre à faire voler votre cerf-volant. Familiarisez-vous avec sa façon de voler en fonction du régime des vents. Puis exercez-vous à lui faire faire des boucles et divers mouvements. Vous pourrez ensuite amorcer votre apprentissage énergétique.

Lorsque vous faites voler votre cerf-volant, détendez-vous et utilisez la respiration bouddhiste. Sentez le qi chevaucher le vent. Pour cela, observez attentivement la manière dont votre cerf-volant monte et descend contre le vent. Sentez vos muscles se contracter lorsque la corde du cerf-volant se tend à l'extrême. Lorsque vous sentez cette énergie, concentrez-vous sur votre inhalation afin de l'absorber par les bras. Au bout d'environ vingt minutes, vous devriez avoir développé une bonne réserve d'énergie dans les bras et les épaules. À ce moment, passez à la respiration inversée et concentrez-vous sur vos mains. Au bout de quelques minutes, elles devraient commencer à se réchauffer. Puis, lorsque vous expirez, imaginez que votre énergie passe de vos mains à la corde et monte jusqu'au cerf-volant. Inhalez et sentez les mouvements du cerf-volant qui danse dans les airs. Sans déplacer vos mains pour modifier la trajectoire du cerf-volant, concentrez-vous sur une seule de vos mains lors de votre prochaine expiration. Comme vous avez déjà accumulé du qi, une partie de votre surplus d'énergie devrait se rassembler dans cette main. Puis, tout en expirant, imaginez que cette énergie est transmise à un seul côté du cerf-volant, le faisant tourner, grimper ou piquer du nez.

Vous pouvez aussi vous exercer à prévoir comment le vent soufflera. Parfois il souffle en bourrasques et à d'autres moments, il tombe presque. Il peut aussi changer de direction en quelques secondes. Tout en dirigeant votre cerf-volant, essayez d'anticiper ces changements et d'exécuter les manœuvres nécessaires pour le maintenir dans les airs. Pour cet exercice, vous devez pratiquer les trois régulations et vous fier à votre intuition. Au début, vous percevrez peut-être le changement du vent au moment précis où il se produit, mais à la longue vous le détecterez quelques secondes plus tôt.

Lorsque vous aurez appris le Nei Dan, vous pourrez essayer d'absorber le qi de l'air. Utilisez votre cerf-volant pour percevoir les déplacements du vent. Pratiquez la respiration bouddhiste et concentrez-vous sur les mouvements du cerf-volant. Notez ses moindres rebonds ou piqués. Inhalez et imaginez que cette énergie pénètre dans vos mains. Lorsque vous les sentirez se réchauffer, faites monter l'énergie dans vos bras et redescendre jusqu'à Tan Tien. De là, faites-la circuler dans tout votre corps et goûtez la touche magique du qi du vent.

Chaque fois que le vent se lève, répondez à son appel et sortez votre cerf-volant pour jouer avec le Courant. Cela constitue une manière agréable de s'exercer au Qi Gong tout en vous donnant une excellente raison de jouer dehors.

ENTRAÎNEZ-VOUS AVEC LES ARMES PROPRES AUX ARTS MARTIAUX

L'idée de s'entraîner avec des armes peut paraître quelque peu alarmante aux yeux des débutants, mais ne vous inquiétez pas. Vous pouvez choisir l'arme que vous voulez et il n'est pas nécessaire qu'elle ait l'air dangereuse. Par exemple, un bâton n'est pas aussi effrayant qu'une épée et une corde semble plus anodine qu'un bâton.

D'ailleurs, comme vous utiliserez cette arme comme outil d'entraînement et non pour vous battre vraiment, vous exécuterez des mouvements extrêmement lents. Laissez-moi vous donner un exemple. Bien qu'une épée longue de Taiji Quan soit une arme mortelle, la plupart des adeptes qui s'entraînent avec elle dessinent des mouvements lents et gracieux qui ressemblent à une danse. En fait, il est très relaxant d'observer un expert, parce que ses mouvements sont magnifiques et extrêmement doux.

L'entraînement avec des armes vous apprendra à transmettre votre qi à des objets inanimés. Comme je pratique aussi la boxe du singe ivre du Gong Fu, j'aime beaucoup utiliser les armes propres à cet art martial, mais vous pouvez choisir n'importe quelle arme pour améliorer votre maîtrise du qi. Pour ma part, j'utilise une «corde de singe» de quatre mètres de long, une tige de bambou de deux mètres, un éventail de bois, un anneau de saule d'un mètre de diamètre et quelques objets exotiques comme des noix de coco, des feuilles de palmier et de la poussière.

On s'entraîne avec une arme dans le but d'apprendre à utiliser celle-ci comme une extension de son corps. Cette technique exige de la douceur, de la précision et de la vigilance.

En tout premier lieu, il vous faut une arme. Exercez votre intuition en en choisissant une qui exerce un attrait naturel sur vous: épée, couteau, bâton, perche, corde ou tout autre type d'arme. Les arts martiaux chinois comportent des centaines d'armes différentes. Comme vous n'en avez sans doute jamais utilisée, je vous conseille de commencer avec une tige de bambou d'environ soixante centimètres de longueur. En fait, si l'idée d'utiliser une arme vous inquiète, vous pourriez choisir une flûte en bois qui pourra remplir la fonction d'un bâton.

Une fois votre choix arrêté, vous devez vous familiariser avec votre arme. S'exercer avec une arme est un excellent moyen de développer sa concentration, parce qu'il suffit d'un moment d'inattention pour se blesser, même si l'on bouge lentement. Traitez toujours votre arme avec le respect qu'elle mérite et vous n'aurez pas de problème.

Tenez votre arme dans la main et apprenez à la connaître. Si vous craignez de vous blesser, mettez-la de côté pour le moment et choisissez-en une qui vous effraie moins. Il n'est pas question d'exécuter des mouvements rapides. Votre principal objectif est d'apprendre à exécuter des mouvements méditatifs dans le cadre de l'exercice du Qi Gong. Après tout, les duels à l'épée sont plutôt rares de nos jours, n'est-ce pas?

Pratiquez les trois régulations puis prenez votre arme et utilisez la respiration bouddhiste. Avec une lenteur extrême, déplacez votre arme autour de vous. Imaginez que vous faites face à quelqu'un qui s'apprête à vous attaquer, mais que l'attaque se produit au ralenti, comme dans un rêve. Concentrez-vous sur ce que vous faites. Exécutez des mouvements lents et gracieux. Lancez votre arme dans toutes les directions tout en changeant constamment de position. Esquivez, faites des feintes, détournez l'arme de votre adversaire. Faites appel à votre imagination. Après environ vingt minutes, vous devriez avoir accumulé une bonne réserve d'énergie et vous trouver en nage.

Plus vos mouvements seront lents, plus vous tirerez profit de cet exercice, car vous sentirez votre énergie circuler dans tout votre corps. Laissez votre corps bouger comme il veut en vous concentrant sur la sensation produite par le déplacement de chacun de vos muscles. Considérez votre arme comme un prolongement de vous-même. C'est pour cette raison que la corde de singe est mon arme favorite: elle peut bouger dans toutes les directions avec beaucoup de souplesse et de précision. Lorsque le qi circule à travers elle, on dirait qu'elle est vivante. Voici comment fabriquer et utiliser une corde de singe.

Procurez-vous une corde d'environ quatre mètres de longueur et de six millimètres de diamètre. Si possible, prenez une corde de coton tressé, plus flexible et plus résistante. Faites un gros nœud à une extrémité de la corde pour l'alourdir. Enroulez la corde en boucles d'environ trente centimètres de diamètre que vous tiendrez dans une main. Tenez l'extrémité nouée de l'autre main et exercez-vous à la faire tournoyer. Tendez la corde entre vos mains et voyez comment vous pourriez vous en servir pour bloquer l'arme de votre adversaire. Vous pouvez aussi apprendre à lancer la corde de manière à enlacer une cible telle qu'un arbre, par exemple. Il s'agit de faire tournoyer l'extrémité nouée pour accumuler de la vitesse, puis de la lancer vers l'arbre tout en retenant l'autre extrémité de la corde avec l'autre main. Une fois votre cible encerclée, tirez fortement et la corde devrait rester accrochée à l'arbre. Si vous aviez à vous défendre, vous lanceriez la corde autour des jambes de votre adversaire et tireriez fortement vers vous; votre adversaire non seulement se trouverait immobilisé, mais il trébucherait tout probablement.

Tout en vous exerçant avec l'arme de votre choix, prêtez une attention spéciale à la sensation qu'elle produit dans vos mains. Vous voulez pouvoir la reconnaître dans ses moindres détails même les yeux bandés. En fait, s'exercer avec un bandeau est une excellente façon de progresser. Gonflez un ballon et fixez-le à votre arme. Puis bandez-vous les yeux et essayez de sentir le poids supplémentaire créé par le ballon. Tout en déplaçant votre arme, remarquez que le ballon modifie légèrement l'équilibre de celle-ci. Ce type d'exercice, en accroissant la sensibilité de vos muscles, vous permettra de mieux sentir le qi.

Je vous conseille de vous exercer à l'extérieur aussi souvent que possible. Il m'arrive de le faire près d'une rivière, ou dans une forêt ou un champ, mais la plupart du temps je m'installe près d'un étang. Il n'est pas absolument nécessaire de choisir ce type d'environnement cependant. Vous pouvez vous exercer dans un parc, sur une plage ou même dans votre jardin. L'important, c'est que vous choisissiez un endroit aussi naturel que possible. De cette façon, non seulement vous aurez suffisamment de place pour bouger, mais vous pourrez aussi absorber le qi de votre environnement. Vous pouvez également développer votre sensibilité en vous exerçant avec des feuilles mortes. Lorsqu'elles tombent, interceptez-les avec votre arme et essayez de sentir le moment précis où elles la touchent. Avec un peu d'entraînement, vous pourrez garder votre arme légèrement pressée contre la feuille qui tombe tandis qu'elle poursuit sa course vers le sol.

PÊCHEZ À LA MOUCHE

Mon père m'a montré à pêcher à la mouche quand j'avais trois ans. Nous habitions au bord d'un petit lac et j'ai passé bien des jours heureux à taquiner le crapet, l'achigan et même, une fois, un énorme maskinongé. Année après année, j'ai perfectionné mon lancer jusqu'à ce qu'un beau jour j'aie l'impression que ma ligne était vivante. Je pouvais non seulement contrôler sa direction mais aussi sentir son énergie. Si vous voulez vraiment apprendre à pêcher à la mouche, je vous conseille d'acheter un livre ou de regarder une vidéocassette, mais voici quand même quelques principes de base.

Puisque vous cherchez surtout à améliorer vos habiletés en Qi Gong, je vous recommande d'acheter l'équipement le plus léger qui soit: canne, moulinet et ligne. Pour ma part, j'utilise un modèle ultra-léger.

Tenez votre canne d'une main par la poignée, sortez environ trois mètres et demi de ligne et enroulez-la lâchement dans votre autre main. Puis à chaque seconde à peu près, comptez «Un-un mille, deux-deux mille, trois-trois mille et lance». Comme votre canne se trouve devant vous, comptez «un» et amenez-la lentement derrière vous tout en relâchant un peu de ligne de l'autre main. Au moment où vous dites «un mille», projetez votre canne vers l'avant en relâchant encore un petit bout de ligne. Au moment où vous dites «et lance», lancez votre ligne à l'eau. Elle devrait alors mesurer de neuf à dix mètres. Votre ligne doit exécuter un grand huit au-dessus de votre tête chaque fois que vous la lancez vers l'avant ou vers l'arrière et ne doit toucher le sol ou l'eau qu'au moment du lancer final. (Si vous aimez le cinéma et voulez voir une excellente démonstration de pêche à la mouche, louez le vidéo *La rivière du sixième jour.* C'est un film incroyable qui contient certaines des meilleures démonstrations de pêche à la mouche jamais filmées.)

Pour l'instant, votre seul souci est de perfectionner votre technique. Ne vous souciez pas d'attraper du poisson. En fait, je pêche souvent avec une mouche sèche sans hameçon pour ne pas en attraper. Cela est utile également pour apprendre à lancer parce que votre ligne a moins de chance de s'accrocher aux arbres, aux arbustes ou aux herbes qui se trouvent derrière vous.

Lorsque vous arriverez à relâcher correctement la ligne et à exécuter un bon lancer, vous pourrez appliquer certains principes du Qi Gong. Pratiquez les trois régulations pour vous détendre. Utilisez la respiration bouddhiste pour commencer et concentrez-vous sur votre respiration. Votre principal objectif à ce point-ci est d'exécuter des mouvements fluides. Synchronisez votre respiration avec les mouvements de votre bras. Inhalez pendant que vous reculez le bras et expirez lorsque vous lancez votre canne vers l'avant.

Les mouvements de vos bras constituent un excellent exercice de Wai Dan qui stimulera les muscles de vos épaules assez rapidement. Au bout d'environ vingt minutes, vous devriez y avoir accumulé suffisamment de qi pour qu'il commence à circuler dans votre canne. Concentrez-vous sur le mouvement de la mouche sèche fixée au bout de la ligne et vous projetterez ainsi votre qi sur elle. Si vous êtes assez détendu et avez accumulé suffisamment de qi, peu de poissons résisteront à votre appât.

Vous pouvez aussi utiliser le qi pour repérer le poisson. Après tout, ce n'est pas en fouettant l'eau au hasard avec votre appât que vous attraperez beaucoup de poisson. Pendant que vous pêchez, détendez-vous et essayez de sentir où le poisson se déplace ou se repose. Vous devrez pour cela faire confiance à votre intuition. Utilisez la respiration bouddhiste et concentrez-vous sur Tan Tien. Avec un peu d'entraînement, vous arriverez facilement à localiser le poisson. Mon père était passé maître dans l'art de repérer le poisson et il m'y a initiée à l'âge de trois ans. Au fil des ans, nous avons beaucoup pêché ensemble et continué de raffiner notre technique. Lorsqu'on se sert du qi, on peut attraper du poisson dans n'importe quel lac, rivière ou océan même quand tous les autres sont bredouilles. Par exemple, un été nous avons tenu un registre de notre pêche au maskinongé. Alors que la prise moyenne de maskinongé, selon le département des ressources naturelles, était d'environ un poisson pour chaque tranche de soixante heures de pêche, nous avons capturé un maskinongé toutes les deux heures. (Avis aux pêcheurs avertis: évidemment, nous ne pêchions pas à la mouche, encore que j'aie livré une sacrée bataille un jour avec un poisson qui s'était accroché à une mouche sèche fixée à la main. Je vous donne cet exemple parce qu'il montre ce que l'on peut faire avec le qi.) Au cas où vous vous poseriez la question, nous avons rejeté presque tous les poissons à l'eau.

La pêche à la mouche n'est pas seulement une façon extraordinaire de pratiquer le Qi Gong, elle constitue aussi une évasion formidable. Vous pouvez non seulement vous exercer à trouver le poisson en vous servant du Courant et à transmettre votre qi à votre ligne, mais encore acquérir une solide expérience de l'art doux et désuet du repos.

PORTEZ UN SAC DE QI

Un sac de qi est un petit sac d'environ cinq centimètres carrés, généralement fait de cuir ou de tout autre tissu naturel comme du coton ou de la laine. On s'en sert pour transporter divers objets ayant une signification particulière à nos yeux. Ces objets possèdent les sortes de qi que vous voulez utiliser souvent. Il est important de comprendre que chaque sac de qi est unique. Le mien renferme des objets susceptibles de m'aider à n'importe quel moment, tandis que vous pourriez placer dans le vôtre des bidules qui vous sont chers.

Les Amérindiens l'appellent «bourse sacrée» ou «sac de médecine». Ils y placent des trucs comme des os, des plumes, des perles de verre, des pièces de monnaie ou des plantes. Ils croient que ces objets confèrent au porteur des pouvoirs spéciaux tout en amplifiant son soi supérieur et en agissant comme une extension de celui-ci. Je vous conseille de recueillir des objets semblables qui vous attirent naturellement.

Vous pouvez confectionner votre sac à partir de n'importe quoi, mais aussi bien utiliser un matériau qui possède au moins un des types de qi que vous souhaitez utiliser comme source de pouvoir. Mon propre sac de qi est en cuir et il s'orne d'une longue frange. Le cuir provient d'un cerf, ce qui me donne accès au qi de cet animal. La frange mesure environ huit centimètres de long et elle contribue par ses mouvements à diriger l'énergie vers le sac tout en générant une énergie nouvelle. Le sac comme tel mesure environ cinq centimètres carrés. Il est assez petit pour être porté autour du cou ou se glisser dans une poche. Je porte toujours le mien suspendu à un cordon de cuir à la vue de tous. Ne manquez pas, en fabriquant votre sac, de prévoir un moyen de le fermer afin que vos objets énergétiques ne tombent pas. J'utilise pour ma part une longue lanière de cuir tressé que j'attache avec un nœud plat spécial.

Outre ceux qui se trouvent dans votre sac, vous pouvez aussi fixer quelques objets au sac lui-même. Le mien porte une tresse de poils de loup et un assortiment de perles de verre roses. Je vous dévoilerais bien le contenu de mon sac, mais je disperserais ainsi une partie de son énergie spéciale. Vous devrez donc faire preuve d'imagination pour le vôtre.

Pour apprendre à absorber le qi de votre sac, vous devez maîtriser le Qi Gong Nei Dan et, en particulier, la grande circulation. Mais même si vous n'avez pas encore atteint ce niveau et n'avez pas suffisamment développé votre acuité sensorielle pour sentir son énergie, le qi de votre sac vous sera utile. Ouvrez et fermez rapidement la main jusqu'à ce qu'elle se réchauffe, puis prenez votre sac de qi dans votre main. Lorsque le qi commencera à circuler dans votre corps, il attirera une partie du qi de votre sac.

Lorsque vous aurez confectionné votre sac et y aurez placé les bidules de votre choix, portez-le sur vous où que vous alliez afin d'avoir constamment accès à son qi. Par surcroît, le sac de qi comporte un avantage secondaire: il constitue un excellent moyen d'entamer la conversation.

NE REGARDEZ PAS TROP SOUVENT LA TÉLÉVISION

Regarder la télévision est très agréable et c'est une manière extraordinaire de se détendre lorsqu'on le fait correctement. Certaines émissions sont en outre très instructives, même les comédies de situation. Cependant, si vous voulez vraiment apprendre le Qi Gong, je vous conseille de limiter vos séances de télévision à un nombre raisonnable d'heures. Si vous regardez la télévision activement dans le but de vous renseigner sur d'autres cultures, d'acquérir certaines techniques ou même de développer vos aptitudes sociales, surtout, continuez.

Évitez cependant de vous asseoir passivement devant votre écran. Vous pourriez avancer que c'est un délassement, mais en est-ce vraiment un? Si vous restez assis là à regarder sans penser et ne vous rappelez même plus le contenu de l'émission une fois celle-ci terminée, qu'avez-vous gagné? Pas grand-chose. Un tas de gens regardent la télévision dans le simple but de se tenir occupés. Ils s'ennuient et n'ont rien d'autre à faire. Quel manque de créativité! Et c'est triste, aussi. Il n'y a vraiment pas de raison de s'ennuyer. Vous pouvez toujours vous divertir en réfléchissant à quelque chose. Il n'y a pas de limites alors pourquoi vous restreindre?

Si vous tenez à regarder la télévision, pourquoi ne pas travailler votre Qi Gong en même temps? Commencez par vous relaxer en pratiquant les trois régulations, puis la respiration bouddhiste. Choisissez ensuite une émission qui vous intéresse et regardez-la, non pas passivement mais en participant au scénario. Imaginez que vous vous trouvez dans l'émission en tant qu'observateur extérieur. Essayez de deviner ce qui va se passer, quel acteur aura la réplique et ce qu'il dira. Demandez-vous comment vous résoudriez les dilemmes soulevés. En agissant ainsi, vous cultivez votre intuition et votre imagination. Lorsque vous arriverez à sentir le qi d'une émission, vous pourrez prévoir la réaction des comédiens dans n'importe quelle situation. Par exemple, si l'un d'eux oublie sa réplique et que vous êtes vraiment au diapason de l'émission, cette erreur vous sautera au yeux.

À partir de maintenant, combinez l'apprentissage du Qi Gong à vos séances de télévision. Vous la regarderez peut-être moins à mesure que vous progresserez et deviendrez plus sensible à l'énergie. Tous les appareils électriques émettent une énergie qui peut perturber votre acuité sensorielle à la longue. Aussi, même si vous utilisez la télévision comme un outil d'apprentissage, limitez vos séances si vous le pouvez.

JOUEZ À DES JEUX VIDÉO

De prime abord, les jeux vidéo peuvent passer pour un moyen plutôt obscur de s'initier au Qi Gong, mais leur efficacité ne fait aucun doute. Bien sûr, cela ne doit pas devenir une obsession car, à l'instar des appareils électriques, ils peuvent avoir un effet négatif sur la circulation du qi. Fait paradoxal cependant, ils présentent de nombreux avantages. Je parle des jeux de haute technologie conçus pour l'ordinateur ou la télé, comme le Nintendo[MC]. Jouer à ces jeux peut améliorer vos habiletés en Qi Gong en vous offrant des occasions de pratiquer les trois régulations sous pression. En outre, ils peuvent vous habituer à réfléchir et à réagir rapidement en cas d'urgence.

Lorsque vous jouez à ces jeux frénétiques, vous observerez que votre tension intérieure croît à mesure que les contraintes du jeu s'intensifient. Pour bien jouer, toutefois, vous devez vous relaxer et conserver votre sang-froid, et la meilleure façon d'y parvenir consiste à utiliser la respiration bouddhiste. Lorsque vous sentez votre pouls s'accélérer sous l'effet des pressions exercées par le jeu, essayez d'augmenter la longueur de vos inhalations.

Comme la plupart des jeux vidéo, et surtout les plus complexes, vous obligent à réfléchir vite, ils stimulent les neurotransmetteurs de votre cerveau. Ils sollicitent vos meilleures facultés de réflexion et de réaction. Cette aptitude est utile en Qi Gong dans les situations où l'on doit émettre ou recevoir du qi rapidement. Par exemple, si vous avez besoin d'un surcroît d'énergie dans un moment de crise, cette forme d'entraînement vous aidera à penser avec la rapidité et la lucidité nécessaires. À un niveau avancé de Qi Gong, par exemple, si vous constatez qu'une personne va être heurtée par une voiture à son insu, vous pourriez lui envoyer du qi pour l'inciter à regarder dans la bonne direction et à s'ôter du chemin. (Pour y arriver, vous devez cependant connaître la grande circulation et la projection du qi.)

Les jeux vidéo peuvent aussi vous être utiles en raison de la diversité de leurs couleurs. Au niveau élémentaire, contentez-vous de remarquer les différentes couleurs pendant que vous jouez. Comme le rouge est stimulant, si vous avez besoin de jouer plus vite, vous pouvez concentrer votre attention sur tous les éléments rouges de l'écran. Lorsque vous saurez comment absorber le qi, vous pourrez augmenter la longueur de vos inhalations et essayer d'absorber une couleur. Pour conserver votre calme malgré la pression, absorbez du bleu et pour soulager une crampe au bras ou à la main causée par l'intensité du jeu, absorbez du vert.

Si vous souhaitez augmenter votre qi au moyen des jeux vidéo, mieux vaux éviter les jeux violents, parce que la négativité qu'ils dégagent éclipserait tout qi positif.

Réservez-vous du temps chaque jour pour jouer à des jeux vidéo. C'est un agréable passe-temps qui pourrait améliorer vos habiletés en Qi Gong et, par le fait même, votre santé.

PRENEZ DES VACANCES
DANS DES LIEUX RICHES EN ÉNERGIE

Autrefois les gens vivaient en profonde harmonie avec leur environnement. De nos jours, dans notre précipitation à venir à bout des tâches qui nous absorbent, nous oublions trop souvent de prendre conscience de notre environnement. Quand nous pensons aux vacances, notre seul souci est de nous évader du quotidien en nous livrant à nos activités favorites comme le ski, la randonnée pédestre ou les bains de mer. Néanmoins, vous pouvez profiter de vos vacances pour augmenter votre réserve de qi en choisissant des lieux hautement énergétiques.

Pour vos prochaines vacances, explorez des lieux sacrés ou mystérieux tels que des églises, des ruines célèbres ou des montagnes (comme l'Himalaya), des forêts (comme Sherwood) ou des fleuves (comme le Gange). Au fil de l'histoire, certains lieux ont acquis un pouvoir particulier aux yeux de divers peuples: Stonehenge, en Angleterre, les ruines Anasazi de Mesa Verde, au Colorado, États-Unis. Parmi les autres lieux, mentionnons la Terre sainte au Moyen-Orient, les ruines Mayas du Mexique, les ruines Incas du Pérou et les Grandes Pyramides d'Égypte.

Il est essentiel, lorsque l'on pénètre dans un lieu sacré, d'en respecter l'importance. Si vous vous en sentez incapable, alors n'y allez pas. En outre, vous ne devriez pas déranger quoi que ce soit. Par exemple, à Hawaï, emporter un morceau de lave avec soi est considéré comme un acte de malchance. Bien des gens qui l'ont fait ont perdu des milliers de dollars ou essuyé d'autres calamités avant de renvoyer leur morceau de lave par la poste dans un geste de désespoir.

Chaque endroit possède son propre niveau énergétique et l'énergie est naturellement plus forte à certains endroits qu'à d'autres. Par exemple, le qi est abondant dans une montagne qui s'élève seule au milieu d'une vaste plaine. Des chutes comme celles du Niagara ou le point de rencontre entre deux grandes masses d'eau comme l'océan Atlantique et le golfe du

Mexique, à Key West, en Floride, sont d'autres exemples de lieux riches en énergie. En visitant de tels lieux, vous serez mieux à même de sentir ce qu'est l'énergie. Cela vous aidera plus tard lorsque vous vous trouverez dans des endroits plus subtils comme un pré ou un bosquet.

Vous n'avez pas besoin de vous rendre dans un endroit exotique pour prendre des vacances dans des lieux riches en énergie. Trouvez plutôt des endroits qui ont un sens à vos yeux et vers lesquels vous vous sentez naturellement attiré. En fait, mieux vaut commencer par là afin de voir si ce genre de vacances vous plaît. Il est beaucoup moins dispendieux et compliqué de visiter un endroit à proximité de chez soi que de s'envoler à l'autre bout du globe pour se rendre compte que l'on est incapable de sentir l'énergie du lieu ou qu'elle ne signifie rien pour soi.

Lorsque vous aurez trouvé un endroit dont vous voulez ressentir l'énergie, commencez par pratiquer les trois régulations pour calmer votre esprit, votre corps et votre respiration. La meilleure façon de sentir le Courant consiste à trouver un endroit confortable où s'asseoir à même le sol. Fermez les yeux et respirez aussi lentement que possible par le nez en utilisant la respiration bouddhiste. Certains exercices de Qi Gong exigent que l'on se concentre sur ce qui se passe dans son corps, mais ici vous essayez de sentir le qi de la terre et de l'air environnant. Tout en respirant, concentrez votre attention sur votre peau, surtout pendant l'inhalation.

Au début, vous aurez peut-être du mal à faire la distinction entre votre propre qi et le qi de l'environnement. Essayez l'exercice ci-dessus à divers endroits. Prêtez une attention particulière à toutes les sensations que vous éprouvez. Certains lieux produiront sur vous un effet apaisant similaire à celui que provoque un massage, tandis que d'autres vous feront frissonner de tension ou même de frayeur. De même que certains endroits possèdent un qi positif, d'autres dégagent un qi négatif et mieux vaut les éviter.

Au lieu de prendre vos vacances au même endroit d'une année à l'autre, pourquoi ne pas essayer une destination nouvelle la prochaine fois? Laissez-vous guider par votre imagination et votre intuition, et visitez des lieux riches en énergie. À mesure que vous deviendrez plus sensible au Courant, vous constaterez que chaque lieu produit un effet légèrement différent sur vous. En fait, on peut même classifier ces lieux de pouvoir en fonction du type de qi qu'ils émettent. Le monde regorge d'endroits mystérieux qui attendent ceux qui sont assez braves pour explorer leurs secrets.

VIVEZ OU PRENEZ DES VACANCES EN ALTITUDE

Plus vous vous trouvez à une altitude élevée, meilleure est la circulation de votre qi. Comme respirer devient plus ardu, vous devez apprendre à utiliser l'oxygène et, par conséquent, le qi, d'une manière plus efficace. Vivre ou prendre des vacances à la montagne vous oblige à respirer correctement.

Il n'y a pas très longtemps, je vivais au Colorado à une altitude d'environ 2800 mètres. Chaque fois que l'occasion se présentait, je pratiquais le Courant dans les montagnes environnantes, en particulier à Pike's Peak qui culmine à 4300 mètres au-dessus du niveau de la mer. J'étais étonnée de constater à quel point une différence d'altitude de 1500 mètres pouvait modifier la sensation du qi et ses réactions. Plus je m'élevais, plus je percevais le qi et plus il m'était facile de le détecter et de le diriger à une grande distance.

On a tôt fait de constater, quand on se trouve en altitude, que le moindre effort physique met son souffle à l'épreuve. Il vous faudra un peu de temps pour vous adapter si vous avez l'intention de vous exercer comme vous le faisiez dans les basses terres. Allez-y doucement au début et prenez garde à ce que vous faites. Par exemple, si vous avez coutume d'escalader des rochers culminant à trois cents mètres d'altitude et que vous tentez de répéter cet exploit dans les hautes montagnes, vous n'aurez pas autant de force et d'endurance. Servez-vous de votre jugement, car cela pourrait être dangereux.

À la montagne, vous pourrez sans doute entendre, voir, sentir et percevoir l'énergie mieux qu'ailleurs. Cela est dû non seulement à l'altitude élevée, mais aussi à l'absence de pollution et à la rareté des habitants et des problèmes dans ces lieux. L'absence de pollution vous permet d'observer votre environnement dans un état plus naturel. De même, le sous-peuplement réduit l'interférence sensorielle causée entre autres par la circulation, les feux de signalisation et le bruit. Enfin, les personnes qui vivent en montagne ou qui y prennent leurs vacances sont souvent plus détendues et plus disposées à mettre de côté leurs problèmes en raison du rythme de vie plus lent et des grands espaces. En outre, elles s'accommodent d'un confort matériel moindre pour le plaisir d'habiter ou de visiter un endroit peu accessible. Les montagnards, en général enclins au bonheur, possèdent une abondance de qi positif.

Si vous en avez la chance, prenez vos vacances à la montagne ou, mieux encore, allez y vivre. La qualité de votre qi s'en trouvera grandement améliorée.

AMÉLIOREZ L'ÉNERGIE DE VOTRE MAISON

Les Chinois appellent *feng shui* l'étude de l'énergie de l'environnement. Les spécialistes de cet art peuvent déterminer la qualité énergétique des lieux géographiques, ainsi que des structures anthropiques comme les maisons.

Votre maison est un lieu où vous passez une grande partie de votre temps et elle reflète ce que vous êtes. Ses murs sont imprégnés de votre énergie. Vous est-il déjà arrivé, par exemple, de pénétrer dans une pièce, au travail peut-être, et d'éprouver aussitôt une tension? Ou peut-être vous souvenez-vous de la bienfaisante sensation qui vous a envahi au moment où vous franchissiez le seuil de la résidence d'un ami.

Notre maison est vraiment un reflet de ce que nous sommes. Quand mon partenaire et moi avons acheté notre première maison, il était clair qu'elle reflétait ce que nous étions. C'était une maison rustique de style «chalet suisse» sise sur un terrain d'environ 1,2 hectare comportant un ruisseau, un bosquet, un étang, un marais et une grosse colline en pente douce coiffée de solides rochers. Chacune de ces caractéristiques ajoutait du qi à la propriété.

Juchée au sommet de la colline, la maison devenait de ce fait un pôle d'attraction énergétique. (L'étage supérieur d'un immeuble de rapport joue un rôle similaire.) Le devant de la maison s'ouvrait sur une série d'étangs alimentés par une source de montagne. L'eau courante produisait aussi une bonne quantité d'énergie. L'aménagement du terrain comportait des arbres et des arbustes, des fleurs, des clôtures de perches rustiques, des amas de roches et même un pont. Tous ces éléments contribuaient à recueillir le Courant. L'entrée formait un long U paresseux qui dirigeait l'énergie vers la maison plutôt que de la disperser sur la route. De plus, le toit pointu de la maison attirait l'énergie du ciel. Le revêtement en bois des murs extérieurs ajoutait le qi des arbres à l'ensemble.

Outre le qi engendré à l'extérieur de la maison et dans le jardin, certains objets situés à l'intérieur de la maison fournissaient aussi un apport d'énergie. Toutes les portes et les armoires étaient en bois, ainsi que les planchers et les murs. Tout ce bois exposé aidait l'énergie à circuler aisément d'une pièce à l'autre. Il y avait aussi un poêle à bois dans le salon, un endroit merveilleux pour un échange énergétique, car le bois produit de l'énergie en brûlant. (Les foyers jouent le même rôle et sont aussi des endroits privilégiés où rassembler la famille pour se détendre et partager de bons moments. Leur simple utilisation génère un qi positif.)

Les murs de notre maison s'ornaient d'une variété d'images, de décorations et de babioles hautes en couleurs. Chacun de ces objets diffusait sa propre énergie grâce à sa couleur, sa forme et les souvenirs qui s'y rattachaient. Nous avions accroché des miroirs sur le plus grand nombre de murs possible afin de réfléchir le qi dans toute la maison. Cela est particulièrement important dans les endroits où la lumière du soleil ou l'activité est réduite.

Dans les chambres à coucher, les lits étaient orientés d'est en ouest, leur tête se trouvant à l'ouest. Cette position intensifie le Courant tout en nous aidant à développer notre créativité en dormant.

Que vous habitiez une maison, un appartement ou un condo, vous pouvez amplifier l'énergie de votre résidence. Décorez-la. Ajoutez-y des couleurs, des sons, des odeurs et une variété de textures. Faites pousser autant de plantes que vous le pouvez. Elles apporteront de l'oxygène et du qi à chaque pièce. Achetez des meubles fabriqués dans un matériau naturel comme le bois plutôt que le plastique. Faites de votre maison un lieu magique et stimulant plutôt qu'un lieu de survie afin de jouir d'une vie longue, aventureuse et saine.

TRAVAILLEZ AVEC DES CHANDELLES

Les chandelles sont des outils merveilleux qui peuvent être utilisés de différentes façons pour améliorer votre maîtrise du qi. Par exemple, vous pouvez vous en servir pour mesurer votre flot de qi, améliorer votre concentration et vous sensibiliser au qi du feu.

Si vous êtes débutant, voici un exercice de Wai Dan facile qui vous permettra de vérifier votre maîtrise du qi. Placez une chandelle dans un chandelier solide et allumez-la. (Prenez soin d'éloigner tout objet inflammable au cas où la chandelle se renverserait. Il faut toujours respecter le feu.) Une fois la chandelle allumée, allongez le bras jusqu'à ce que votre paume se trouve à deux ou trois centimètres de la flamme. Ne vous brûlez pas. Retirez votre main, puis lancez-la de nouveau rapidement vers la bougie en prenant garde de ne pas heurter celle-ci accidentellement. Lorsque votre bras est complètement déplié, ramenez-le vers vous. S'il est effectué correctement, ce mouvement aura pour effet d'éteindre la flamme. Il ressemble au claquement d'un fouet, votre bras figurant le fouet et votre main, l'extrémité de celui-ci. Exercez-vous jusqu'à ce que vous arriviez à éteindre la flamme. Pour réussir cet exercice, vous devez garder votre bras aussi détendu que possible. Si vous employez une force musculaire excessive, la flamme ne s'éteindra pas. Cet exercice révélera votre degré de détente physique.

Lorsque vous pourrez éteindre la chandelle systématiquement, reculez de deux ou trois centimètres. À la longue, vous arriverez à le faire à une distance de trois mètres ou plus.

Lorsque vous aurez atteint ce stade, vous aurez sans doute appris la grande circulation, une condition préalable pour accomplir l'exercice suivant, qui consiste à éteindre une chandelle sans mouvement. Placez votre paume à deux ou trois centimètres de la flamme. Inhalez lentement en utilisant la respiration inversée. Absorbez le qi et conduisez-le jusqu'à Tan Tien. Puis faites-le circuler rapidement dans tout votre corps et dans la paume de votre main par la seule force de votre pensée. Pour cela, concentrez-vous sur votre paume. Imaginez que le qi jaillit de votre main et est projeté vers la flamme. Il vous faudra sans doute un certain temps, mais vous devriez à la longue pouvoir faire vaciller la flamme et même l'éteindre. Lorsque vous y arriverez à une distance de deux ou trois centimètres, reculez-vous et essayez de nouveau. Cet exercice est une excellente façon d'évaluer vos habiletés en Qi Gong. Répétez-le souvent et notez vos progrès.

Vous pouvez aussi vous servir de chandelles pour augmenter votre champ d'attention. Allumez une chandelle et observez la flamme. Ne la fixez pas trop intensément; vous devez cligner des yeux naturellement, mais essayez de river votre attention sur la flamme dansante. Combien de temps pouvez-vous la fixer avant que votre esprit se mette à vagabonder? Chaque fois que vous faites cet exercice, tâchez d'augmenter la durée de votre attention consciente. Utilisez la respiration bouddhiste et pratiquez les trois régulations. Cet exercice vous apprendra à détendre vos yeux, contribuant ainsi à éliminer les maux de tête et le stress.

Vous pouvez aussi travailler avec des chandelles pour améliorer votre vision et réduire la force de vos lunettes ou de vos lentilles. Divers exercices permettent d'atteindre ce résultat. Le premier, qui vise à fortifier les muscles oculaires, consiste à suivre des yeux les vacillements de la flamme pendant environ cinq minutes par jour. Vous pouvez aussi améliorer votre vision de proche et de loin en regardant tour à tour la flamme et un objet situé aussi loin que possible. Faites-le trente-six fois. Pour ma part, je fais ces exercices régulièrement et n'ai plus besoin de porter de lentilles de contact.

En contemplant la flamme d'une chandelle, vous pouvez en outre améliorer considérablement votre sens de l'observation. Avez-vous remarqué que nous avons souvent du mal à différencier des objets similaires? Par exemple, une rose est une rose n'est-ce pas? Dans ce cas-ci, une flamme est une flamme. Essayez de mieux observer la flamme de votre chandelle à vous. Personnalisez-la. Quelle est sa hauteur? Quelles sont ses couleurs? À quelle distance projette-t-elle sa lumière? Quelle est sa température? Ses mouvements suivent-ils un schéma distinctif? Il n'y a pas deux flammes qui se ressemblent. En apprenant à discerner les différences, vous habituez votre esprit à noter les distinctions les plus subtiles. C'est là un attribut précieux quand on veut apprendre à catégoriser le qi de différents objets.

L'exercice le plus important que l'on puisse faire avec des chandelles consiste à absorber le qi de la flamme elle-même. Tenez votre main à deux ou trois centimètres à côté de la flamme. Sentez-vous sa chaleur? (Évitez de placer votre main directement au-dessus de la flamme pour ne pas vous brûler.) Utilisez la respiration bouddhiste. Inhalez lentement et régulièrement par le nez tout en imaginant que l'air pénètre dans la paume de votre main. La flamme vous paraît-elle plus chaude? Exercez-vous jusqu'à ce que vous sentiez un changement de température.

Lorsque vous aurez réussi, refaites l'exercice en éloignant votre main. Voyez à quelle distance vous pouvez reculer tout en continuant à sentir la flamme. Ensuite, essayez de sentir la chaleur de la flamme sur votre visage, en particulier au point énergétique situé sur votre front, directement au-dessus du nez. Tout en vous exerçant, voyez si la flamme vous procure une sensation autre que celle de chaleur. Vous pouvez aussi demander à quelqu'un d'allumer un certain nombre de chandelles dans une pièce. Bandez-vous les yeux et essayez de deviner le nombre de chandelles et leur position.

Les chandelles vous offrent diverses possibilités de vous exercer au Qi Gong. À défaut d'autre chose, elles dégagent un sentiment de paix et de contentement en brûlant le soir dans une pièce sombre.

TRAVAILLEZ AVEC DU PAPIER

Vous pouvez utiliser une feuille de bloc-notes ordinaire pour mesurer d'une manière unique vos habiletés en Qi Gong. Suspendez la feuille à l'aide d'un fil mince dans un endroit sans courant d'air afin qu'elle puisse bouger librement.

Étendez les deux bras jusqu'à ce que les paumes de vos mains se trouvent à deux ou trois centimètres de votre cible de papier. Pratiquez les trois régulations pour détendre votre corps tout entier, et en particulier vos épaules, vos bras et vos mains. Respirez lentement et doucement par le nez en utilisant la respiration inversée. Ne bougez pas et concentrez-vous sur vos paumes. Gardez cette posture jusqu'à ce qu'elles commencent à se réchauffer. À ce moment-là, reportez votre attention sur la feuille de papier. Cet exercice combine des techniques de Wai Dan et de Nei Dan. Imaginez que le qi jaillit de vos mains, pénètre dans la feuille de papier et la fait bouger. Exercez-vous environ dix minutes par jour jusqu'à ce que vous arriviez à ce résultat. Lorsque vous aurez réussi, augmentez graduellement la distance entre vos paumes et le papier. Variez les types de papier et la dimension des feuilles.

Vous pouvez aussi essayer de deviner l'essence de l'arbre qui a servi à fabriquer le papier. Comme chaque arbre possède sa propre signature énergétique, c'est le cas du papier aussi. Tenez doucement une feuille de papier dans la main et sentez ses vibrations. Fermez les yeux et utilisez la respiration bouddhiste. Imaginez que l'énergie du papier pénètre dans votre main à travers votre paume. Fiez-vous à votre instinct. Quelle sensation émane du papier? Que vous révèle-t-elle?

Vous pouvez aussi utiliser le papier pour apprendre à distinguer le qi des gens. Allez dans une librairie et trouvez une section qui vous intéresse. Puis, tout en parcourant les titres du regard, passez la paume de votre main sur les rangées de livres. Au début, placez votre main à deux ou trois centimètres des livres. Avec un peu d'entraînement, vous pourrez l'éloigner de plusieurs mètres. Utilisez la respiration bouddhiste et, tout en inhalant, essayez de percevoir des sensations inusitées ou intéressantes provenant de n'importe quel livre. À la longue, vous devinerez combien de personnes ont touché tel ou tel livre, leur type de qi et leur personnalité. Si vous envisagez d'acheter un livre, prenez soin d'en choisir un qui soit neutre ou possède un qi positif. Vous ne voudriez pas faire entrer la négativité d'une autre personne dans votre maison.

Les exercices avec le papier s'appliquent également aux jeux de cartes. Choisissez une carte au hasard et, sans la regarder, devinez sa valeur. Utilisez la respiration bouddhiste et tenez la carte dans la paume de votre main, la face tournée vers le bas. Que ressentez-vous? Comme chaque carte possède ses propres couleurs et schémas, tâchez de vous familiariser avec son énergie unique. Si vous êtes assez sensible, vous remarquerez que chaque carte émet une vibration légèrement différente des autres. Continuez de vous exercer jusqu'à ce que vous sentiez celle-ci.

Lorsque vous aurez appris à travailler avec le papier, vous pourrez transposer ces exercices sur une infinie variété d'objets tels que des feuilles, des brins d'herbe, des plumes ou même des chatons de poussière. Travailler avec le papier et d'autres objets légers est une façon magnifique d'accroître sa sensibilité et d'évaluer sa maîtrise du qi.

LES EXERCICES SENSORIELS

es exercices sensoriels visent à aiguiser tous les sens. Ce
chapitre présente au préalable les principes de Wai Dan
que devrait appliquer le débutant. Il vous propose ensuite
des moyens d'affiner encore davantage vos sens grâce aux exercices de Nei Dan. Le développement de l'acuité sensorielle est
l'un des éléments cruciaux de l'apprentissage du Qi Gong. Ces
exercices sont importants parce que les habiletés qu'ils permettent de développer sont étroitement reliées à tous les autres
aspects de l'apprentissage du Qi Gong.

LE TOUCHER

L'une des principaux objectifs du Qi Gong est d'accroître
notre sensibilité corporelle grâce notamment aux exercices tac-
tiles.

Bandez-vous les yeux ou fermez-les et palpez toutes sortes
d'objets comme des pommes, des roches ou des chats, afin
d'apprendre à les différencier au toucher. En quoi une orange
diffère-t-elle d'un pamplemousse au toucher? Ne vous arrêtez
pas uniquement à sa taille et à son poids, mais tâtez aussi sa
texture, sa forme et sa densité. L'un est-il plus lisse que l'autre?
Ont-ils la même température?

Touchez le plus d'objets possible et concentrez-vous sur
les sensations qu'ils vous procurent. Portez un bandeau et touchez des parties seulement de l'objet et voyez si vous pouvez
l'identifier correctement. En affinant votre sensibilité tactile,
vous améliorerez votre capacité de sentir les changements qui
surviennent dans votre environnement. Quel effet produit le
vent? Quelle sensation produit l'ombre?

Essayez d'absorber le qi des objets que vous touchez. Si
vous débutez en Qi Gong, vous devrez recourir aux techniques
de Wai Dan. Tenez l'objet dans vos mains et étendez les bras

devant vous à la hauteur des épaules. Utilisez la respiration bouddhiste et concentrez-vous sur vos inhalations. Sentez-vous l'énergie qui émane de l'objet? Continuez de vous exercer jusqu'à ce que vous la sentiez. Vous percevrez sans doute une légère vibration. Les roches sont des objets qui se prêtent très bien à cet exercice, parce qu'elles sont très riches en qi vibratoire. Voyez si différents objets produisent des sensations énergétiques distinctes.

Lorsque vous aurez senti l'énergie de divers objets en les touchant, essayez de percevoir leur qi à distance. Détendez-vous au moyen des trois régulations et utilisez la respiration inversée. Concentrez-vous à la fois sur l'objet et sur les paumes de vos mains. Placez les mains à deux ou trois centimètres de l'objet et dirigez vos paumes vers celui-ci. Imaginez que vous sentez le Courant au moment où l'énergie de l'objet entre directement en contact avec votre peau. Lorsque vous sentirez clairement le qi, refaites l'exercice en augmentant la distance entre l'objet et vous. Avec des années d'entraînement, vous pourrez identifier sans erreur le qi d'un objet situé à n'importe quelle distance.

Par exemple, quelle impression produit l'énergie d'un cerf mulet qui se tient à deux cents mètres de vous? Faites-en l'expérience, vous verrez bien. À titre d'information, le qi d'un cerf mulet se manifeste souvent comme une spirale d'énergie dans l'oreille qui se trouve la plus proche de l'animal. Si je marche en forêt et perçois soudain dans mon oreille droite une légère spirale d'énergie tournant dans le sens horaire, je sais qu'un cerf mulet se trouve quelque part sur ma droite. Selon l'intensité de la sensation, je peux déterminer le nombre d'animaux, la distance à laquelle ils se trouvent et même leur sexe.

Chaque créature, chaque objet possède son propre schéma énergétique que vous pourrez identifier lorsque vous aurez appris à reconnaître les similarités et les différences. Il ne vous restera plus alors qu'à classifier les diverses sensations. Plus vous vous exercerez à sentir le qi des objets à travers le toucher, plus vous deviendrez sensible aux schémas énergétiques. À la longue, vous pourrez identifier des objets que vous ne voyez pas ou deviner les états d'âme ou les pensées d'autrui. Le développement du toucher est le fondement de toutes les techniques avancées de Qi Gong. Consacrez-y le plus de temps possible chaque jour.

L'ODORAT

Saviez-vous qu'il suffit de sentir une odeur une fois pour pouvoir l'identifier correctement pour le restant de sa vie? Vos autres sens sont loin d'être aussi fiables à cet égard, mais nous prêtons rarement attention au sens puissant qu'est l'odorat. Après tout, il est beaucoup plus facile et plus pratique de regarder, d'écouter, de toucher ou même de goûter.

Chaque chose émet des vibrations. Les odeurs possèdent aussi des schémas vibratoires, même si c'est là un aspect dont nous tenons rarement compte. Avec des exercices appropriés, cependant, on peut apprendre à modifier sa perception sensorielle de manière à voir ou à entendre les odeurs au lieu de seulement les sentir.

Pour développer votre sensibilité olfactive, vous devez d'abord pratiquer les trois régulations et la respiration bouddhiste. Ensuite, prêtez attention à l'odeur des choses. Par exemple, à quoi ressemble celle d'une orange? En quoi l'arôme d'une orange israélienne diffère-t-elle de celle d'une orange marocaine? Qu'en est-il des autres sortes d'orange?

Différenciez les odeurs. Cernez leurs différences subtiles. Pour cela, humez deux choses en même temps, une par narine. Voyez à quelle distance vous percevez une odeur. Commencez par un objet à la senteur plutôt forte. Demandez à un ami de rassembler divers objets possédant une odeur unique et facile à identifier. Bandez-vous les yeux et demandez à votre ami de placer l'un des objets sur une table de l'autre côté de la pièce. Marchez lentement vers la table et arrêtez-vous dès que vous pourrez identifier l'odeur de l'objet. Avec de la patience, vous devriez pouvoir nommer correctement une foule de senteurs différentes à des distances de plus en plus grandes.

À force de pratiquer le Qi Gong, vous constaterez que votre odorat s'affine en raison, surtout, du temps que vous passez à vous concentrer sur votre respiration. Pour sensibiliser votre odorat encore davantage, essayez d'absorber par le nez le qi des objets que vous sentez. Pratiquez d'abord les trois régulations puis, tout en utilisant la respiration bouddhiste, imaginez que l'objet que vous sentez vous envoie directement son énergie. Concentrez-vous sur votre nez tout en inhalant le plus lentement possible.

Cultivez votre odorat. Aiguisez-le au point où vous pourrez différencier l'odeur de deux objets donnés quels qu'ils soient. Tout en vous exerçant, soyez attentif à toute sensation énergétique que vous pourriez percevoir. Ainsi, vous apprendrez éventuellement à fusionner vos sens. Par exemple, quelle est l'odeur de la couleur rouge? Pour pouvoir établir cette distinction, il vous faudra développer pleinement vos sens et vous y arriverez en accomplissant des exercices olfactifs pendant au moins quelques minutes par jour.

L'OUÏE

Parmi nos sens, l'ouïe vient au second rang pour ce qui est de la complexité et elle est essentielle au développement du qi. Grâce à elle, nous pouvons interpréter les vibrations de l'air appelées ondes sonores. Le son exerce une influence extraordinaire sur nous. Avez-vous remarqué qu'il suffit parfois d'entendre une chanson que l'on aime à la radio pour sortir de son cafard et retrouver en quelques instants sa bonne humeur, sa vitalité et sa lucidité? Ou encore, il s'agit d'une chanson triste qui vous déchire le cœur et draine toute votre énergie.

Pour une grande part, les exercices de Qi Gong exigent que l'on fixe son attention sur une chose à la fois. Dans le cas de l'ouïe, c'est un peu différent parce qu'il est parfois ardu de prêter l'oreille à un seul bruit. Au début, les exercices auditifs sont ardus parce que la diversité des sons simultanés vous empêche de vous concentrer sur une tâche donnée. Mais comme l'ouïe est une habileté en soi, vous devez tâcher de canaliser votre attention sur elle au début. Avec le temps, vous pourrez y ajouter d'autres aptitudes sensorielles. En fin de compte, vous pourrez vous concentrer simultanément sur votre respiration, vos sensations, votre vision et votre ouïe.

Vous pouvez aiguiser votre ouïe au point d'entendre l'écho rebondir sur un trottoir de quinze centimètres quand vous marchez dans la rue ou d'identifier les arbres et les plantes par le bruit du vent qui souffle à travers leur feuillage. La clé, pour affiner votre oreille, consiste à prêter attention aux sons qui vous environnent.

Commencez par pratiquer les trois régulations, puis utilisez la respiration bouddhiste tout en tendant l'oreille. Vous écoutez tout le temps, direz-vous, mais la plupart d'entre nous le font passivement sans vraiment fixer leur attention sur les bruits environnants. Tout en lisant ces lignes, entendez-vous les bruits qui parviennent jusqu'à vous en ce moment? Faibles bruits de voix quelque part dans la maison ou bourdonnement de la télévision. Entendez-vous le vent rugir dehors? Votre réfrigérateur ronronne-t-il? Y a-t-il de l'activité autour de vous? Si une personne est avec vous, percevez-vous le bruissement de ses vêtements? Entendez-vous des pas? Votre propre respiration? Les battements de votre cœur?

L'écoute active a pour effet de nous harmoniser davantage avec le monde qui nous entoure. En multipliant nos sensations, elle enrichit notre vie.

L'entraînement auditif a ceci d'intéressant qu'il nous apprend à identifier les ondes sonores. Puisque toute chose dans l'univers est formée de particules d'énergie en mouvement, vous pouvez vous habituer à entendre les sons produits par les couleurs, les formes et les tailles. Toutefois, vous devrez au préalable affiner votre ouïe encore un peu plus.

Le meilleur moyen d'y parvenir consiste à vous bander les yeux. Vous constaterez sans doute que, quand vous ne voyez pas, votre ouïe devient soudain beaucoup plus fine. En fait, elle ne change pas vraiment, c'est juste que vous devenez plus attentif aux bruits. Écoutez une émission de télévision les yeux bandés et voyez si vous pouvez suivre le scénario. Vous aurez besoin de vous exercer, car vous devrez mémoriser plus de détails que lorsque vous regardez passivement. Quand vous y parviendrez sans effort, écoutez les gens autour de vous. Vous finirez par les identifier grâce au bruit de leur pas, de leur respiration, de leur voix et même au froufroutement de leurs vêtements.

Ensuite, exercez-vous avec des animaux. Quelle distinction sonore faites-vous entre les pas du chien et ceux du chat? Les deux animaux font-ils des bruits différents quand ils mangent ou boivent? Respirent-ils d'une manière distincte? Dès que vous aurez établi les différences entre les chiens et les chats ou toute autre paire d'animaux, écoutez deux animaux de la même espèce, comme deux chiens. Puis allez au jardin zoologique et écoutez tous les animaux. Essayez d'identifier tous les bruits, qu'il s'agisse de leurs cris ou du bruit du vent dans leur fourrure. Quand vous arriverez à identifier les animaux en fonction des sons qu'ils émettent, tournez-vous vers les plantes. Écoutez le bruissement des feuilles des arbres. Quelle distinction auditive faites-vous entre un genévrier et un érable?

Continuez de vous exercer à différencier les sons. Écoutez tout. Tâchez de trouver des sons similaires, mais émanant de sources très différentes: par exemple, le son de la gomme frottant sur le papier et le bruit d'une locomotive à vapeur.

En affinant votre ouïe, vous deviendrez de plus en plus conscient de vos sens. Plus les distinctions que vous établirez seront subtiles, plus vous en tirerez profit. Pour entendre encore mieux, vous pouvez absorber du qi par les oreilles. Pratiquez les trois régulations, puis la respiration bouddhiste et inhalez aussi lentement que possible. Imaginez que le qi pénètre dans vos oreilles. Puis, en expirant, imaginez qu'il sort de vos oreilles. Lorsque vous aurez une certaine facilité à diriger le qi, vous remarquerez sans doute que le fait d'absorber du qi et d'en émettre par les oreilles est un excellent moyen de vous refroidir par temps chaud ou de vous réchauffer par temps froid.

LE GOÛT

Le qi exerce un effet différent sur chaque personne. Il peut être perçu par n'importe lequel de nos sens. Certaines personnes le sentent, d'autres le goûtent. Peu importe votre façon de sentir le qi, affiner votre sens du goût est une excellente idée. En apprenant à distinguer les goûts, vous développerez indirectement tous vos sens puisqu'à un niveau fondamental, ils sont tous reliés. Pour progresser en Qi Gong, vous devez aiguiser vos sens le plus possible, y compris celui du goût.

La prochaine fois que vous aurez faim, au lieu d'avaler un en-cas à la hâte, prenez le temps de goûter vraiment. En quoi le goût d'une orange se distingue-t-il de celui d'une mandarine? Quelle similarité présente-t-il avec celui des nectarines? Combien de sortes de pommes pouvez-vous identifier par leur goût? (Si vous répondez plus de vingt, je vous félicite.) Essayez des aliments sucrés, surs, salés et amers. Comparez les textures ainsi que la durée des saveurs.

Lorsque vous aurez pris l'habitude de goûter divers aliments, essayez d'affiner votre goût à l'aide du qi. Si vous êtes débutant, la meilleure façon de procéder consiste à ouvrir la bouche très grand pendant quelques minutes, tout en pratiquant les trois régulations et la respiration bouddhiste. Cet exercice de Wai Dan rassemble du qi dans votre bouche. Au bout de cinq minutes, fermez la bouche et notez toute sensation de picotement ou de chaleur. Prenez un aliment et mangez-le aussi lentement que possible par petites bouchées que vous mâcherez très longtemps. Tout en mâchant, imaginez que le qi de l'aliment pénètre dans vos méridiens à travers votre bouche. Après avoir avalé, inhalez lentement et sentez la nourriture descendre dans votre œsophage et votre estomac.

Variez votre nourriture le plus possible afin de développer pleinement votre sens du goût. Achetez divers livres de cuisine ethnique, c'est une façon merveilleuse de trouver de nouvelles idées. Mettez vos papilles gustatives à l'épreuve. Chaque jour, mangez un mets tout à fait nouveau. Il n'est pas nécessaire que ce soit un aliment principal; il peut s'agir d'une sorte d'herbe ou d'épice. En développant votre goût, vous apprendrez à distinguer différentes sensations telles que l'arôme, la texture, la température et la consistance des aliments et à classifier les sortes de qi.

LA VUE

Jouissez-vous d'une bonne vue? D'une vision de 20 sur 20? Connaissez-vous la signification de ces chiffres? Ils se rapportent à la capacité d'une personne normale de voir un objet situé à six mètres (vingt pieds). Mais qu'est-ce qu'une personne normale? Difficile à dire en fait. Après tout, combien de sujets faisaient partie de l'étude, visant à déterminer la normalité? Qui sait? Est-ce vraiment important? Devriez-vous être satisfait d'une vision de 20 sur 20? Pas si vous pouvez l'améliorer.

Saviez-vous, par exemple, qu'il est possible d'avoir une vision aussi bonne que 20 sur 1? Cela signifie que ce que la plupart des gens percevraient à une distance de trente centimètres (un pied), vous pourriez le voir clairement à six mètres (vingt pieds). Faites l'expérience suivante. Tenez un livre à trente centimètres de vous et lisez. Maintenant, placez-le sur un support quelconque et reculez de six mètres. Pouvez-vous encore lire? Ne vous découragez pas si vous ne le pouvez pas, car vous pouvez améliorer votre vision de maintes façons.

Les exercices oculaires sont des plus utiles et il en existe un nombre infini de variantes. Vous pouvez faire des cercles avec vos yeux (n'oubliez pas de les faire dans les deux sens). Vous pouvez regarder vers le haut, le bas, la gauche et la droite, sans oublier les angles obliques. Essayez de concentrer votre regard sur deux objets différents à la fois ou de lire un livre qui tourne sur une platine tourne-disque. L'un des meilleurs exercices qui soit consiste à placer un doigt à environ quinze centimètres de vos yeux. Fixez-le pendant quelques secondes, puis regardez au-delà, vers la ligne d'horizon.

Vous pouvez aussi apprendre à faire circuler le qi dans vos yeux pour les stimuler. Vous pouvez le faire de deux façons: couvrez vos yeux avez la paume de vos mains; contractez et relâchez lentement les muscles de celles-ci trente-six fois. Cet exercice de Wai Dan contribue à développer le qi. Pendant l'exercice, pratiquez les trois régulations et la respiration inversée. Voici un exercice de Nei Dan: concentrez-vous sur vos paumes et imaginez que le qi s'y rassemble. Puis, en expirant, imaginez qu'il pénètre doucement dans vos yeux. Au cours de l'un ou l'autre exercice, vous sentirez sans doute vos paumes se réchauffer voire même transpirer. C'est un signe que le qi s'y est rassemblé et commence à pénétrer dans vos yeux. Chaque fois que vos yeux sont fatigués, faites l'un de ces exercices pendant environ cinq minutes. Conduire le qi à ses yeux est une excellente façon de se rafraîchir au bureau. Chaque fois que vous éprouvez une tension dans les yeux, donnez-leur du qi. La santé de vos yeux s'améliorera, ainsi que votre vue, et vous aurez l'esprit plus alerte.

Si vous maîtrisez la grande circulation et la respiration environnementale, vous pouvez regarder un objet comme un arbre et imaginer que son énergie coule vers vous et pénètre directement dans vos yeux. Imaginez que vos yeux absorbent cette énergie. C'est un peu comme si vous inhaliez à travers les yeux. Inhalez par les yeux, faites circuler l'énergie dans tout votre corps, puis imaginez qu'elle sort par vos yeux lorsque vous expirez.

Une vision améliorée vous permettra de distinguer les objets avec plus de clarté. Cela signifie que vous pourrez partager votre qi avec une variété d'objets encore plus étendue. Par exemple, supposons que vous faites une randonnée dans les Rocheuses. À l'heure actuelle, vous ne pouvez pas voir la chèvre sauvage qui se tient sur un promontoire à un peu plus d'un kilomètre de l'endroit où vous vous trouvez. Mais si votre vision s'améliorait, vous pourriez la voir et partager votre qi avec elle. En ne la voyant pas, vous ratez cette occasion particulière de fusionner votre énergie avec la sienne.

Voir l'imperceptible

Outre que vous verrez plus clairement, vous apprendrez aussi à détendre votre regard et à percevoir des choses que vous ne remarqueriez pas en temps normal. Par exemple, avec un peu d'entraînement, vous pouvez apprendre à voir les auras. Les auras sont des champs d'énergie qui entourent notre corps.

Pour les voir, il faut regarder d'une manière indirecte. Faites l'expérience suivante. Regardez une personne pendant quelques instants, puis concentrez-vous sur votre vision périphérique. Tout en gardant les yeux fixés sur votre cible, essayez de regarder le plus loin possible de chaque côté. C'est ce qu'on appelle le foyer flou. Avec un peu d'entraînement, vous distinguerez un champ légèrement supérieur à 180 degrés. Tout en fixant votre attention sur votre vision indirecte, demeurez conscient de la personne qui se trouve devant vous et utilisez le foyer flou pour regarder à quelques centimètres au-dessus de sa tête. Si vous le faites correctement, vous verrez une lumière diffuse et vaguement colorée s'apparentant à un halo. Plus vous vous détendrez à l'aide des trois régulations, plus vous verrez les auras clairement. Lorsque vous verrez celle des humains, essayez de percevoir l'aura des plantes et des animaux. Puis, classifiez les différentes auras que vous voyez. Remarquez de quelle couleur est l'aura des personnes agressives. Lorsque vous percevrez les auras, vous pourrez deviner l'état d'esprit des gens, leur type de personnalité et même leur réaction éventuelle dans une situation donnée.

Comme la vision est notre sens le plus développé, il est important d'actualiser son ultime potentiel. Continuez de vous exercer, détendez-vous, regardez autour de vous le plus possible en vous concentrant particulièrement sur votre vision à distance. De cette façon, vous améliorerez votre vue et augmenterez vos chances de développer votre qi.

LES COULEURS

Nous avons souvent tendance à croire que les couleurs ne peuvent être perçues qu'avec les yeux. Or, il n'en est rien. Les couleurs sont formées de lumière et la lumière est constituée de vibrations. Par conséquent, les couleurs sont des vibrations, comme les sons. Avec un entraînement approprié, il est possible de toucher et même d'entendre les couleurs.

On croit que les aveugles peuvent sentir les couleurs. En tant que conseillère en orientation et mobilité, j'ai rencontré très peu d'aveugles qui pouvaient le faire sans avoir reçu un entraînement spécifique à cet égard. Quand une personne devient aveugle ou perd l'usage d'un autre sens, elle développe souvent à l'extrême les sens qui lui restent par nécessité. En général, cette sensibilité sensorielle a ses limites, même s'il ne doit pas nécessairement en être ainsi. Grâce à des exercices précis, il est possible d'entendre ou de sentir les couleurs ou du moins de percevoir certains de leurs pouvoirs cachés.

À cette fin, rassemblez des morceaux de tissu, de papier ou d'un autre matériau similaire de diverses couleurs. Pratiquez les trois régulations et la respiration bouddhiste. Concentrez-vous sur une couleur. Regardez-la. Essayez de la sentir. Imaginez, lorsque vous inhalez, que vous inhalez cette couleur précise. Quelle est son odeur?

Le **rouge** est une couleur tonifiante et active qui produit un effet stimulant, chaud et vibrant. Elle dégage beaucoup d'énergie et peut aviver votre esprit et vous donner de l'entrain.

Le **rose** est une couleur douce qui détend le corps et l'esprit. Elle est légèrement chaude et émet une douce pulsation. Elle rend intuitif et méditatif.

L'**orange** est une couleur puissante qui nettoie le corps. Elle est modérément chaude et exerce un effet apaisant. Elle peut aussi vous donner l'impression que votre énergie déferle.

Le **jaune** est une couleur réfléchissante qui favorise la tranquillité. Elle est légèrement chaude, pleine et stimulante. Elle procure une sensation de légèreté et de picotement.

Le **vert** est une couleur douce et curative. C'est la couleur des plantes et de la vie. Sa température est neutre et elle rend calme mais vigilant.

Le **bleu** est une couleur à la fois puissante et apaisante. Elle procure une sensation de calme et de fraîcheur.

Le **violet** possède les propriétés de toutes les autres couleurs et ses vibrations sont rapides.

Touchez les différentes couleurs avec la paume de votre main. Une fois encore, imaginez que vous inhalez la couleur à travers votre paume et qu'elle pénètre directement dans votre peau. Le sentez-vous? Certaines couleurs produisent-elles une sensation distincte?

Bandez-vous les yeux, placez les morceaux de tissu dans une boîte ou un chapeau, puis prenez-en un au hasard. Écoutez la couleur, palpez-la, humez-la. Vous pouvez même y goûter. Devinez-vous de quelle couleur il s'agit? Plus vous aiguiserez vos sens à travers l'apprentissage du Qi Gong, plus cet exercice deviendra aisé. Répétez l'expérience avec une autre couleur.

Portez des vêtements de couleurs différentes. Essayez des couleurs que vous n'avez jamais portées auparavant. Voyez si une couleur vous stimule davantage. Ne vous préoccupez pas des canons de la mode à cet égard ni des couleurs qui soi-disant conviennent aux femmes ou aux hommes. Portez ce qui vous convient. Exposez-vous quotidiennement à un plus grande nombre de couleurs. Ajoutez de la couleur à votre maison ou votre voiture en achetant des couvertures, des babioles ou des images.

Chaque fois que vous voyez une couleur nouvelle, prenez le temps de bien la regarder. Fermez les yeux et voyez si elle s'est inscrite dans votre mémoire. Touchez-la si possible et notez toute nouvelle sensation.

Vous pouvez aussi écouter les couleurs et il s'agit là d'une aptitude très avancée. Détendez votre esprit, votre corps et votre respiration, puis utilisez la respiration bouddhiste tout en approchant l'oreille d'une couleur. Imaginez que le qi de cette couleur pénètre dans votre oreille. (Utilisez la technique de Wai Dan qui consiste à remuer les oreilles afin d'y rassembler du qi. Pour cela, prenez une de vos oreilles dans la main et agitez-la avec vos doigts. Avec le temps, vous arriverez à sentir quels muscles bougent et vous pourrez les contracter consciemment.) Pendant que le qi de la couleur pénètre dans votre oreille, soyez attentif aux sons subtils que vous pourriez détecter. Ces sons sont si faibles que vous devez tendre l'oreille entre deux battements de cœur pour les percevoir. Après les avoir identifiés, vous noterez que chacun vibre à une vitesse différente. La vibration du rouge est rapide et élevée, tandis que celle du bleu est lente et basse. Les autres couleurs se situent entre ces deux extrêmes. Explorez librement le monde des couleurs et ouvrez-vous à une expérience merveilleuse susceptible d'intensifier votre conscience de la vie.

LES VÊTEMENTS

Si les débutants n'ont pas à se soucier de leurs vêtements, c'est que leur principal objectif est surtout d'apprendre à identifier le qi. Avec de l'expérience, vous voudrez porter des vêtements qui ne gêneront pas vos mouvements ni la circulation de votre qi.

Pour vos séances de Qi Gong, vous devriez porter des vêtements lâches qui ne serrent pas à la taille. Votre qi doit pouvoir circuler librement sans rester bloqué aux endroits où existe une tension musculaire. Par exemple, si votre chemise est un peu trop ajustée, elle pourrait vous serrer aux épaules, aux bras ou à la poitrine, ce qui vous pousserait à tendre vos muscles dans ces régions et à inhiber ainsi le flot de qi.

Vos vêtements devraient aussi être faits de fibres naturelles comme le coton, le cuir ou la laine. Évitez les fibres artificielles. Les tissus naturels non seulement possèdent une excellente réserve de qi que vous pouvez absorber, mais encore ils respirent mieux. Cela vous donne une meilleure chance d'absorber le qi de l'environnement sans que vos vêtements y fassent obstacle.

Dans un grand nombre d'arts martiaux, les adeptes portent une ceinture ou une écharpe nouée à la taille. Le but de cette pratique est de maintenir les organes internes en place et de soutenir le bas du dos. En outre, comme la ceinture ou l'écharpe est en général nouée sous le nombril, cela vous rappelle où se trouve Tan Tien et où concentrer votre attention. Voilà un grand nombre de points en faveur du port d'une ceinture quelconque, mais si vous voulez vraiment apprendre le Qi Gong, n'en portez pas. Vos muscles abdominaux doivent pouvoir bouger librement. Bien sûr, une ceinture serrée peut favoriser le rassemblement du qi dans Tan Tien, mais apprendre à conduire le qi sans l'aide d'une ceinture ou d'une écharpe non seulement fortifiera votre esprit, mais encore cela constitue une forme plus naturelle de circulation du qi.

Vous devriez aussi réfléchir à la couleur de vos vêtements, car chaque couleur possède son propre type de qi. Après tout, la couleur est une vibration constituée de différentes longueurs d'ondes lumineuses. Chaque couleur possède un schéma et une fréquence vibratoires uniques. Trouvez la couleur qui vous convient le mieux.

En dernier lieu, vous pourriez aussi envisager de limiter vos vêtements de Qi Gong à quelques ensembles. Si vous vous exercez toujours dans les mêmes vêtements, votre qi s'y accumulera avec le temps. À la longue, ils renfermeront une magnifique réserve de qi et vous stimuleront.

Choisissez vos vêtements soigneusement sans vous arrêter uniquement à la griffe ou au style. Ne laissez personne vous dicter vos choix à cet égard. Peu importe ceux que vous choisissez, s'ils vous conviennent, sentez-vous libre de les porter.

LA VOIX HUMAINE

Peu importe ce que l'on dit, c'est la manière dont on le dit qui compte. Tout le monde peut proférer des absurdités, reste qu'il est difficile de cacher ses véritables sentiments, car ils percent à travers la voix. On peut s'exercer au Qi Gong d'une manière amusante en écoutant les gens parler et en étudiant les voix. Par exemple, lorsqu'une personne est heureuse, sa voix sera pleine et vibrante. Par contre, si elle est tendue, vous percevrez une tension dans ses cordes vocales.

En vous concentrant sur la manière dont les gens parlent, vous en viendrez à prévoir leur réaction dans telle ou telle situation ou à déceler s'ils disent la vérité. Vous remarquerez, par exemple, que, quand une personne ment, la hauteur de sa voix et le débit de ses paroles changent.

Outre que vous pouvez apprendre beaucoup sur les autres en écoutant leur voix, vous pouvez aussi mieux vous connaître en prêtant attention à votre propre voix. Vous pouvez accroître votre résistance à la maladie en surveillant votre voix. Voyez comme elle change quand vous êtes contrarié. Sentez la tension dans votre gorge. Celle-ci, comme vous l'imaginez, entrave la circulation du qi dans votre tête, gênant ainsi votre faculté de penser. En apprenant à maîtriser votre voix, vous pouvez accroître votre intelligence et votre vitalité, et améliorer votre santé. Si vous percevez une tension dans votre voix, détendez votre esprit, votre corps et votre souffle. Ceci aura pour effet de ralentir le fonctionnement de votre système et chassera le stress de votre voix.

En apprenant à réduire la tension de votre voix, vous apprendrez indirectement à modifier le ton de celle-ci. Il est probable que votre voix et votre accent ressemblent à ceux de vos parents, mais il n'est pas nécessaire que ce soit ainsi. Essayez différents accents et voyez lequel convient le mieux à votre personnalité. Modifiez le volume de votre voix, sa hauteur et le débit de vos paroles. Expérimentez. Ce n'est pas parce que vous parlez d'une certaine manière maintenant que vous devez continuer ainsi jusqu'à la fin de vos jours.

Prenons, par exemple, les chanteurs. Ils passent beaucoup de temps à cultiver leur voix. Fait intéressant, ils possèdent souvent un puissant magnétisme personnel. Pensez à la popularité de certains chanteurs. Les superstars ont l'air d'avoir tout ce qu'ils désirent. Voici leur secret. La voix est un outil magique. Si vous l'utilisez correctement, les autres sentiront votre énergie. Chanter tous les jours est une façon d'augmenter son qi. Peu importe comment est votre voix en ce moment: vous n'aspirez pas au statut de chanteur professionnel. Chantez pour vous-même. Étudier la voix est une merveilleuse façon d'apprendre à projeter le qi, parce que la voix est aussi une forme d'énergie.

LA COMMUNICATION NON VERBALE

Nous sommes souvent portés à croire que les autres nous transmettent leurs messages uniquement par la parole. Or, il existe un monde d'informations qui sont partagées sans qu'un seul mot soit prononcé. Les animaux, par exemple, communiquent entre eux au moyen d'un langage non verbal. Ainsi, lorsqu'un chien est content, il redresse ses oreilles vers l'arrière, agite la queue et adopte une posture détendue. S'il a peur, il aplatit ses oreilles, met sa queue entre ses pattes et, souvent, s'accroupit légèrement. S'il est en colère, ses poils se dressent sur son cou, il contracte ses muscles et montre les crocs.

Il est intéressant de noter que les humains adoptent des comportements similaires. Si une personne s'intéresse à vous, elle se penchera vers vous pour vous parler. Si elle est mal à l'aise, elle croisera les bras sur sa poitrine. Si elle ment, elle évitera votre regard ou vous fixera avec insistance. Et si elle est heureuse et pleine d'énergie, ses yeux brilleront.

En vous familiarisant avec la communication non verbale, vous déchiffrerez les véritables messages des humains, des animaux et même des plantes. Cela peut s'avérer extrêmement utile dans n'importe quelle situation sociale.

Pour y arriver, étudiez le plus possible la communication non verbale. Observez le comportement d'une personne et voyez s'il s'accorde avec l'émotion qu'elle semble éprouver à cet instant. Avec un peu d'expérience, vous pressentirez les problèmes potentiels avant qu'ils ne surgissent. Par exemple, supposons que vous bavardez avec quelqu'un et vous vous hasardez sur un sujet tabou. Tandis que vous exposez votre point de vue, vous remarquez que votre interlocuteur est mal à l'aise. Il ne tient pas en place, évite votre regard ou s'éloigne imperceptiblement de vous. Au lieu de poursuivre votre exposé au risque de déclencher une dispute, vous changez de sujet avec tact parce que, justement, vous êtes conscient du comportement de cette personne.

Au début, vous porterez sans doute votre attention sur les signaux externes manifestes comme la posture, le mouvement ou les sons inhabituels. Mais à la longue, vous pourrez sentir le qi de la personne et percevrez les fluctuations de son qi dans telle ou telle situation. Plus vous affinerez vos perceptions, plus vous pourrez détecter le flot subtil de qi.

Pour sentir le qi d'une personne, vous devez d'abord pratiquer les trois régulations, ce qui vous aidera à vous détendre au maximum. Ainsi, vous pourrez ouvrir votre esprit au plus grand nombre possible de stimulations sensorielles. Vous voudrez aussi utiliser la respiration bouddhiste. Observez le corps tout entier de la personne en attendant qu'il vous vienne une conviction ou une intuition. Dès qu'une intuition prend forme, voyez si elle s'applique à la situation. Par exemple, vous remarquez qu'au moment où vous parlez, vous éprouvez une sensation de bien-être juste avant qu'un sourire se dessine sur le visage de votre interlocuteur. Continuez de vous exercer et le laps de temps entre le moment où vous prévoirez une réaction et le moment où elle se produira s'allongera. Ensuite, avant même d'avoir prononcé une parole, vous tiendrez des dialogues entiers dans votre tête, du genre: «Si je dis ceci, il réagira comme cela. Puis je dirai ceci afin d'accentuer ou d'apaiser sa réaction émotionnelle.» Et ainsi de suite. Une fois que vous aurez compris cette technique, vous pourrez prévenir les conflits verbaux.

LE RIRE ET LE SOURIRE

Le rire est sans contredit l'une des meilleures médecines qui soient. Un sourire par jour vous fera vivre vieux et en santé. Les personnes irritables, contrariées, tristes ou qui affichent une attitude machiste ou rude se font véritablement du tort. Tous ces comportements sont source de tension.

Les émissions de télévision et les films mettent souvent en vedette un personnage principal, bon ou méchant, qui joue au dur et garde tous ses sentiments pour lui. Le plus intéressant, c'est que les spectateurs sont portés à les imiter, de sorte qu'un tas de gens se pavanent en essayant d'arborer une attitude qu'ils croient dure ou forte mais qui, en réalité, dénote de la faiblesse.

De même qu'il est plus facile de grimacer que de sourire, il est plus facile de jouer les durs que de sentir sa douceur. Dans les arts martiaux, la dureté a l'air de prendre le pas sur la douceur, mais en réalité, c'est le contraire qui se produit. En effet, quand on est détendu, on peut réfléchir mieux et plus vite, et par conséquent, réagir plus rapidement. Persévérez dans l'apprentissage du Courant et vous sortirez vainqueur de n'importe quel conflit.

Rire et sourire entraînent divers bienfaits. Ils peuvent accélérer votre guérison en cas de maladie, accroître votre vitalité et améliorer votre humeur. Quand vous riez, vous envoyez des vibrations revigorantes dans tout votre corps. De plus, le sourire libère des éléments biochimiques qui sont bénéfiques pour certains organes vitaux.

Qui plus est, il est difficile de se crisper quand on rit, de sorte que le rire est une merveilleuse façon de se détendre et de réduire son stress. En outre, cela fait bouger vos muscles abdominaux, ce qui stimule Tan Tien en y rassemblant plus de qi. Vous en ressentez un bien-être accru.

Votre vie est telle que vous la créez, alors pourquoi ne pas vous amuser? Cela vaut beaucoup mieux. Si vous voulez développer votre sens de l'humour afin de pouvoir sourire et rire davantage, prenez le temps de lire des bandes dessinées, de regarder des comédies, d'écouter des blagues et entourez-vous d'amis qui aiment s'amuser.

L'INITIATION À LA NATURE

L e présent chapitre sur l'initiation à la nature vous invite à aller dehors et à ressentir la vie dans toute sa plénitude. Les aptitudes que vous développerez vous aideront à explorer les aspects les plus subtils de l'identification et de la maîtrise du qi qui sont nécessaires pour interagir efficacement avec votre environnement et tout ce qu'il renferme.

CULTIVEZ DES PLANTES

Comme les plantes sont l'une des plus anciennes formes de vie sur Terre, elles constituent l'une des meilleures sources de qi. Familiarisez-vous le plus possible avec elles. Étudiez leurs cycles de croissance, leurs mouvements et leur longévité. Prenez le temps de découvrir les différents types d'énergie végétale. Si vous avez un jardin, plantez-y une variété d'arbres, d'arbustes et de fleurs. Pour qu'elles poussent bien, ayez soin de choisir des plantes adaptées à votre climat.

Lorsque vous aurez quelques plantes, apprenez à les soigner. Évidemment, elles ont besoin d'eau et de soleil, mais il faut beaucoup plus que cela pour avoir des plantes en santé.

L'un des moyens les plus faciles de cultiver vos plantes consiste à leur faire entendre divers types de musique régulièrement. Vous possédez sans doute vos propres préférences en matière de musique, mais lorsque vous soignez vos plantes, essayez de vous en tenir aux compositeurs classiques tels que Mozart. Les groupes heavy metal et hard-rock peuvent tuer vos plantes. (Nos vertes amies pourraient peut-être nous enseigner une leçon ou deux si nous étions disposés à les écouter.)

Apprenez ensuite à donner du qi à vos plantes. Pratiquez les trois régulations et la respiration bouddhiste. N'utilisez pas la respiration inversée, car vous accumuleriez trop d'énergie pour la plupart des plantes. Levez les bras devant vous et dirigez vos paumes vers la plante. Lorsque cet exercice de Wai Dan les aura réchauffées, promenez-les doucement autour de la plante, ainsi que sur ses feuilles et sa tige. En expirant, imaginez que votre qi circule le long de vos bras et sort de vos paumes pour pénétrer dans la plante. Évitez de submerger la plante d'énergie, car vous pourriez la tuer; mieux vaut limiter ce travail énergétique à une minute par jour. Si vous le pouvez, faites-le au lever du soleil, afin que vos plantes puissent utiliser votre énergie tout en se préparant à la journée qui commence.

En observant attentivement vos plantes, vous en apprendrez beaucoup sur leurs besoins. Si elles sèchent et que leurs feuilles brunissent, c'est qu'elles ont besoin d'eau. Si elles deviennent grises et pourrissent, elles souffrent sans doute d'un excès d'humidité. Ces signes physiques constituent une forme fondamentale de communication. Si vous pratiquez les trois régulations, vous deviendrez plus sensible aux besoins de vos plantes. Ce n'est pas avec des mots que vous apprendrez à communiquer avec elles, mais en développant votre intuition. Pour ce faire, vous devez mettre tous vos sens à contribution. Votre esprit doit être détendu et votre être doit rayonner d'amour et de douceur. Observez la plante et voyez s'il vous vient une intuition. Il est vital pour le bien-être de la plante que vous fassiez confiance à votre instinct.

Lorsque vous aurez commencé à donner du qi à vos plantes, ne vous étonnez pas si vous éprouvez le désir de guérir toutes les plantes malades que vous rencontrez. En fait, si l'exercice du Qi Gong vous a rendu suffisamment sensible, vous sentirez quelles plantes ont besoin de votre aide. Souvent, quand je conduis ma jeep, je sens si une plante ou un arbre est malade. J'arrête alors mon véhicule et travaille avec la plante pendant quelques minutes. Si je ne peux pas m'arrêter, je projette une dose de qi sur la plante en passant près d'elle.

Si vous partagez votre qi avec les plantes, vous verrez qu'elles vous aideront, elles aussi. Si vous avez besoin d'un regain d'énergie, trouvez un arbre qui semble vous appeler et étreignez-le pendant quelques minutes. Puis adossez-vous au tronc tout en vous concentrant sur la respiration boud-dhiste. Détendez-vous et sentez le mouvement de l'arbre qui oscille doucement sous la brise. Laissez son énergie vous pénétrer pendant que vous inhalez lentement. Détendez votre esprit, ouvrez-le et voyez si l'arbre vous transmet intui-tivement quelque message ou leçon. Il peut peut-être vous inviter à vous adapter aux circonstances, à vous montrer patient ou même vous apprendre à communiquer avec la nature.

Notre existence même dépend de nos frères et sœurs du royaume végétal qui nous procurent de l'oxygène, de la nour-riture, de l'ombre et de l'affection. Tout ce qu'ils demandent en retour, c'est que vous partagiez votre qi avec eux. Nombreux sont les gens aujourd'hui qui s'emploient à sauver certains ani-maux fort visibles tels que les dauphins, les baleines ou les loups. C'est là une noble et merveilleuse cause, mais n'oublions pas les plantes. Elles aussi ont besoin de respect et d'attention.

RELIEZ-VOUS AUX PIERRES ET AUX MINÉRAUX

Tout au long de l'histoire, les peuples de presque toutes les cultures ont senti que les rochers et les minéraux détenaient des pouvoirs spéciaux. Ces pouvoirs existent vraiment, et si vous voulez améliorer vos habiletés en Qi Gong, je vous conseille de travailler avec les éléments de la Terre.

Vous souvenez-vous d'avoir ramassé des pierres quand vous étiez petit? À l'époque, vous ne saviez peut-être pas ce qui vous attirait vers une pierre particulière. C'était peut-être sa couleur, sa forme, sa taille ou encore votre intuition qui vous menait vers elle. Une pierre vous attirait, vous la preniez et la glissiez dans l'une de vos poches usées et pleines à craquer. Au fil des ans, j'ai ramassé un certain nombre de roches et de mor-ceaux de métal. Chacun d'eux, en son temps, a semblé m'appe-ler. La plupart du temps, je me promenais sans but, savourant la douceur de la journée quand soudain j'avais le sentiment d'être observée. Je regardais autour de moi et avisais soudain une pierre spéciale.

Si vous n'avez jamais senti l'énergie d'une pierre, faites l'expérience qui suit. Prenez une petite pierre dans votre main, asseyez-vous et détendez-vous. Pratiquez les trois régulations et la respiration bouddhiste. Respirez profondément, lentement et régulièrement. Placez la pierre au centre de votre paume ouverte et concentrez-vous sur elle. Sentez sa forme, son poids, sa température et sa texture. Relaxez-vous. Au bout de quelques instants, vous devriez sentir une vibration dans votre main, une sorte de pulsation en fait. C'est l'énergie de la pierre qui vous pénètre.

Vous pensez peut-être que c'est votre propre pouls que vous sentez, mais ce n'est pas le cas. Si vous avez atteint le niveau de Qi Gong où vous pouvez sentir votre pouls sans avoir à appuyer le doigt sur une veine ou une artère, vous saurez que la vibration de la pierre et votre pouls sont deux battements distincts.

Si vous ne sentez rien avec la pierre que vous avez choisie, prenez-en une autre. À la longue, vous devriez pouvoir sentir cette énergie. Avec du temps et de l'expérience, vous devriez pouvoir sentir le pouls d'une pierre ou d'un morceau de métal, d'une plante ou d'un animal à une distance assez importante.

Portez des pierres sur vous où que vous alliez. Ainsi, lorsque vous aurez besoin d'un lien avec la terre ou d'un regain d'énergie, vous pourrez absorber le qi de la pierre. Pour cela, tenez la pierre dans une main et levez le bras à la hauteur des épaules. Cette technique de Wai Dan accumulera du qi dans votre main et votre bras. Concentrez-vous sur la pierre tout en inhalant et une partie de son énergie pénétrera dans votre main. J'ai souvent offert des pierres aux personnes que j'emmenais en randonnée dans des régions sauvages et toutes ont affirmé qu'en tenant leurs pierres dans la main, elles en tiraient un surcroît d'énergie, de chaleur et d'intuition.

ADOPTEZ UN ANIMAL FAMILIER

Il n'est pas rare qu'étant enfants, nous ayons eu des animaux familiers. En vieillissant, nous ne prenons pas souvent le temps de partager notre vie avec un animal. À tort.

Prendre soin d'un animal est une manière extraordinaire d'augmenter votre qi. Les animaux peuvent vous remonter le moral, vous servir de compagnons et même devenir d'excellents amis. Comme ils dépendent de nous, ils exigent que nous leur consacrions du temps et de l'énergie, et en assumions la responsabilité. Chacun de ces engagements personnels est favorable à notre santé physique, intellectuelle et émotionnelle. En outre, les animaux familiers peuvent être très amusants.

Si vous envisagez d'adopter un animal familier, vous devez prendre en considération l'endroit où vous vivez, les dépenses qu'occasionnera votre animal durant toute sa vie ainsi que la somme d'énergie que vous voulez consacrer à votre nouvel ami. Vous devez aussi déterminer quel type d'animal vous voulez et où vous le prendrez. Je sais que bien des gens préfèrent les animaux de race, mais pourquoi ne pas donner sa chance à un animal ordinaire? Rendez-vous à la fourrière ou à la société de protection des animaux et choisissez un animal. Tous souhaitent ardemment l'amour et l'attention d'un nouveau maître. Tous ces animaux sont des individus uniques à leur façon. Alors pourquoi ne pas leur donner une chance? Ils vous donneront le plaisir, le dévouement et la fidélité dont seul un animal est capable.

Tous les animaux peuvent apporter du qi à votre foyer. Chaque espèce possède sa propre sorte de qi. Lorsque vous aurez trouvé votre animal, passez du temps avec lui. Apprenez à projeter du qi à travers vos mains et donnez-en à votre nouvel ami chaque fois que vous le pouvez. Si vous débutez en Qi Gong, la meilleure façon de procéder consiste à lever les deux bras et à les tenir dans les airs un peu comme dans l'exercice de l'Étreinte de l'arbre. Puis, très lentement, étendez le bras et caressez votre animal. Cette position de Wai Dan, où vous tenez les bras levés tout en bougeant lentement, vous permet de rassembler le qi dans vos bras et vos mains, de manière à pouvoir le transmettre à votre animal. En donnant du qi à ce dernier, vous lui assurerez une vie longue et saine et il pourra vous rendre la pareille.

Avec un entraînement assidu, vous devriez, à la longue, pouvoir capter les pensées de votre animal. Autrement dit, on peut apprendre à parler aux animaux. Vous vous demandez peut-être comment eux peuvent vous parler. Se servent-ils du langage? Oui, en quelque sorte. Ils n'utilisent pas le langage auquel vous êtes habitué, mais substituent l'intuition, le mouvement et les sons aux mots et aux phrases. Ils communiquent des images et des pensées à votre cerveau. Par exemple, un jour, j'ai trouvé un renardeau dans les montagnes du Colorado. Sa mère, effrayée par la circulation intense pendant qu'elle emmenait sa nichée dans un nouvel abri, avait échappé son petit au milieu de la route. Trois heures plus tard, elle n'était toujours pas revenue le chercher. Je me suis donc approchée du renardeau et lui ai demandé où il vivait. Je me suis détendue et concentrée sur ma respiration. Soudain, j'ai clairement vu en imagination une tanière située à environ deux cents mètres de là. J'ai emmené le renardeau à cet endroit et y ai effectivement trouvé une tanière. Un quart d'heure après que j'eus déposé le petit, sa mère est venue le chercher pour l'emmener dans sa nouvelle tanière.

Pour parler aux animaux, vous devez apprendre à mieux les observer. Observez votre animal très attentivement. Étudiez-le. Voyez comment il bouge. Comment s'y prend-il pour quémander de la nourriture ou des caresses? À la longue, vous finirez par comprendre son langage. Lorsqu'il est heureux, un chien remue la queue ou aplatit les oreilles, tandis qu'un chat ronronne. Un poisson nagera à la surface de l'eau lorsqu'il a faim. Ce sont là des exemples de communication.

Avec du temps et des efforts, vous deviendrez très habile à combler les besoins de votre animal, mais celui-ci a beaucoup plus à dire et, bien sûr, il existe des moyens de comprendre ses messages.

Gardez votre corps détendu, votre esprit dégagé et calmez vos émotions. Respirez lentement par le nez. Appliquez les trois régulations et la respiration bouddhiste. À chaque inspiration, imaginez que vous captez les pensées de votre animal. Ouvrez-vous à cette possibilité. S'il vous vient une intuition, agissez en conséquence pour voir si elle est juste. Plus vous vous exercerez, plus vous vous améliorerez.

Les animaux sont de fameux maîtres qui peuvent nous enseigner l'amour, la compassion, la gentillesse, le respect, l'équité et la droiture. Apprenez à apprécier toutes sortes d'animaux. Ouvrez-vous à ce qu'ils ont à dire. Peut-être ont-ils besoin de votre aide ou vous indiquent-ils où trouver une chose que vous devez découvrir ou connaître. Ou peut-être qu'ils célèbrent simplement une journée radieuse et la joie de vivre. Il y a tellement d'animaux qui ont besoin d'un foyer affectueux. Alors lancez-vous, ouvrez votre cœur et adoptez un animal. Vous ne le regretterez pas, car vous aurez un nouvel ami.

IDENTIFIEZ LE QI DE DIVERS ANIMAUX

Chaque créature vivante est unique. Chacune d'elles possède son propre type d'énergie, distinct de tout autre. Lorsque vous reconnaîtrez les sortes de qi, vous pourrez identifier correctement une grande variété d'animaux, simplement par l'effet qu'ils produisent sur vous.

L'un des meilleurs moyens d'arriver à ce résultat est de vous exercer avec votre animal familier si vous en avez un. Un frère ou une sœur cadette peuvent aussi faire l'affaire; après tout, les gens sont aussi des animaux. (Je vous conseillerais bien un frère ou une sœur aînée, mais ils risquent de ne pas se montrer aussi tolérants face à cet exercice inusité.)

Commencez par vous détendre et par appliquer les trois régulations. Respirez aussi lentement que possible en utilisant la respiration bouddhiste. Une fois parfaitement calme, levez le bras et dirigez la paume de votre main vers votre animal. Tout en inhalant, imaginez que l'énergie de l'animal vous pénètre. Pour cela, imaginez que vous respirez à travers votre paume. Détendez le plus possible votre bras et votre épaule. Prenez votre temps.

Avec un entraînement suffisant, vous finirez par percevoir une sensation de chaleur, de picotement ou une pression dans le bras, produite par le qi de l'animal. Prêtez attention à cette sensation et voyez si vous obtenez la même chaque fois que vous travaillez avec cet animal. Lorsque vous percevrez invariablement la même sensation, exercez-vous avec d'autres animaux.

Le jardin zoologique est l'endroit idéal pour l'exercice du Qi Gong. En général, il abrite une grande variété d'animaux et vous pouvez prendre le temps de passer d'un bâtiment à l'autre et d'échanger du qi avec chaque espèce. Apprenez à distinguer la sensation produite par le qi de chaque animal: il peut s'agir d'un tournoiement qui monte dans votre bras, d'un doux tapotement, d'une sorte de déferlement, d'un suintement. Chaque animal est différent. Vous remarquerez, à mesure que vous développerez cette habileté, que vous avez de moins en moins besoin de diriger vos paumes vers un animal pour sentir son énergie. Vous la percevrez partout dans votre corps. En fait, c'est là une des façons d'identifier le qi de divers animaux, car il se manifeste à divers endroits du corps.

Lorsque vous reconnaîtrez les animaux en fonction uniquement de leur énergie, vous pourrez apprendre à distinguer le qi des animaux d'une même espèce. Pensez à vos amis pendant un moment. Certains débordent de vitalité et sont toujours heureux, tandis que d'autres sont plus pensifs ou réservés. Les animaux aussi ont leur personnalité.

Lorsque vous pourrez identifier le qi des animaux, vous serez étonné du nombre de créatures différentes qui vous entourent à chaque instant. Rappelez-vous la dernière fois où vous vous êtes promené en forêt, dans un parc ou sur la rive d'une rivière embrumée. Combien d'animaux avez-vous aperçus? Vous ne les avez peut-être pas vus, mais ils étaient là et eux vous ont vu. Alors pourquoi ne pas renverser les rôles? Si vous êtes très sensible à l'énergie des animaux, vous sentirez leur présence avant même qu'ils ne perçoivent la vôtre. Vos promenades en nature revêtiront une toute nouvelle signification. Non seulement vous saurez quelles créatures vous entourent, mais vous devinerez aussi leur nombre et la distance à laquelle elles se trouvent.

Une fois que vous aurez appris à donner et à recevoir du qi, il vous incombe en tant que gardien des animaux de leur transmettre du qi chaque fois qu'ils en ont besoin, surtout si vous avez emprunté le leur. Je propose un nouveau jeu appelé «chat énergétique». Pour y jouer, il suffit que vous alliez dans la forêt et absorbiez le qi des animaux avant qu'ils absorbent le vôtre. C'est beaucoup plus amusant que de chasser avec une arme parce qu'ainsi, vous aidez l'animal en lui donnant de l'énergie tout comme il vous aide en vous en donnant aussi.

PISTEZ LES ANIMAUX

J'ai passé les vingt-cinq dernières années à apprendre à pister les animaux et les gens grâce à leurs empreintes et aux marques qu'ils laissent sur le sol. Le pistage est un art archaïque dans notre monde technologique moderne, mais plus nous nous éloignons de la nature, plus cet art devient important, surtout pour les gens qui aiment explorer les contrées sauvages. Le pistage est une excellente façon de mettre à l'épreuve vos habiletés en Qi Gong. Pour exceller dans cet art, vous devez développer votre intuition, votre concentration et votre sens de l'observation.

Bien des gens s'égarent en forêt chaque année, mais rares sont ceux qui connaissent les stratégies de survie. Cela constitue un réel danger. Les promeneurs égarés comptent sur nos services de police et nos spécialistes des richesses naturelles pour les retrouver. Or, ces experts ont beau utiliser un matériel de haute technologie, ils n'obtiennent pas toujours les résultats désirés. C'est à ce moment qu'il faut retourner à la source et faire appel à un pisteur. Grâce au Qi Gong, vous pouvez apprendre à pister avec une efficacité et une précision incroyables.

Pister est un art qui exige au préalable que vous vous familiarisiez avec les diverses pistes laissées par les animaux. Ensuite, vous devrez étudier leurs déplacements. À quoi ressemblent les pistes d'un animal qui court au lieu de marcher? En quoi diffèrent-elles de celles d'un animal fatigué ou blessé? Vous devez aussi comprendre l'influence des facteurs climatiques sur les pistes. Le vent peut les couvrir de poussière, la pluie les effacer et le soleil, les éliminer en les asséchant.

Je vous conseille de commencer par pister des chiens ou des chats. Si vous possédez un de ces animaux, sortez dans le jardin et voyez si vous pouvez le suivre où qu'il aille. S'il n'y a pas de pistes d'animaux près de chez vous, fabriquez-vous une planche de pistage. Prenez une planche de cinq centimètres sur dix, mesurant environ trente centimètres de longueur et plantez sur toutes ses faces une série de clous que vous laisserez dépasser. Ensuite, fixez-y une corde de trois mètres et demandez à un ami de traîner ce morceau de bois sur le sol. Il ne vous reste qu'à suivre la piste. Invitez votre ami à ruser en traînant la planche dans l'eau, sur des roches et même autour des arbres.

Lorsque vous aurez appris à pister en vous fondant sur des indices visuels, vous devrez développer votre intuition. Demandez à votre ami de traîner la planche dans votre jardin en la soulevant régulièrement, afin qu'elle ne laisse aucune trace sur plusieurs mètres. Vous apprendrez ainsi à deviner où les traces sont passées.

Si vous maîtrisez la respiration environnementale et la projection du qi, vous pouvez apprendre à identifier le qi des animaux. Pour en savoir davantage sur ce sujet, lisez la rubrique précédente «Identifiez le qi de divers animaux».

ÉTUDIEZ LE CLIMAT ET LE TEMPS

On peut en apprendre beaucoup sur l'énergie en observant le temps. Avez-vous déjà étudié les nuages? Que se passe-t-il à l'approche d'un nouveau front? Aux premières gouttes de pluie? Ou aux dernières? L'observation des conditions atmosphériques est une véritable école de patience. Combien de temps faut-il au soleil pour se coucher? Avez-vous déjà regardé la lune se lever et voyager dans le ciel nocturne pour disparaître à l'aube? Ces leçons de patience ont un lien direct avec l'exercice du Qi Gong, car c'est là une des principales qualités qu'exige cet art. Pour sentir l'énergie circuler dans votre corps, vous devrez travailler dur et apprendre à maîtriser cette énergie vous demandera une extrême patience.

Vous pouvez aussi apprendre à absorber le qi du Ciel quand vous avez besoin d'un regain d'énergie. Sortez dehors et mettez-vous debout dans une posture détendue, bras levés à la hauteur des épaules et paumes tournées vers le soleil. Appliquez les trois régulations pour vous détendre et respirez profondément, lentement et doucement en utilisant la respiration bouddhiste. Sentez les rayons du soleil qui dardent sur vos paumes. Lorsque vous inhalez, imaginez que votre peau absorbe la lumière du soleil et vous sentirez vos paumes se réchauffer rapidement. En inhalant toujours, imaginez que l'énergie solaire pénètre dans vos mains et monte dans vos bras. La sentez-vous? Si vous ne la sentez pas, persévérez et vous finirez bien par y arriver.

Exercez-vous le plus possible dehors, sous la pluie, dans la neige et la chaleur estivale. Exercez-vous à la plage, à la montagne et dans les parcs. Modifiez vos heures d'entraînement. Sortez parfois au lever et parfois au coucher du soleil. Entraînez-vous à minuit et à midi. Si votre horaire le permet, essayez de passer toute la nuit dehors à l'occasion. C'est une expérience phénoménale. Personnellement, je m'entraîne à toute heure du jour et de la nuit, mais ma période favorite se situe entre deux et cinq heures du matin. À cette heure, le monde est calme et l'énergie circule librement. Souvent, je suis tellement remplie de qi pendant mes séances nocturnes que je peux percevoir des sensations extrêmement subtiles comme les vibrations produites par mon chat qui marche sur la moquette à six mètres de moi ou le pouls de mon partenaire qui dort de l'autre côté du lit.

Si vous voulez vraiment vous initier aux complexités profondes du Courant, vous devez d'abord vous familiariser avec les éléments du climat.

ALLONGEZ-VOUS SUR LE SOL ET OBSERVEZ LE CIEL

J'ai conservé de nombreux souvenirs d'enfance dans lesquels j'observe le ciel, étendue sur le dos dans un champ. Ces moments me paraissaient comme des instants magiques où rien n'avait plus d'importance. C'était une époque où tout semblait possible et où la vie était simple, amusante et relaxante. Ces jours ne sont pas révolus à jamais. Nous pouvons encore les revivre et apprendre beaucoup.

Vous vous demandez peut-être comment le simple fait de vous détendre peut vous aider à accomplir quoi que ce soit. Après tout, il faut payer les factures, préparer le dîner et vaquer à un millier d'autres occupations. Mais réfléchissez un instant. Lorsque vous êtes tendu, vos vaisseaux sanguins se contractent, votre respiration s'accélère et vos muscles se raidissent au point de se déchirer ou presque. Bien que vous n'en soyez peut-être pas conscient, vous ne pouvez plus fonctionner à votre meilleur.

Même si vous avez l'impression de pouvoir accomplir davantage en vous poussant impitoyablement dans le dos, il n'en est rien. C'est là un mythe qui découle de l'ignorance et de la cupidité de nos employeurs, de nos professeurs et d'autres figures d'autorité. Le moment est venu de vous affirmer. Prouvez-vous et prouvez aux autres que vous pouvez donner le meilleur de vous-même en vous détendant et, bien sûr, en absorbant du qi.

Lorsque vous êtes étendu sur le dos et observez le ciel, vous absorbez tant le qi de la terre que celui du ciel, votre esprit et votre corps se détendent et vous vous ouvrez à de nouvelles manières de voir la vie. Trouvez un endroit qui semble vous appeler, puis étendez-vous sur le sol et appliquez les trois régulations et la respiration bouddhiste. Sentez votre corps s'enfoncer dans le sol à mesure qu'il se détend. Ne faites rien d'autre que d'ouvrir vos sens. Écoutez, respirez, ressentez et regardez.

L'art du repos est un art ancien oublié qu'il faut raviver. Prenez le temps de le pratiquer. Si vous croyez ne pas disposer de ces précieux moments pour prendre soin de vous-même et de votre bien-être, demandez-vous si vous connaissez véritablement les secrets du temps. Si vous n'êtes pas certain de ce que cela signifie, prenez quelques minutes chaque jour pour vous étendre sur le sol et observer le ciel.

TROISIÈME PARTIE

LE QI GONG DE NIVEAU AVANCÉ

Dès lors que vous aurez appris les règles de base du Qi Gong, vous serez peut-être curieux d'accéder aux niveaux plus avancés de cet art. Pour maîtriser les principes contenus dans cette section-ci, vous devez pouvoir émettre du qi et le projeter sur d'autres objets. Par conséquent, la maîtrise de la grande circulation constitue une condition préalable. Il existe cependant une grande variété d'exercices pour débutants qui vous serviront de fondements et vous permettront d'atteindre les objectifs visés dans ce chapitre.

RALENTIR LE VIEILLISSEMENT

L'un des merveilleux avantages du Qi Gong tient au fait qu'il ralentit le vieillissement. Avec un entraînement adéquat, vous pouvez atténuer vos rides et la perte de vos cheveux, recouvrer votre souplesse et votre force, et accroître votre vitalité et votre lucidité.

Vaincre les rides

Pour atténuer vos rides, vous devez amener le qi directement à la surface de votre peau. Commencez par pratiquer les trois régulations, puis ajoutez-y la respiration bouddhiste. N'oubliez pas de respirer très lentement par le nez. Continuez pendant quelques minutes, jusqu'à ce qu'une sensation de calme vous envahisse progressivement. Ensuite, concentrez-vous le plus possible sur les régions de votre peau qui sont ridées; il s'agit sans doute de votre visage, de votre cou et de vos mains. Choisissez une de ces régions.

Disons que vous choisissez votre visage. Contractez vos muscles faciaux en faisant autant de mimiques différentes que vous le pouvez. Au bout de quelques minutes, cela augmentera la circulation du qi dans votre visage. Après avoir pratiqué la respiration bouddhiste pendant quelques instants, concentrez-vous sur vos expirations, tout en imaginant que votre qi se rend directement à la peau de votre visage. Au début, contentez-vous d'imaginer un parcours général. Inhalez et expirez de plus en plus lentement. Sentez la chaleur du qi dans votre front, vos temples, vos joues, votre nez et votre menton. Si une de ces parties est plus ridée qu'une autre, n'hésitez pas à y concentrer vos efforts. Détendez-vous. Souriez. Respirez et prenez conscience de vos sens.

Vous pouvez aussi amener le qi à votre visage en frottant rapidement les paumes de vos mains l'une contre l'autre. Faites-le trente-six fois, puis placez-les doucement sur votre visage.

Lutter contre la calvitie

La perte des cheveux est un autre problème associé au vieillissement. Le blocage des pores par des huiles, la peau sèche et la saleté sont les principales causes de la calvitie. En outre, chez les personnes chauves, la circulation sanguine dans le cuir chevelu est souvent mauvaise. Or, là où la circulation est mauvaise, le flot de qi est limité. Vous devez vous détendre, respirer lentement et profondément, et vous représenter les endroits dénudés aussi clairement que possible. Où se trouvent-ils au juste? Concentrez-vous et conduisez le qi à ces endroits. Laissez-le circuler doucement. Faites-le tourner en spirale, déferler, pulser. Détendez votre cuir chevelu autant que possible.

Si vous avez du mal à conduire le qi aux endroits nécessaires, massez votre tête avec vos mains. Placez doucement les paumes de vos mains aux endroits où les cheveux sont clairsemés. Cette fois, au lieu de vous concentrer sur votre tête, conduisez le qi dans vos mains et à travers vos mains. Voyez votre énergie jaillir du centre de vos paumes. Gardez les bras aussi détendus que possible. Faites cet exercice environ cinq minutes par jour et vous devriez obtenir des résultats visibles.

Augmenter sa flexibilité

En vieillissant, nos muscles ont tendance à perdre de leur souplesse. Cela est généralement dû au fait que nous ne les utilisons pas aussi souvent que dans notre jeunesse. Comme nos muscles doivent être relâchés pour que le qi circule bien, il est essentiel que vous étiriez tous vos grands groupes musculaires aussi souvent que possible. Tout en vous étirant, conduisez le qi dans le tissu musculaire comme tel. Respectez une limite confortable, inhalez en utilisant la respiration inversée, concentrez-vous sur les régions tendues, puis expirez et étirez-vous encore un peu plus. Maintenez la position pendant une minute. Chaque fois que vous expirez par le nez, étirez vos muscles un petit peu plus. Prenez soin d'étirer tous les grands groupes musculaires, notamment ceux des jambes, des hanches, de la taille, des épaules, des bras et du cou. Des étirements réguliers donneront une nouvelle souplesse à votre démarche. Vous devriez vous étirer au moins vingt minutes par jour.

Développer sa force physique

Vous êtes probablement intéressé à acquérir de la force musculaire, car en vieillissant, il arrive souvent que nous perdions notre tonus. La plupart des gens croient que ce type d'entraînement exige que l'on soulève des poids, mais cela n'est pas nécessaire. On peut fortifier ses muscles d'une autre manière, en les bougeant le plus lentement possible pendant les exercices.

Les personnes qui soulèvent des poids sont portées à exécuter des mouvements rapides et saccadés. Une fois le poids soulevé, il est facile de continuer sur sa lancée, car en raison des lois de la physique, les objets en mouvement ont tendance à le demeurer. En effectuant des mouvements rapides, vous laissez les forces de gravité et d'inertie bouger vos muscles pour vous. Cette technique fortifie les muscles à leurs extrémités, là où ils se rattachent aux os et aux ligaments.

En bougeant à la vitesse d'un escargot, vous travaillez chaque fibre musculaire au maximum. Vous verrez que si vous entraînez vos muscles en force en exécutant des mouvements extrêmement lents, vos muscles auront tendance à être secoués de spasmes, parce qu'ils ne sont pas habitués à bouger d'une manière fluide. À force de vous exercer, vous développerez vos muscles sur toute leur longueur et vous en viendrez à exécuter des mouvements gracieux, similaires à ceux que l'on fait sous l'eau. Plus vous bougerez lentement, plus l'exercice sera bénéfique. Tout en bougeant vos muscles, imaginez que chacun de vos membres pèse des centaines de kilos. Laissez votre qi circuler. Essayez de concevoir l'effort qu'il faudrait pour soulever ce genre de poids. Plus vous pourrez l'imaginer clairement, plus vous profiterez de votre séance d'exercice.

Beaucoup d'entre vous affirmeront qu'ils n'ont pas le temps de faire de l'exercice. Or, en suivant les principes ci-dessus, vous pouvez transformer n'importe quelle activité en séance intensive d'entraînement en force. Mettez-les en pratique lorsque vous mangez, que vous changez la chaîne de télévision au moyen de la télécommande, que vous conduisez votre voiture, que vous faites des courses ou que vous trouvez dans une file d'attente.

Retrouver son énergie
La respiration propre au Qi Gong engendre de l'énergie. Plus vous vous exercerez, plus vous aurez d'énergie. Au début, vous viserez surtout à respirer lentement et régulièrement, puis vous apprendrez à emmagasiner cette énergie neuve dans Tan Tien. Pour cela, vous devez fixer votre attention à environ trois centimètres au-dessous de votre nombril et la river à cet endroit chaque fois que vous voulez y accumuler de l'énergie.

Lorsque vous avez besoin d'énergie, vous pouvez y accéder de deux manières. Une technique de Wai Dan consiste à contracter un groupe particulier de muscles et à y rassembler du qi. Vous pouvez aussi utiliser le Nei Dan et faire circuler le qi dans votre corps en utilisant la pensée pour le diriger vers des endroits précis tels que vos mains ou vos pieds. Là où va la pensée va le qi.

Garder un esprit alerte, devenir plus intelligent

Enfin, le Qi Gong peut fortifier votre cerveau. En vieillissant, notre mémoire s'affaiblit, mais il est possible de corriger ce problème. Ce déclin de la mémoire est souvent dû au fait que nous respirons d'une manière plus superficielle que lorsque nous étions plus jeunes et que, par conséquent, notre cerveau reçoit moins d'oxygène qu'autrefois. Pour régénérer votre cerveau, il vous suffit d'y conduire du qi et de laisser l'oxygène, le sang et le qi y circuler librement. Inspirez lentement et profondément en utilisant la respiration bouddhiste. Lorsque vous expirez, imaginez que votre énergie se rend à votre tête. Sentez-la se déplacer dans votre cerveau. Conduisez-la d'un endroit à l'autre sans oublier aucune région.

Outre qu'il stimulera vos cellules cérébrales, le Qi Gong accroîtra votre intelligence en vous obligeant à utiliser davantage votre cerveau. En effet, vous devez faire appel à votre cerveau pour affiner vos sens, cultiver votre intuition et ouvrir votre esprit à de nouvelles possibilités. Le simple fait d'apprendre vous rend plus intelligent, parce que cela vous oblige à recourir à diverses capacités intellectuelles telles que la mémorisation, la logique, l'orientation, la vigilance, la créativité, la communication et le changement de perspective.

Si vous accomplissez les exercices ci-dessus, ainsi que les autres exercices proposés dans ce livre, vous pourriez retarder de façon considérable votre vieillissement. Vous devriez pratiquer le Qi Gong au moins une demi-heure par jour en accordant la priorité aux trois régulations, à la respiration bouddhiste et à l'exercice de l'Étreinte de l'arbre. Ces exercices vous aideront à bâtir une réserve de qi tout en améliorant votre circulation, ce qui sera bénéfique pour votre corps tout entier.

SE GUÉRIR SOI-MÊME ET GUÉRIR LES AUTRES

Avec un entraînement adéquat, le Qi Gong peut vous permettre de soulager diverses affections, allant des maux de tête à l'arthrite et même à stopper la progression du cancer. Depuis des milliers d'années, des maîtres de Qi Gong ont recours à cet art pour guérir les malades en Chine. Aujourd'hui, ils sont de plus en plus acceptés dans les pays occidentaux, surtout ceux qui pratiquent l'acupuncture, une forme externe de maîtrise du qi.

Certains exercices, comme celui de l'Étreinte de l'arbre, peuvent vous aider en tant que débutant à améliorer votre état de santé général. Mais si vous voulez diriger le qi à des endroits précis de votre corps, vous devez maîtriser la petite et la grande circulation.

Pour apprendre à vous guérir de troubles simples, vous devez d'abord utiliser la respiration bouddhiste et respirer aussi lentement et également que possible par le nez. Si vous appliquez les trois régulations et la respiration bouddhiste comme il faut, vous améliorerez votre état de santé général, ce qui vous aidera à guérir de certaines maladies et améliorera votre résistance.

Lorsque vous aurez appris à accroître votre réserve de qi au moyen des exercices de Wai Dan, vous pourrez le diriger à certains endroits de votre corps en contractant les muscles de cette région. Par exemple, si vous souffrez d'arthrite dans les mains, vous pouvez faire l'exercice de l'Étreinte de l'arbre pour accumuler du qi dans vos épaules et vos bras. Puis ouvrez et fermez les poings ou contractez les muscles de vos mains pour y conduire le qi jusqu'à ce que vous perceviez une sensation de chaleur ou de picotement.

Lorsque vous aurez amélioré votre capacité de visualiser au moyen de certains exercices présentés dans les sections «Entraînement mental» et «Entraînement émotionnel», vous devrez apprendre à visualiser une maladie ou une blessure avec précision. Ensuite, dirigez le qi en pensée jusqu'à l'endroit blessé (en autant que vous connaissiez la petite et la grande circulation).

Votre corps comprend plus de sept cents points énergétiques situés le long de vos méridiens. Ces points coïncident avec les principaux points d'acupuncture et de digitopuncture. En sachant dans lequel de ces points concentrer le qi, vous pouvez accélérer votre propre guérison.

Guérir les maux de tête

Au centre de votre crâne se trouve le point Bai Hui (figure 93). L'acheminement du qi vers ce point peut contribuer à soulager divers troubles reliés à la tête tels que les maux de tête, l'insomnie et l'hypertension.

Le débutant peut recourir à la simple technique de Wai Dan qui consiste à masser ce point énergétique avec un doigt. En exécutant des mouvements lents et doux et en utilisant la respiration bouddhiste, tracez un tout petit cercle sur ce point avec le doigt, le temps de huit respirations. En même temps, appliquez la technique de Nei Dan qui consiste à imaginer que votre énergie jaillit du sommet de votre crâne. Il faut éviter d'accumuler trop d'énergie dans la tête, car cela pourrait intensifier la douleur. C'est pourquoi il vaut mieux limiter cet exercice à deux séances quotidiennes d'environ cinq minutes chacune.

Éliminer les tics faciaux

Il arrive parfois qu'un muscle facial se mette à tressauter, en général près d'un œil. En conduisant du qi vers le point Si Bai (figure 94), situé à environ deux centimètres sous l'œil, on

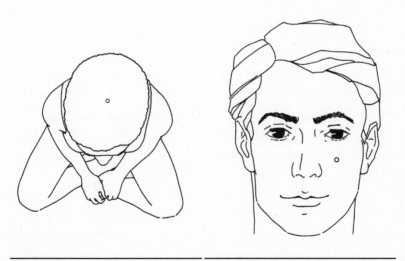

Figure 93 – Le point Bai Hui   **Figure 94 – Le point Si Bai**

peut parfois faire cesser ce tressautement irritant. En outre, la stimulation de ce point peut améliorer votre vue.

Commencez par utiliser la technique de Wai Dan qui consiste à masser ce point avec l'index de l'une ou l'autre main. En même temps, imaginez que l'énergie passe de votre doigt au point Si Bai. En massant ce point pendant une minute, vous devriez mettre un terme au tressautement. Pour améliorer votre vue, accomplissez cet exercice pendant une minute, trois fois par jour.

Réduire la congestion nasale

Lorsque vous êtes malade et avez le nez bouché, essayez de conduire le qi vers l'arête extérieure de votre nez près des narines (figure 95). Vous devriez très vite respirer mieux. Si vous êtes débutant et avez du mal à vous concentrer sur votre respiration parce que votre nez est congestionné, utilisez un mélange d'exercices de Wai Dan et de massage.

Vous pouvez, par exemple, frotter simultanément les côtés de vos narines avec les index tout en levant les coudes aussi haut que possible. En levant ainsi les bras, vous accumu-

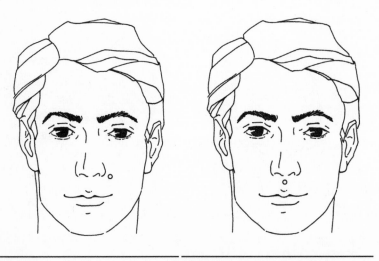

Figure 95   Figure 96 – Le point Ren Zhong

lerez du qi dans les épaules. Le massage canalisera une partie de votre énergie vers votre nez et si vous fixez votre attention sur votre nez bouché après avoir baissé les bras, vous y conduirez encore plus de qi. Faites cet exercice pendant vingt minutes trois fois par jour.

Se donner du pep

Pour obtenir rapidement un regain d'énergie, vous pouvez masser le point Ren Zhong. Ce point se trouve au centre de la lèvre supérieure, sous les narines (figure 96).

Soulager les douleurs à la poitrine

Si vous souffrez d'asthme, de douleurs à la poitrine ou que toussez, vous pouvez acheminer du qi vers le point Shan Zhong situé au centre de votre poitrine (figure 97). Si vous débutez en Qi Gong, vous devriez massez très doucement ce point en évitant d'appuyer trop fort afin de ne pas trop stimuler votre cœur. Massez-vous pendant environ cinq minutes chaque fois que les symptômes se manifestent. (Attention: si vous ressentez une douleur intense ou prolongée à la poitrine, consultez immédiatement votre médecin.)

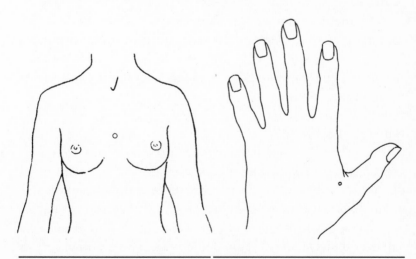

Figure 97 – Le point Shan Zhong   **Figure 98 – Le point He Gu**

Apaiser les maux de dos

La plupart d'entre nous sont affligés de maux de dos à un moment ou un autre, la plupart du temps dans la région lombaire. En faisant circuler du qi dans cette région, vous pouvez réduire la douleur rapidement. Si vous êtes débutant, massez le bas de votre dos avec les paumes de vos mains, tout en imaginant que l'énergie sort de vos paumes pour pénétrer dans votre dos. Faites cet exercice pendant dix minutes, tout en utilisant la respiration inversée.

Un remède aux maux de tête

Tâtez la peau tendue entre votre pouce et votre index jusqu'à ce que vous sentiez une masse solide ressemblant à un tendon. Il s'agit du point He Gu (figure 98). En y acheminant du qi, vous pouvez soulager la plupart de vos maux de tête presque immédiatement. Si vous ne savez pas encore comment conduire le Courant, vous pouvez pincer ce point dix fois sur chaque main. Vous aurez sans doute mal à la main pendant quelques instants, mais votre mal de tête disparaîtra presque certainement.

Aider quelqu'un qui s'évanouit

Si une personne s'évanouit devant vous, essayez de transmettre du qi à l'extrémité de ses doigts. Si vous êtes débutant, vous pouvez masser le côté extérieur du bout de ses doigts en imaginant que le qi passe de vos mains à ces points. Continuez pendant une minute.

Soulager l'arthrite

L'arthrite peut se déclarer dans presque n'importe quelle articulation du corps, mais elle touche souvent les mains et les doigts. Il existe un certain nombre de techniques pour soulager la douleur et même favoriser la guérison de cette maladie.

L'une des techniques qui convient aux débutants consiste à masser doucement la région douloureuse afin d'y amener le qi et d'accélérer la guérison. Vous pouvez aussi faire bouger l'articulation très lentement dans tous les sens. Par exemple, si vous avez mal à la main, ouvrez et fermez lentement les doigts comme pour serrer le poing. Vous pouvez aussi remuer les doigts indépendamment les uns des autres dans toutes les directions. Tout en effectuant ces exercices, imaginez que votre énergie circule dans la région douloureuse et la réchauffe. Continuez jusqu'à ce que vous perceviez cette sensation de chaleur. Il est conseillé de faire ces mouvements lents et ces exercices contre l'arthrite chaque jour pendant environ vingt minutes.

Cancer et Qi Gong

Le cancer est sans contredit une maladie difficile à guérir, mais le Qi Gong peut contribuer à la guérison s'il est pratiqué aussi tôt que possible une fois le diagnostic établi. Même en tant que débutant, il existe un certain nombre de techniques susceptibles de vous aider à essayer de combattre la maladie.

Avant tout, vous devez comprendre qu'il est extrêmement important de conserver une attitude positive. En outre, vous devez faire circuler le qi dans tout votre corps aussi souvent que possible, en particulier dans la région atteinte. Vous pouvez le faire en accomplissant l'exercice de l'Étreinte de l'arbre. Cet exercice augmentera votre réserve de qi, qui pourra alors circuler dans votre corps selon vos besoins. Comme il est important que vous absorbiez le plus de qi possible de la nature, vous devriez vous exercer à l'extérieur si vous le pouvez. Vous obtiendrez de meilleurs résultats si vous vous placez sous un pin.

Vous devriez aussi améliorer vos habitudes alimentaires en adoptant un régime strictement végétarien composé d'aliments variés possédant les bons types de qi. Les pommes, les asperges, les pousses de bambou, les bananes, les cantaloups, le céleri, les concombres, les aubergines, les pamplemousses, la laitue, les champignons, les oranges, les poires, les algues, les fèves soya, les épinards, le thé, les tomates, le cresson, le blé et le germe de blé sont tous des aliments qui aident à prévenir le cancer.

Si vous souffrez d'un trouble physique ou mental, il est crucial que vous consultiez un médecin et suiviez ses conseils. Ouvrez-vous également à l'idée d'accroître votre réserve de qi et de le faire circuler. Pour cela, effectuez des exercices de Wai Dan si vous êtes débutant et de Nei Dan si vous possédez un peu plus d'expérience. En effectuant avec assiduité les exercices présentés dans ce livre, vous renforcerez la capacité naturelle de guérison de votre corps. Cependant, l'exercice n'est pas suffisant et vous devez comprendre que la confiance est l'aspect le plus important de votre apprentissage. Vous devez croire sincèrement que vous pouvez participer à votre guérison et même à celle des autres, car la foi peut amplifier de manière considérable votre flot de qi et par le fait même vos capacités de guérison.

DÉPLACER LES OBJETS PAR LA PENSÉE

La télékinésie est la capacité de déplacer des objets à distance. Il est intéressant de noter que pour accomplir cet exploit, il ne faut pas vraiment faire d'efforts. En fait, plus vous fournirez d'efforts, moins vous réussirez.

Commencez par essayer de diriger les déplacements d'animaux vivants. En projetant votre qi sur eux, vous pouvez les persuader de changer de place et les diriger mentalement vers l'endroit que vous avez en tête. À propos, vous devez toujours agir avec amour et compassion. Ne faites jamais de mal aux animaux.

Pour diriger les mouvements d'un animal, vous devez vous détendre en appliquant les trois régulations. Utilisez la respiration inversée afin d'accumuler une bonne quantité de qi dans votre Tan Tien. Lorsque ce sera fait, vous devriez éprouver une sensation de chaleur dans le bas-ventre. À ce moment, levez un bras et dirigez la paume de votre main vers l'animal, peu importe la distance à laquelle il se trouve. Imaginez que vous projetez un flot de qi depuis le centre de votre paume vers l'animal. L'orientation de votre paume dépend du mouvement que vous voulez amener l'animal à faire. Si vous voulez le faire avancer, visez son arrière-train. Si vous voulez qu'il s'immobilise, visez un point directement devant lui. Cet exercice relève à la fois du Wai Dan et du Nei Dan. En tenant le bras levé, vous utilisez le Wai Dan, et en imaginant le qi qui sort de votre paume et va vers l'animal, vous employez une technique de Nei Dan.

Voici un exemple de ce que vous pouvez faire. Un jour que je me trouvais au jardin zoologique, j'ai décidé de donner de l'énergie à une tortue géante des Galápagos. Cette tortue terrestre, qui pèse des centaines de kilos, passe la majeure partie de son temps immobile. Dès que je lui ai transmis du qi, elle s'est levée et a franchi vigoureusement les soixante-cinq mètres qui la séparait de l'ombre d'un grand arbre.

Comme les animaux sont extrêmement sensibles au qi, raison de plus pour vous exercer avec eux jusqu'à ce que vous puissiez diriger leurs mouvements. Vous pouvez utiliser ce don pour aider les animaux en danger. Lorsque vous aurez acquis une certaine habileté à cet égard, vous pourrez diriger les chiens ou les chats pour éviter qu'ils ne se précipitent dans la rue ou encore aider un cerf, un lapin ou un renard à quitter rapidement l'autoroute pour éviter d'être heurté par une voiture.

Lorsque vous saurez comment aider les animaux, vous pourrez apprendre à déplacer des objets inanimés. Cela est difficile mais pas impossible. Commencez par un objet facile à déplacer tel un ballon rempli d'air placé sur une surface lisse comme un comptoir de cuisine. Si vous êtes débutant, rassemblez d'abord du qi dans vos bras et vos mains en les tenant levés à la hauteur des épaules jusqu'à ce qu'ils se réchauffent. Puis touchez légèrement le ballon avec la paume d'une main. Imaginez que votre qi pénètre dans le ballon et le réchauffe. Une fois suffisamment réchauffé, le ballon devrait se déplacer. Si ce n'est pas le cas, essayez de le refroidir avec du qi. Pour ce faire, vous devez contracter les muscles de l'autre bras afin d'éloigner le qi de la paume qui se trouve près du ballon. En même temps, sentez le qi du ballon qui pénètre dans votre paume à chaque inhalation.

Vous pouvez aussi former une grande spirale avec votre qi tout en le dirigeant vers votre cible. Il s'agit là d'une technique de Nei Dan qui nécessite la maîtrise de la grande circulation et de la respiration environnementale. Lorsque vous projetez votre qi, imaginez qu'il se déplace en spirale plutôt qu'en ligne droite. Rappelez-vous cependant de ne pas fournir un effort excessif, car vous limiteriez ainsi vos pouvoirs.

CRÉER L'UNIVERS DE SES RÊVES

Tous vos rêves peuvent se réaliser. Au fil des années, j'ai rêvé de devenir écrivain professionnel, de posséder une jeep Wrangler, de vivre près d'un marais, de voyager dans tout le pays, d'apprendre les arts martiaux, de vivre une union heureuse, d'être en santé, de conserver mon émerveillement enfantin face au monde, de passer une maîtrise, de jouer de divers instruments de musique, bref, de mener une vie magique et merveilleuse, remplie d'aventures. Tous ces rêves sont devenus réalité.

Nous n'avons pas besoin de limiter nos rêves à la période du sommeil. Les rêves éveillés sont tout aussi efficaces, parce que nous avons une plus grande influence sur eux. Si vous pratiquez les trois régulations et la respiration bouddhiste pendant que vous rêvassez, vos rêveries s'en trouveront dynamisées et auront plus de chances de se concrétiser.

Les rêves sont efficaces, parce qu'ils sont empreints d'espoir et de ravissement. Le meilleur moyen de les réaliser est de les rendre le plus précis possible. Imaginez ce que vous voulez, puis voyez votre rêve devenu réalité. Certes, vous devez avoir confiance, mais pourquoi douter? Votre rêve pourrait très bien s'accomplir.

Il va de soi que vous devez faire attention au contenu de vos rêves, car ils pourraient se réaliser d'une manière que vous n'aviez pas vraiment prévue. Par exemple, si vous rêvez de devenir riche, votre rêve pourrait s'exaucer au dépens d'une amitié ou d'un être cher ou si vous rêvez de rapports sexuels fantastiques, vous pourriez les trouver avec un étranger et mettre en danger votre mariage.

Nous devons être disposés à rêver et il ne fait aucun doute que nos rêves peuvent devenir réalité.

PRÉDIRE L'AVENIR

La prescience ou la capacité de voir l'avenir n'est, au fond, que la compréhension des relations et des schémas. Une bonne manière de développer cette habileté consiste à concentrer ses efforts sur les gens. Si vous êtes sensible au qi d'une personne, vous pouvez prédire avec exactitude ce qu'elle fera dans la vie. Si vous êtes en contact avec l'essence ou l'âme d'une personne, vous pouvez comprendre ce qu'elle a vécu, ce qu'elle est maintenant et ce qu'elle deviendra sans doute.

Au début, concentrez-vous sur l'apparence physique de la personne. A-t-elle le regard brillant? Présente-t-elle des manies révélatrices? Comment est sa voix? Dans quel état émotif se trouve-t-elle généralement? Dégage-t-elle une odeur inhabituelle? Sa peau a-t-elle un aspect sain ou terreux?

En associant les types de personnes à certains comportements, vous distinguerez peu à peu des schémas. Puis, vous devez sentir le qi de la personne et en déterminer les caractéristiques. Est-ce que toutes les personnes stressées, très agressives ou coincées ont un qi similaire? Comment est le qi d'une personne spirituelle? Celui d'une personne heureuse ou déprimée? À mesure que vous progresserez en Qi Gong, vous pourrez différencier l'énergie des gens. Lorsque vous devinez à quelle sorte de personne vous avez affaire, vous pouvez faire certaines prédictions de base sur son avenir. Plus vous vous exercerez, plus vous aurez du succès.

Pour absorber et sentir l'énergie d'une personne afin de mieux la comprendre, faites les exercices suivants. Commencez par pratiquer les trois régulations et la respiration bouddhiste. Ensuite, faites l'exercice de l'Étreinte de l'arbre. Vous pouvez le modifier en levant un bras à la fois. Si vous voulez sentir l'énergie d'une personne, placez votre main sur son épaule. Parlez-lui et essayez de l'amener à se détendre le plus possible, tout en maintenant un contact physique. Comme votre main touche à peine son épaule, votre bras soutiendra la presque totalité de son propre poids et le qi s'y accumulera. Votre bras deviendra sensible au Courant. Lorsque vous percevrez une sensation de chaleur dans votre bras, contractez les muscles de l'autre bras pour y conduire le qi. De cette façon, le qi du bras qui touche la personne passera dans votre autre bras. Pendant que votre qi circule, concentrez-vous sur le contact de votre paume avec l'épaule de la personne et imaginez que son qi y pénètre. En même temps, restez ouvert à toute révélation ou intuition pouvant surgir dans votre esprit à l'égard de cette personne.

Si vous connaissez la grande circulation, vous pouvez faire cet exercice sans toucher la personne. Il suffit d'imaginer que son qi vous pénètre chaque fois que vous inhalez.

Cet exercice devrait vous donner une idée du type de personne avec qui vous travaillez et, par conséquent, de sa personnalité. C'est le premier pas à franchir pour apprendre à prédire l'avenir. Plus vous vous exercerez, plus vous développerez cette aptitude.

Des prédictions sur une grande échelle

Lorsque vous arriverez à prévoir le comportement d'autrui dans une certaine mesure, exercez-vous avec des animaux puis avec des plantes. Ensuite, essayez avec les conditions climatiques. Commencez par étudier à fond votre cible puis, une fois familiarisé avec elle, établissez des liens.

Par exemple, supposons qu'il fait un temps splendide là où vous habitez. Soudain vous remarquez qu'une brise légère se lève. Plus tard, vous constatez que des nuages se forment, grossissent et s'assombrissent. Si vous comprenez les conditions atmosphériques, vous prédirez que la pluie ne va pas tarder. Comme vous avez observé la séquence d'événements depuis le début, vous auriez pu deviner, au moment où se levait la brise, qu'un nouveau front approchait.

De même que vous savez que la brise et les nuages précèdent la pluie, saisir les liens entre divers facteurs peut vous aider à prédire les événements futurs. Par exemple, comment les battements d'ailes d'un papillon peuvent-ils déclencher un ouragan de l'autre côté de la planète? C'est seulement lorsque vous aurez saisi l'ensemble du tableau que vous pourrez deviner ce qui va se passer.

À la longue, vous pourrez sentir les événements avant même qu'ils se produisent. Au début, il s'agira sans doute d'un vague pressentiment ou d'une certitude viscérale. Ceux-ci vous viendront peut-être sous forme d'idées, mais pas nécessairement. (Après tout, c'est dans Tan Tien que naissent nos certitudes viscérales.) Lorsque vous développerez votre acuité sensorielle, vous remarquerez que vous percevez à l'avance les schémas vibratoires des événements. C'est un peu comme lorsqu'un caillou frappe la surface de l'étang. Les ondulations vous atteignent, même si vous ignorez où est tombé le caillou. Si vous avanciez à la nage dans le lac, vous finiriez par trouver son point de chute.

Voici une autre manière de vous exercer à prédire l'avenir. Asseyez-vous dans la forêt et demandez à un ami de se placer quelques centaines de mètres plus loin et de se diriger vers vous. Demeurez tout à fait calme, ne bougez pas et chassez toute pensée négative. À un certain moment, vous noterez que des oiseaux volent vers vous, qu'un animal passe devant vous, puis un autre. Demeurez aux aguets et vous remarquerez que l'approche de votre ami a mis la forêt en émoi. Cet exercice vous apprendra à établir des relations de cause à effet. Dans ce cas précis, la présence de votre ami dans la forêt a poussé les animaux à fuir. Si vous n'aviez pas arrangé ce scénario avec votre ami et que vous voyiez des animaux fuir dans la forêt, vous pourriez en déduire que ce qui les effraie se dirige vers vous. L'expérience vous montrerait que les animaux ne fuient pas les humains de la même façon que leurs prédateurs. Par conséquent, en observant les déplacements des animaux, vous pourriez prédire que quelqu'un avance dans votre direction en faisant beaucoup de bruit. Voilà un exemple simple de prédiction de l'avenir fondée sur l'observation.

Lorsque vous aurez appris la grande circulation et la respiration environnementale, vous pourrez sentir les événements grâce à leur qi. Vous deviendrez conscient des événements qui sont sur le point d'arriver. En vous exerçant régulièrement, vous pourrez prédire des événements plus éloignés dans le temps.

Le développement de votre conscience vibratoire augmentera radicalement votre aptitude à voir l'avenir. Ouvrez votre esprit à autant de nouveaux horizons que possible en vous exerçant et vous verrez que les schémas vibratoires peuvent couvrir n'importe quelle période ou distance. Le présent naît du passé et conduit au futur, de sorte que l'on peut apprendre à prédire les événements futurs en étudiant le présent et le passé. Plus vous recueillerez d'informations, meilleurs seront vos résultats. Vous devriez donc utiliser autant de sources de connaissance que possible. Ne vous bornez pas aux détails physiques, aux choses que vous voyez ou entendez, mais englobez aussi la connaissance intangible telle que l'intuition. Vous pouvez vérifier votre degré d'intuition en consignant chacun de vos pressentiments et en voyant quelle proportion d'entre eux se réalise avec le temps.

VOYAGER À TRAVERS LES RÊVES

La projection astrale est une technique utilisée par de nombreuses cultures pour glaner des informations utiles. La plupart des traditions chamaniques y ont recours régulièrement. Cette pratique est particulièrement populaire chez les aborigènes d'Australie qui l'appellent «temps du rêve».

Si vous apprenez à laisser votre conscience quitter votre corps, vous pourrez visiter des lieux que vous ne verriez jamais autrement.

Pour développer cette aptitude, vous devez commencer par cultiver l'empathie, une qualité qui a trait à la capacité de savoir et de sentir ce que ressent une autre personne. Pour pouvoir éprouver de l'empathie, il faut d'abord développer certaines qualités particulières. Avant tout, vous devez pouvoir vous mettre à la place de l'autre personne en essayant de comprendre ce qu'elle ressent et quel est son point de vue. Pour cela, vous devez vous ouvrir au plus grand nombre de possibilités et d'expériences imaginables. En d'autres termes, vous devez garder l'esprit ouvert.

Vous pouvez cultiver cette qualité en défendant des points de vue que vous n'épouseriez pas normalement. Par exemple, examinons un sujet sur lequel la plupart des gens nourrissent de solides convictions. Est-il correct de manger de la chair humaine? La plupart des gens répondraient sans doute non, mais quelles circonstances, s'il en est, pourraient justifier un comportement cannibalesque? Faites appel à votre imagination.

Certes, être empathique présente quelques inconvénients. Les autres peuvent vous influencer dans une certaine mesure si vous n'êtes pas sur vos gardes. En outre, si vous participez à de grands rassemblements publics tel qu'un match de football, par exemple, vous pourriez aisément être entraîné par les réactions de la foule. Par surcroît, vous serez sans doute sujet aux émotions fortes et deviendrez hypersensible. L'empathie peut apparaître à la fois comme une malédiction et un cadeau, mais en fin de compte, vous trouverez sans doute que le jeu en vaut la chandelle.

Lorsque vous serez capable d'empathie, vous pourrez ressentir ce qu'éprouve une autre personne. À ce stade, essayez d'imaginer que vous êtes vraiment dans le corps de cette personne. Observez une personne, n'importe qui, pendant quelque temps puis détendez-vous et utilisez la respiration bouddhiste. (Si vous êtes débutant et n'avez pas encore appris la grande circulation, vous devez commencer par cela afin de projeter votre qi, mais il y a certaines techniques que vous pouvez utiliser même si vous n'avez pas encore atteint ce niveau.) Pour l'instant, imaginez ce que vous ressentiriez si vous étiez l'autre personne. Voyez-vous en train d'entrer dans son corps. Qu'elle soit plus grande, plus petite, plus grasse, plus mince, du sexe opposé, plus vieille ou plus jeune, imaginez ce que vous éprouveriez à sa place. Faites appel à votre empathie. Lorsque la personne se déplace, essayez de voir ce que vous sentiriez si vos propres muscles bougeaient exactement comme les siens. Plus vous vous exercerez, plus ce sera facile. Exercez-vous ensuite avec des animaux, puis avec des plantes. À ce stade, vous devriez pouvoir vous mettre à la place des gens, des animaux ou des plantes avec un certain succès.

Lorsque vous aurez maîtrisé la grande circulation et appris à projeter votre qi, laissez-le pénétrer une autre personne tout en vous mettant à sa place. Laissez votre qi vous dire ce qu'elle éprouve et ressentez-le vous-même.

Libérez votre esprit

Lorsque vous aurez appris à projeter votre qi sur quelqu'un, vous pourrez laisser votre esprit voyager un peu plus librement. Comprenez que lorsque vous transmettez votre qi et votre pensée à quelqu'un, une partie de votre esprit suit aussi.

Vous n'avez pas besoin de vous borner à pénétrer à l'intérieur des gens ou des objets. Vous pouvez aussi laisser votre esprit explorer librement. Commencez dans votre propre maison. C'est un endroit idéal parce qu'il vous est très familier. Carrez-vous dans un fauteuil confortable et détendez votre esprit, votre corps et vos émotions tout en appliquant la respiration bouddhiste. Fermez les yeux. (Plus tard, ce ne sera plus nécessaire, mais pour l'instant cela vous aidera à éliminer les distractions extérieures.) Imaginez que votre esprit quitte votre corps pour explorer votre maison. Imaginez avec force détails ce que vous éprouveriez si vous n'aviez pas de corps et pouviez flotter dans les airs. Laissez votre esprit explorer votre maison pièce par pièce. Essayez de voir ce qui se passe dans une pièce à l'aide de votre qi. Laissez votre esprit s'élever jusqu'au plafond et embrasser la pièce du regard. Puis faites-le glisser sur le sol, sous les lits et les fauteuils et autour des comptoirs et des armoires. Représentez-vous sans forme physique précise, mais avec une taille assez réduite, celle d'une mouche peut-être.

Explorez une pièce à fond puis ramenez votre esprit dans votre corps. Pour cela, imaginez que vous volez à travers la maison jusqu'à la pièce où se trouve votre corps. Détendez-vous tout en respirant lentement et profondément.

Au bout de quelques minutes, levez-vous et parcourez votre maison et en particulier la pièce que votre esprit a exploré avec minutie. Qu'avez-vous vu à ce moment-là? En reprenant le parcours effectué par votre esprit, voyez dans quelle mesure vous avez été précis dans votre forme éthérée. Vous pouvez mettre votre habileté à l'épreuve en essayant de localiser des objets égarés. Au lieu de les chercher, laissez votre esprit vous indiquer leur emplacement, puis vérifiez s'il a raison. Plus vous vous exercerez, meilleur vous deviendrez.

Laissez votre esprit s'envoler

Ensuite, vous voudrez peut-être explorer des objets situés à une distance plus grande, comme la maison d'un ami ou un magasin familier. Avec l'expérience, vous pourrez laisser votre esprit s'envoler aussi loin que vous le désirez vers des lieux que vous n'avez jamais visités. Si vous pouvez intéresser un ami à cette expérience, vous pouvez même apprendre à vous rencontrer en esprit à un moment et à un endroit précis. Essayez-le.

Vous vous demandez peut-être si tout cela est logique et vraiment scientifique. Après tout, ceci est la réalité, n'est-ce pas? Mais est-ce bien logique de croire que la pensée rationnelle est la seule manière valable de découvrir de nouvelles idées? Que dire de la pensée émanant du cerveau droit? Elle n'est certainement pas très logique. Et les émotions? Où est leur logique? Sans parler de l'intuition, de l'inspiration, des rêves et même du qi. A-t-on jamais mesuré le qi? Non, du moins pas avec une précision scientifique conforme aux normes occidentales. Pourtant, il existe bel et bien. Aussi, renoncez à utiliser uniquement votre cerveau gauche et ouvrez votre esprit à l'idée que tout est possible. Ce n'est pas parce qu'un événement ne s'est pas produit qu'il ne peut pas arriver ou n'arrivera pas. En fait, il s'est peut-être déjà produit à votre insu.

Ce qui compte ici, c'est de croire. Vous devez croire que la projection astrale est possible. En fait, ce concept ne devrait pas être trop difficile à accepter. Si vous croyez qu'il est impossible d'effectuer des voyages astraux, sur quoi repose votre conviction? Une ferme incrédulité n'est-elle pas aussi radicale qu'une ferme conviction? Faites vos propres expériences, exercez-vous assidûment et vous verrez que les voyages astraux sont possibles et que vous pouvez même vous y initier.

SUPPORTER LE FROID, LA CHALEUR ET LA DOULEUR

Grâce au Qi Gong, nous pouvons éliminer un tas de malaises naturels qui nous accablent quotidiennement. Ne vous est-il jamais arrivé de vous mettre à grelotter pendant un match de football, de transpirer à profusion dans un bureau surchauffé ou de grimacer en recevant une injection?

La douleur et l'inconfort sont nécessaires, parce qu'ils avertissent notre corps qu'un facteur présent dans l'environnement nous cause un stress. Sans eux, nous risquerions de nous blesser gravement. Par exemple, si notre corps ne sentait pas la chaleur du feu, nous nous brûlerions les mains en cuisinant au-dessus d'une flamme et nous nous infligerions de graves blessures. Il est possible, toutefois, d'apprendre à corriger certains des désagréments mineurs que nous subissons à l'occasion.

Se réchauffer

Ainsi, vous pouvez apprendre à vous réchauffer quand vous avez froid. Peut-être que vos pieds sont gelés ou qu'une pluie glaciale vous a trempé. Votre corps se réchauffe naturellement en frissonnant. Quand ils grelottent, la plupart des gens lèvent les épaules, rentrent la tête et étreignent leur corps.

Vous pouvez vous réchauffer plus rapidement encore en contractant consciemment le plus de muscles possible. Cette technique de Wai Dan fait circuler le qi dans vos muscles et votre peau. Si vous utilisez la respiration inversée tout en vous concentrant sur chaque expiration, vous vous réchaufferez beaucoup plus vite.

Pour vous réchauffer au moyen du Nei Dan, concentrez votre esprit sur Tan Tien, votre centre. Inhalez lentement par le nez en utilisant la respiration inversée. Gardez la langue contre votre palais, rentrez le ventre et imaginez que le qi se ramasse dans un point situé sous votre nombril. Puis, en expirant, devenez conscient de la plus grande surface de peau possible. Imaginez que votre qi circule sur toute la surface de votre corps et sentez la chaleur s'intensifier. Imaginez que vous êtes entouré d'une bulle de chaleur qui se gonfle de plus en plus, puis prenez une nouvelle inspiration. Au début, vous aurez peut-être l'impression que votre peau est plus fraîche lorsque vous inhalez. Cela s'explique par le fait que votre qi quitte alors la surface de votre peau pour retourner à votre Tan Tien. Avec un peu d'entraînement, vous devriez pouvoir vous concentrer à la fois sur Tan Tien et sur votre peau. Ainsi, tout en bâtissant une réserve d'énergie, vous en faites aussi circuler une partie pour vous réchauffer.

Se refroidir

Si vous avez trop chaud, employez la technique opposée. Utilisez la respiration bouddhiste et concentrez-vous sur l'inhalation. Lorsque vous inhalez, prenez conscience de votre peau, car cela vous rafraîchira. Imaginez que l'énergie de l'air ambiant pénètre dans votre peau et essayez de l'absorber profondément. Laissez-la pénétrer jusqu'à vos os. Tandis que vous inhalez littéralement le qi par les pores de votre peau, prêtez attention à toute sensation de fraîcheur autour de vous provenant d'une brise légère ou de la proximité d'un étang, par exemple. Peut-être y a-t-il des plantes tout près, et vous pouvez absorber une partie de leur qi pour vous rafraîchir.

Rappelez-vous, cependant, que chaque fois que vous prenez du qi de quelque chose, vous devez en rendre un peu, conformément à la loi de l'équilibre naturel. Vous pouvez recourir à une technique de Wai Dan ou de Nei Dan. Supposons que vous avez absorbé le qi d'une plante pour vous rafraîchir. Une fois rafraîchi, placez doucement la paume de votre main sur la plante et appliquez les trois régulations et la respiration bouddhiste. Tandis que votre esprit se détend, voyez si vous percevez des sensations reliées à la plante. A-t-elle besoin d'eau? Est-elle infestée d'insectes? Est-elle étouffée par les mauvaises herbes? Comme la plante vous a aidé, voyez si vous pouvez faire quelque chose pour elle. En la touchant doucement, vous partagez votre qi avec elle en appliquant une technique de Wai Dan.

Vous pourriez aussi lui donner de l'énergie ou déterminer ses besoins à l'aide du Nei Dan. Pour cela, vous devez connaître la grande circulation, la respiration environnementale et la projection de qi. Placez-vous à une certaine distance de la plante et tournez la paume de votre main vers elle. Inhalez et absorbez une partie de son qi pour vous rafraîchir et déterminer si elle a besoin de quoi que ce soit. Lorsque vous serez rafraîchi, remerciez la plante et projetez une partie de votre qi sur elle à travers votre paume. Si ses feuilles sont abîmées, transmettez-leur du qi pour les guérir. Si la plante est infestée d'insectes, servez-vous de votre qi pour les inciter à quitter la plante.

Soulager la douleur

Le Qi Gong peut aussi vous aider à soulager la douleur. En dirigeant le qi vers la région blessée, vous pouvez guérir plus rapidement que d'habitude. Avec un peu d'entraînement, il n'est pas rare que l'on puisse provoquer une guérison six fois plus rapide.

Vous pouvez aussi détendre la région douloureuse grâce au Qi Gong. Lorsque nous avons mal, nous avons tendance à tendre les muscles entourant la région sensible, ce qui est paradoxal. D'une part, vous conduisez le qi dans la région et, d'autre part, il ne peut pas circuler librement. Si vous arrivez à détendre vos muscles grâce au Qi Gong, votre qi hâtera votre guérison.

Vous pouvez aussi vous exercer à éliminer mentalement la douleur. Il s'agit pour cela de tourner votre attention sur une partie de votre corps qui n'est pas endolorie et d'y conduire du qi. Oubliez la douleur et dirigez votre qi vers cet autre endroit.

Vous verrez que si vous vous concentrez ailleurs que sur le point douloureux, la douleur déclinera rapidement.

Il est crucial, pour demeurer en santé, d'être conscient du froid, de la chaleur et de la douleur. Toutefois, ce n'est pas parce que nous en sommes conscients que nous devons souffrir. Bien sûr, vous pouvez utiliser tout léger inconfort comme un outil d'entraînement. Par exemple, partez en promenade par une journée fraîche avec un minimum de vêtements protecteurs. Tout en marchant, essayez de vous réchauffer avec le qi. Par temps très chaud, portez un surplus de vêtements et essayez de vous rafraîchir. Vous pouvez aussi soulager les petites douleurs qui surviennent pendant que vous vaquez à vos activités courantes. Ainsi, si vous ressentez une crampe au côté en courant ou aux jambes en faisant du vélo, mettez à contribution votre maîtrise du qi pour voir si vous pouvez éliminer la douleur ou le point.

Ne laissez pas les petits maux dominer votre vie. Utilisez-les plutôt comme terrain d'exercice pour développer vos habiletés en Qi Gong. Vous verrez que votre vie s'améliorera sensiblement. Vous serez plus heureux, plus optimiste et jouirez d'une meilleure santé, ce qui en retour accentuera votre maîtrise du qi.

DÉCELER LES VIBRATIONS DES LIEUX ET DES OBJETS

Avec un entraînement poussé et beaucoup de vigilance, vous pouvez apprendre à lire les pensées des gens qui sont allés à certains endroits ou ont tenu certains objets. Cette science s'appelle psychométrie. Ainsi, il est possible, en mettant les chaussures d'une personne, de deviner la personnalité de celle-ci, ses pensées et les expériences qu'elle a vécues.

La psychométrie permet de comprendre les empreintes psychiques. Tout ce qui compose l'univers vibre et ces vibrations laissent certains schémas identifiables, semblables aux empreintes digitales des humains. Grâce au Qi Gong, vous pouvez apprendre à déchiffrer ces vibrations.

Comment cela fonctionne-t-il? De même que pour tous les exercices de ce livre, vous devez d'abord détendre votre esprit, votre corps et calmer vos émotions en appliquant les trois régulations. Puis respirez lentement par le nez en utilisant la respiration bouddhiste. Comme les vibrations de la pensée sont extrêmement subtiles, vous devez être attentif à chacun de vos sens. Tâchez de ne penser à rien et de vous détendre. Relâchez vos muscles. Calmez vos émotions. Ralentissez le flot de vos pensées. Respirez tout simplement. Avec un peu d'expérience, une image ou une pensée devrait se former soudain dans votre esprit. Pas nécessairement sous forme de mots, mais plutôt sous la forme d'une intuition. Laissez-la venir, n'essayez pas de la contrôler et n'en doutez pas. C'est un peu comme une sensation viscérale, un pressentiment, une pensée fugace. Gardez-la en mémoire et voyez où elle vous mène.

Les églises ou d'autres lieux de culte importants sont d'excellents endroits où s'exercer. Vous pourriez même vous rendre dans un endroit historique célèbre où des émotions extrêmes ont été vécues comme Fort Alamo, au Texas. Quelques-unes au moins des personnes qui y ont été avant vous possédaient de hautes valeurs spirituelles ou des vibrations élevées. Si vous êtes assez sensible, vous le sentirez.

À force de vous exercer, vous arriverez à saisir des pensées partout où vous allez ou presque. Ne vous limitez pas en croyant que les seules pensées que vous pouvez percevoir sont celles des humains. Chaque créature vivante utilise une sorte de processus de pensée et même les objets inanimés émettent des vibrations inhabituelles s'apparentant à des formes de pensée.

LE QI GONG ET L'AUTODÉFENSE

La plupart des arts martiaux vous apprennent à vous battre une fois la bagarre déclenchée. Le Qi Gong va un peu plus loin, puisqu'il enseigne à éviter la bagarre avant qu'elle n'éclate. Lorsque vous êtes conscient de vos sens, vous vous placez indirectement dans une position offensive en sondant les dangers potentiels de l'environnement au lieu d'attendre passivement qu'il vous arrive un malheur. À mesure que vous développerez vos habiletés en Qi Gong, vous affinerez votre conscience sensorielle, ce qui vous permettra de voir, d'entendre et de sentir les choses plus vite qu'en temps normal. Ceci, bien sûr, vous permettra d'éviter les troubles relativement proches de vous.

Avec un entraînement poussé, vous finirez par percevoir le danger à une assez grande distance et parfois bien à l'avance, une aptitude reliée à la prédiction de l'avenir. Vous pouvez apprendre à détecter les vibrations négatives d'une personne ou d'un objet et décider en conséquence de ne pas vous en approcher afin d'éviter les désagréments. Supposons qu'au moment de garer votre voiture dans le parking d'un centre commercial, vous flairez un danger. Vous quittez les lieux et plus tard, ce soir-là, on annonce aux actualités qu'un criminel a été appréhendé peu après votre départ dans le magasin même où vous alliez entrer.

Il y aura des moments où vous ne pourrez pas mettre les voiles tout simplement parce que quelqu'un pourrait avoir besoin de votre aide. Comme le Qi Gong défensif vous donne une sorte de radar qui vous signale le danger, vous devriez avoir le temps d'appeler la police avant que les troubles n'éclatent. Vous pourriez dire à l'agent que vous avez vu un personnage suspect et le prier de venir voir ce qu'il en est. Bien sûr, vous n'aurez pas toujours le temps d'appeler à l'aide et devrez parfois intervenir. C'est à ce moment-là que le Qi Gong défensif peut être employé de manière offensive.

Une fois les malfaiteurs identifiés, vous pouvez modifier le cours de leurs actions en dirigeant leur qi. Vous ne devriez tenter cela que si vous avez atteint un niveau avancé qui vous permet de connaître avec certitude la suite des événements. Si vous vous demandez comment vous viendra cette certitude, vous n'êtes pas encore prêt à assumer cette responsabilité. Continuez votre apprentissage et, à la longue, vous atteindrez le niveau de maîtrise du qi où vous pressentirez les actions des gens et même leurs motivations. Il y aura des moments où vous pourrez vous défendre et défendre les autres moralement au moyen du qi.

Vous pouvez employer diverses techniques. La première consiste à diriger votre énergie vers la personne afin de la déranger et d'interrompre son geste malfaisant. Il vous est sans doute déjà arrivé de vous sentir observé. Cette aptitude est similaire. Vous devez générer de l'énergie au moyen soit du Wai Dan, soit du Nei Dan. Si vous optez pour la première méthode, levez les bras pendant quelques minutes en contractant et en relâchant rapidement les muscles de vos épaules, de vos bras et de vos mains. Lorsque vous éprouverez une sensation de chaleur et de picotement dans tout le bras, tournez la paume de votre main vers le malfaiteur et détendez votre bras en expirant. Utilisez la respiration inversée. Respirez et concentrez-vous sur votre paume, puis sur votre cible. Si vous avez rassemblé suffisamment d'énergie et êtes bien détendu, votre qi jaillira de votre paume pour se diriger vers la personne. Sous l'impact du qi, celle-ci interrompra sans doute son geste et regardera autour d'elle. Elle flairera un danger ou éprouvera seulement une sensation alarmante qui suffira à l'éloigner. En vous améliorant, vous pourrez projeter une plus grande quantité d'énergie qui fera littéralement bondir la personne comme si on l'avait poussée.

Lorsque vous aurez appris à projeter votre qi vers le corps tout entier d'une personne, vous devrez apprendre à viser des parties précises. Vous pouvez viser la tête afin de la dérouter ou de lui donner le vertige, ou un muscle particulier, dans la jambe par exemple, pour qu'elle s'affaisse. Si le malfaiteur tient une arme, comme un fusil ou un couteau, vous pouvez diriger votre qi vers sa main pour le forcer à la laisser tomber.

La méthode suivante consiste à absorber l'énergie de la personne, à la drainer en quelque sorte. Pour cela, vous devez tourner votre paume vers la personne et, tout en inhalant, imaginer que vous absorbez son qi. Au début, vous devrez sans doute toucher la personne, mais avec un peu d'entraînement, il vous suffira de l'effleurer légèrement de la main pour la faire s'écrouler sur place. Au niveau suivant, vous apprendrez à drainer le qi d'une personne à distance. Le principal inconvénient de cette technique tient au fait que si l'on absorbe trop d'énergie, on peut littéralement drainer la vie de la personne. Heureusement qu'à ce niveau, vous devriez avoir acquis un degré suffisant de maîtrise et de spiritualité pour éviter de commettre cette erreur.

La dernière façon de se défendre avec le qi consiste à faire appel à la nature. Si vous apprenez à communiquer avec les plantes et les animaux, vous pourrez solliciter leur aide. De même, vous devez être disposé à les aider. Voici un exemple. Un jour, j'ai vu un homme qui détruisait violemment et sans nécessité aucune les arbres d'un bosquet. Intuitivement, j'ai entendu l'appel de détresse des arbres. J'y ai répondu en leur envoyant du qi pour les encourager et l'homme a quitté les lieux.

Vous pouvez apprendre à sentir le danger en un laps de temps relativement court une fois que vous connaissez la grande circulation, mais il faut du temps et un entraînement intensif pour maîtriser pleinement l'art du Qi Gong défensif. C'est un objectif valable, cependant, car il est important de pouvoir se défendre soi-même et défendre les autres. Rappelez-vous que le Qi Gong est un art défensif qu'il vaut mieux utiliser pour éviter les problèmes ou les éliminer avant leur apparition. Si, toutefois, vous vous trouvez dans une situation où vous êtes forcé de l'employer d'une manière offensive, déployez vos talents aussi discrètement que possible. En fait, il n'est pas facile d'utiliser le Qi Gong défensif d'une manière inadéquate, car cet art exige une parfaite décontraction pour atteindre son efficacité maximale. Or comme la relaxation requiert la tranquillité d'esprit, il est presque impossible qu'une personne qui a développé cette qualité s'en serve à mauvais escient.

LA LECTURE DE PENSÉE

Il vous est sans doute arrivé, à un moment ou un autre, de deviner ce qu'une personne allait dire juste avant qu'elle ouvre la bouche. La prochaine fois que cela se produira, essayez de vous rappeler ce que vous ressentez. Où cette prescience naît-elle? Dans votre tête? À quel endroit précisément? Vous vient-elle sous forme de mots ou d'images? Peut-être prend-elle la forme d'une émotion.

Pour pouvoir lire dans la pensée des autres, il faut accorder ses ondes cérébrales aux leurs. Cette aptitude étant fort subtile, cela explique pourquoi tout effort excessif la rend insaisissable. L'effort crée une tension qui suffit à entraver vos progrès.

Si vous débutez en Qi Gong, commencez par observer attentivement les autres. Comment bougent-ils? Leur teint change-t-il de couleur? Leurs pupilles se dilatent-elles? Émettent-ils un son ou une odeur? Vous devez apprendre à prêter attention aux détails. Par exemple, vous découvrirez peut-être qu'une personne proche de vous regarde toujours légèrement vers la gauche quand elle est troublée ou qu'une faible étincelle s'allume dans ses yeux quand une idée géniale lui traverse l'esprit. Voilà les infimes détails que vous devez remarquer. Si vous avez lu les aventures de Sherlock Holmes créées par Sir Arthur Conan Doyle, vous avez une vague notion de la sorte d'attention minutieuse que vous devez cultiver.

Quand vous aurez une idée de la conduite qu'adoptent les gens dans une situation donnée, exercez-vous à prédire leurs réactions dans d'autres situations. Lorsque vous y parviendrez, voyez si vous sentez votre qi circuler ou changer de température ou de volume dans une partie ou l'autre de votre corps.

À ce stade-ci, vous devez appliquer les techniques respiratoires propres au Qi Gong, en particulier la respiration bouddhiste. Ralentissez votre respiration. Laissez votre abdomen bouger librement et d'une manière rythmique. Cela est crucial parce que, pour arriver à saisir les pensées d'une personne, vous devez vous relaxer tout à fait. Tout effort délibéré créerait une tension en vous et vous ferait échouer.

Avec du temps et un entraînement assidu, vous deviendrez sans doute de plus en plus sensible aux pensées des inconnus. Au début, vous pourrez exercer ce don quand vous êtes tout à fait détendu et ne pensez à rien. Par la suite, cela vous arrivera plus souvent et vous pourrez le diriger vers certaines personnes en particulier. Vous apercevez quelqu'un, vous vous détendez et vous vous concentrez sur votre respiration. Plus vous serez sensible aux pensées et sentiments d'autrui, plus vous les capterez fortuitement. Par exemple, supposons que vous vous trouvez à l'épicerie près d'un client qui se demande s'il achètera ou non des fruits. Soudain, vous voyez des bananes en pensée et la personne saisit quelques bananes et les dépose dans son panier.

Percevoir les pensées à distance

Ensuite, essayez la télépathie à grande distance. La meilleure façon de s'y prendre consiste à laisser son esprit explorer les pensées de personnes éloignées. Essayez, par exemple, de joindre des parents ou des amis chers qui habitent dans une autre ville. Au début, vous accroîtrez vos chances de réussite en choisissant un de vos familiers.

Lorsque vous pourrez capter les pensées des autres, essayez de leur communiquer les vôtres. Commencez par un parent ou un ami proche. Comme, en général, il est plus difficile de transmettre des pensées que d'en recevoir, exercez-vous avec des personnes assez intimes. Les réceptions sont d'excellents endroits où commencer. Au moment où vous vous apprêtez à partir, essayez de prévenir votre partenaire par télépathie. Pour mettre toutes les chances de votre côté, choisissez un moment où il est inoccupé, car il sera plus réceptif à votre message.

La lecture de pensée est une aptitude très avancée qui exige une bonne dose de sensibilité et de conscience du qi. Certes, savoir ce que pensent les autres présente aussi des inconvénients. Il est souvent plus difficile de rester objectif et nous risquons d'être blessés si leurs pensées à notre égard sont négatives. (Mais à bien y penser, ces deux situations représentent de véritables occasions de croissance.)

LIRE DANS L'ÂME D'AUTRUI

Pour pouvoir lire dans l'âme d'une personne, il faut être profondément conscient de sa nature profonde. Cette aptitude est beaucoup plus poussée que la simple lecture de pensée. Elle permet de deviner ce qu'une personne a accompli, ce qu'elle a vécu et quel est son type de personnalité.

Essentiellement, vous devez regarder au plus profond de la personne pour saisir sa véritable nature. Les yeux sont le miroir de l'âme. Il est intéressant de noter que le regard permet souvent d'identifier une personne, même si son corps et son visage sont masqués. Le film *Madame Doubtfire*, mettant en vedette Robin Williams, illustre ce phénomène d'intéressante façon. Dans ce film, Robin Williams se déguise parfois en femme en recourant à des artifices (bourre, maquillage, perruque) fort convaincants. Pourtant, il suffit de regarder ses yeux pour reconnaître le comédien.

Avant de plonger dans cet aspect de la maîtrise du qi, sachez qu'il présente un désavantage. Au fil des ans, plusieurs personnes m'ont avoué éprouver un malaise en ma présence parce qu'elles ont l'impression que je lis dans leur âme et qu'elles ne peuvent pas me mentir ni me cacher quoi que ce soit. Cela les effraie en quelque sorte. Ce phénomène peut créer des situations sociales bizarres. Le cas échéant, j'essaie de mettre la personne à l'aise en projetant un qi positif et aimant sur elle.

Pour saisir l'essence profonde d'une personne, vous devez faire abstraction de son aspect extérieur, peu importe son apparence. Vous devez ouvrir votre esprit à la possibilité de connaître intimement cette personne. Essayez de vous mettre à sa place. Imaginez, pendant un instant, que vous êtes cette personne.

Cette technique, fort avancée, exige des années d'apprentissage, mais il y a certains exercices que vous pouvez faire en tant que débutant pour démarrer dans cette voie. Vous devez projeter du qi de votre front, mais vous devez d'abord en rassembler à cet endroit en contractant les muscles de l'arête de votre nez. Ensuite, tendez les muscles de votre front en haussant et en abaissant les sourcils. Lorsque votre front se réchauffera et se mettra à transpirer, vous y aurez accumulé suffisamment de qi. Respirez profondément en utilisant la respiration bouddhiste. Détendez votre corps et calmez vos émotions. Pratiquez ensuite la respiration environnementale et la projection de qi. Imaginez que le qi jaillit de votre front pour pénétrer dans les yeux de la personne. Au lieu de le diriger en ligne droite sur elle, imaginez qu'il forme une spirale composée de grands arcs violets.

Regardez la personne dans les yeux, mais sans la fixer. Détendez votre regard le plus possible. Imaginez que vous absorbez le qi de la personne et que celui-ci suit la même trajectoire que celui que vous projetez. Imaginez que vos yeux et votre front sont capables d'absorber du qi. Tout en inhalant, voyez l'énergie de ses yeux pénétrer dans votre front. Cela devrait le rafraîchir légèrement. Si vous procédez correctement, vous devriez percevoir l'essence de la personne.

Réservez ce don aux moments où vous avez vraiment besoin de savoir à qui vous avez affaire. En présence d'un danger, vous aurez peut-être besoin de deviner si quelqu'un s'apprête à vous attaquer et, dans d'autres circonstances, si une personne est bouleversée et a besoin de réconfort. Dans ce cas, vous pouvez utiliser votre don pour aider les autres, partager votre joie et les réconforter.

Il y a un point que vous devez à tout prix vous rappeler. Lorsque vous pourrez lire dans l'âme des autres, vous devrez continuer de les accepter tels qu'ils sont. Vous n'êtes pas obligé de les aimer ni d'apprécier leur conduite, mais vous devez respecter leur individualité et leur humanité.

FAIRE UN AVEC TOUT CE QUI EXISTE

À mesure que s'accroîtra votre flot de qi, vous vous rendrez compte que tout ce qui existe sur terre (oiseau, poisson, animal, arbre, plante, pierre, nuage, rivière, lac, désert et montagne) émet du qi. Tous les qi sont légèrement différents, pourtant, ils sont tous pareils, car ils sont tous énergie.

Tout ce qui compose l'univers, ainsi que l'univers lui-même, vibre. Lorsque vous pourrez interpréter ces vibrations, vous entendrez la symphonie toute entière à travers une seule note, car cette symphonie se compose de tout ce que vous voyez, entendez, respirez, goûtez, touchez et sentez. La vie elle-même devient une étude du rythme et de l'harmonie.

Lorsque vous aurez compris cela, tout vous paraîtra soudain très important en soi. Puisque tout vibre et que toutes les vibrations s'influencent mutuellement, nos vibrations englobent un peu de celles de tous les éléments de l'univers. Par conséquent, nous sommes le tout et le tout est nous.

À ce stade, vous commencerez à saisir les liens qui existent dans la nature. Par exemple, lorsque nous rasons une forêt tropicale en Amérique du Sud, nous détruisons une partie de nous-mêmes en quelque sorte. Lorsque nous massacrons la Terre, c'est notre propre essence que nous anéantissons.

Il est facile d'avancer dans la vie en arrachant au hasard les feuilles des arbres, en écrasant des fourmis et en jetant des ordures partout. Après tout, ce n'est pas notre problème, n'est-ce pas? Nous sommes des gens importants qui ont des tâches à remplir. Eh bien, si nous sommes si importants, pourquoi ne pas assumer la responsabilité de nos actes? Pensez-y un instant. Nous vivons à une ère où chacun se pose en victime, où le ridicule syndrome de l'apitoiement sur soi se répand partout, où les gens ont l'impression que tout le monde leur doit quelque chose. Les personnes qui affichent cette attitude sont persuadées que lorsqu'une tuile leur tombe sur la tête, c'est toujours la faute des autres et jamais la leur. Elles ne comprennent pas que chacun est important et peut changer quelque chose s'il choisit d'agir. Nous devons devenir les gardiens de la Terre plutôt que ses destructeurs ou des victimes impuissantes.

Si vous voulez contribuer à sauver notre planète, si vous voulez que la paix règne entre tous les peuples, si vous désirez assurer notre avenir, développez le plus possible vos habiletés en Qi Gong puis mettez-les en pratique. Prêtez l'oreille aux cris de détresse de la nature et aidez-la à votre façon chaque fois que vous le pouvez. La meilleure façon d'apporter sa contribution consiste à comprendre le lien qui existe entre toutes choses. C'est à cette condition seulement que la vie revêtira sa véritable signification.

TRUCS, TENTATIONS ET ANECDOTES

Ce chapitre renferme diverses anecdotes et suggestions mettant en lumière les sortes d'expériences que vous pourriez connaître si vous pratiquiez le Qi Gong pendant une longue période. Le qi dans la vie de chacun est personnel, de sorte que chacun en fait l'expérience d'une manière différente. En partageant certaines anecdotes sur des choses que j'ai observées et accomplies, j'espère vous encourager dans vos efforts et vos progrès en Qi Gong.

Bien que les diverses rubriques renferment des activités et techniques que vous pouvez essayer, le principal but de ce chapitre, au contraire du reste du livre qui se veut un manuel d'instructions, est de vous faire prendre davantage conscience de ce que l'on peut réaliser grâce au Qi Gong.

CONTRÔLER SA TEMPÉRATURE CORPORELLE

Il arrive que mon partenaire ait très chaud aux pieds pendant la nuit, ce qui nous tire aussitôt de notre sommeil. Si nous ne réglons pas ce problème, il nous tient réveillés. Cette sensation de chaleur peut devenir irritante quand on n'y est pas habitué. Je rafraîchis alors ses pieds grâce au qi afin qu'il dorme mieux.

Si vous débutez en Qi Gong, vous pouvez modifier la température de votre corps grâce à des exercices de Wai Dan. Par exemple, si vous avez froid, vous pouvez contracter vos muscles tout en utilisant la respiration inversée. Lorsque vous avez froid, les défenses naturelles de votre corps entrent en action et vous frissonnez, ce qui est une forme de stimulation musculaire et de consommation d'énergie. De même, si vous avez chaud, vous pouvez demeurer assis sans bouger et prolonger la durée de vos inhalations. Si vous souffrez vraiment de la chaleur, faites en sorte que vos inhalations soient deux fois plus longues que vos expirations.

Si vous connaissez la grande circulation et la manière de projeter et d'absorber du qi, vous pouvez réchauffer ou rafraîchir une autre personne. En absorbant le qi des pieds de mon partenaire, par exemple, je peux non seulement abaisser la température de son corps, mais encore réduire le surcroît d'énergie qu'il a pu générer parce que son réveil intempestif l'a frustré. Appliquée correctement, cette technique peut aider une personne à se rendormir presque sur-le-champ.

Pour rafraîchir le pied d'une personne, placez doucement une de vos paumes sur la plante de son pied. Détendez tout votre corps, en particulier votre main, votre bras et votre épaule. Inhalez lentement par le nez et imaginez que vous respirez par la paume de votre main tout en pratiquant la respiration inversée. Imaginez que vous inhalez le qi de votre partenaire. Aspirez-le par la main, faites-le monter dans votre bras et redescendre jusque dans Tan Tien, votre centre. Si vous ne voulez pas garder cette énergie, faites-la monter dans votre dos, descendre dans votre autre bras et sortir par votre main libre. À propos, si vous rejetez du qi, aussi bien le projeter sur une plante, un animal ou un objet que vous chérissez. Vous améliorerez ainsi la circulation d'énergie dans votre maison. Vous pouvez employer la même technique pour rafraîchir une personne qui a la fièvre.

Lorsque vous maîtriserez cette technique, vous n'aurez plus besoin de toucher votre partenaire pour modifier son qi. En fait, vous pourrez le faire à une assez grande distance. Mais si vous en êtes à vos premiers pas, il est plus facile d'avoir un contact physique et, à vrai dire, c'est plus agréable.

Vous n'avez pas toujours besoin d'absorber la chaleur extérieure, car vous pouvez en engendrer de l'intérieur. L'exercice vigoureux est la meilleure façon d'y parvenir, en accord avec les principes du Wai Dan. Vous pouvez obtenir les mêmes résultats en utilisant uniquement votre esprit. Augmentez la longueur de vos expirations jusqu'à ce qu'elles soient deux fois plus longues que vos inhalations, tout en utilisant la respiration inversée. Concentrez-vous sur votre peau lorsque vous expirez afin d'y conduire le qi. Si vous avez besoin de chaleur rapidement parce que vous êtes en danger, gonflez et rentrez en alternance vos muscles abdominaux comme si vous actionniez un soufflet. Le danger avec cette technique est de dépasser la mesure et d'engendrer une énergie excessive qui pourrait endommager vos organes internes. C'est pour cette raison que le Qi Gong met presque toujours l'accent sur une respiration douce et délicate.

Apprendre à contrôler sa température corporelle est une aptitude intéressante qui est surtout utile aux autres, mais vous pouvez aussi l'utiliser pour corriger les malaises causés par la température ambiante.

FAIRE CESSER LE HOQUET

Avoir le hoquet peut être vraiment ennuyeux, surtout si cela dure plus de quelques minutes. Je parie qu'au fil des années vous avez essayé toutes sortes de trucs pour vous en débarrasser, certains plus comiques que d'autres. Vous avez peut-être tenté de boire un verre d'eau avec une cuiller en travers de la bouche ou imaginé une course de chevaux dans laquelle le hoquet figurait un coursier et l'absence de hoquet, un autre. Le temps d'imaginer la course et le hoquet avait disparu. Or, il existe une manière beaucoup plus efficace de stopper le hoquet.

Quand vous avez le hoquet, faites circuler du qi dans votre gorge et il disparaîtra presque aussitôt. Commencez par appliquer les trois régulations et la respiration bouddhiste. Puis, contractez et relâchez lentement les muscles de votre gorge et de votre cou. Ceci aura pour effet de rassembler du qi à cet endroit et de chasser le hoquet.

Si un ami a le hoquet, demandez-lui la permission de placer votre main sur le côté de son cou. En tenant le bras levé à la hauteur de l'épaule, vous y accumulerez du qi. Tendez et détendez rapidement les muscles de votre bras puis ceux de votre main une douzaine de fois. Ceci conduira le qi dans votre main et dans le cou de votre ami. Cette technique est aussi efficace avec les animaux et permet d'obtenir des résultats en quelques secondes seulement.

ARRÊTER LES ÉTERNUEMENTS

Il arrive parfois que mon partenaire éternue sans pouvoir s'arrêter pendant dix ou quinze minutes. Comme vous le devinez, cela est extrêmement épuisant. Si cela vous arrive à vous aussi, essayez la technique ci-dessous.

Commencez par vous détendre en appliquant les trois régulations. Cela sera peut-être ardu, mais concentrez-vous et vous devriez y arriver. Ensuite, inhalez lentement en utilisant la respiration bouddhiste avec une légère variante. Imaginez que l'air et le qi pénètrent dans vos narines en roulant comme s'il s'agissait d'une petite balle ou d'une bille. Cela vous chatouillera sans doute. Puis laissez cette bille d'énergie descendre dans vos poumons puis dans votre Tan Tien. En expirant, imaginez que la bille d'énergie descend dans vos jambes et sort par la plante de vos pieds.

Si vous connaissez quelqu'un qui éternue souvent et n'est pas familier avec le Courant, essayez la technique de Wai Dan ci-dessous. Demandez-lui la permission de placer la paume de votre main sur le côté de son cou. Détendez-vous, respirez et concentrez-vous de manière à conduire le qi dans son cou. En levant le bras à la hauteur de votre épaule, vous rassemblerez du qi dans celle-ci. Pour accélérer le processus, contractez et relâchez rapidement les muscles de votre épaule une douzaine de fois. Ensuite effleurez légèrement le visage de la personne de votre main libre en imaginant que votre qi y pénètre. Lorsqu'elle est appliquée correctement, cette méthode produit des résultats presque immédiats.

SOUDER LES FRACTURES

Lorsqu'on subit une fracture étant jeune, celle-ci se soude habituellement en quelques semaines. Chez la majorité des gens, cependant, une fracture met environ six semaines à guérir. Plus nous vieillissons, plus l'os met du temps à se ressouder.

Chez les personnes âgées, cela prend des mois. Or, il est possible d'accélérer ce processus d'une manière considérable.

Il n'y a pas si longtemps, j'ai subi une mauvaise fracture au pouce. Le médecin a affirmé que je ne recouvrerais pas l'usage normal de mon pouce avant un an au moins. La fracture était si mauvaise que le médecin craignait que les fragments d'os se séparent ou se déplacent à l'intérieur de mon doigt.

J'ai dû porter une attelle, mais en même temps, j'ai commencé à conduire du qi dans cette région et à imaginer que l'os se ressoudait. J'ai utilisé les trois régulations tout en faisant circuler mon qi dans la région fracturée. Par la pensée, je faisais ensuite tournoyer le qi comme pour entourer mon pouce d'une longue ficelle. Chaque fois que j'avais une minute de libre en faisant la queue, en mangeant, en lisant et avant de m'endormir le soir je conduisais du qi dans mon pouce. Après une semaine d'autoguérison intensive, mon pouce me paraissait normal. Par mesure de précaution, j'ai continué de porter l'attelle puis, au bout de trois semaines, le médecin a pris une radio pour voir si mon pouce guérissait bien. Quel n'a pas été son étonnement de constater que non seulement l'os s'était ressoudé, mais qu'il ne portait même aucun signe de fracture. En outre, j'avais retrouvé le plein usage de mon pouce.

Pour ressouder les os, il faut avoir atteint un niveau avancé et maîtriser la grande circulation afin de pouvoir diriger le qi dans tout le corps. En général, il faut plusieurs années d'entraînement pour atteindre ce niveau, mais si vous débutez en Qi Gong, il existe certaines techniques que vous pouvez utiliser pour aider vos os à se ressouder un peu plus vite.

Pour guérir une fracture, il faut y conduire de l'énergie et la meilleure façon de procéder pour un débutant consiste à utiliser le Qi Gong Wai Dan. Il est clair que vous devrez adapter l'exercice à votre cas particulier. Si, par exemple, vous vous êtes fracturé le bras, le poignet ou la main, vous pourriez, pendant quelques instants, élever légèrement votre bras afin de développer une légère tension dans les muscles de votre épaule. Comme vous supportez sans doute le poids d'un plâtre, vous n'aurez pas besoin de lever le bras très haut. Maintenez votre bras en position élevée, puis détendez le plus possible votre corps, votre souffle et votre esprit. En même temps, concentrez-vous sur la fracture comme telle. Faites cet exercice aussi souvent que possible, jusqu'à ce qu'elle soit guérie.

Si la fracture est située dans une partie du corps que vous ne pouvez pas lever, comme la hanche, vous pouvez créer une tension en contractant les muscles de cette région. Si vous souffrez et ne pouvez raidir vos muscles, concentrez plutôt votre attention sur la région fracturée. Comme le qi circule là où va la pensée, cela devrait vous aider.

Donc si vous avez la malchance de vous fracturer un os, essayez d'y faire circuler du qi. Plus tôt vous commencerez, mieux ce sera. En fait, mieux vaut commencer au moment même de l'accident. Évidemment, vous devez consulter un médecin, mais continuez votre thérapie énergétique de votre côté.

TISSER DES LIENS AVEC LES CHATS

En apprenant le Qi Gong, vous vous découvrirez parfois des dons intéressants et plutôt inusités. L'un de ces dons qui m'amuse prodigieusement a trait à ma capacité de me lier avec toutes sortes de félins.

J'avais sept ans lorsque j'ai découvert que je possédais ce don particulier. Je me promenais dans le jardin zoologique quand soudain je me suis trouvée près du pavillon de la panthère noire. Pour une raison obscure, je me sentais particulièrement attirée par cet animal. Pendant que je l'observais, elle m'a tourné le dos nonchalamment et a uriné. En fait, elle m'a même arrosée, m'atteignant en pleine poitrine alors qu'elle se trouvait à plus de deux mètres de moi. Ma journée a été des plus intéressantes, parce que tout le monde voulait savoir quelle était l'étrange odeur que je dégageais. Depuis, j'ai été arrosée par dix gros chats sauvages, y compris des lions, des tigres, des léopards et des panthères. Cela m'est arrivé dans des jardins zoologiques, des parcs, des expositions foraines et chaque fois que je me suis trouvée à proximité d'un félin. Bien sûr, les chats domestiques ont aussi uriné sur moi à plusieurs reprises.

Je possède une autre type de lien avec les félins qui fait que je peux appeler à moi n'importe quel chat, domestique ou sauvage, même s'il se trouve à une distance considérable. Je procède de diverses façons. J'imite leurs cris ou me concentre sur eux et leur envoie du qi. Ou encore, il suffit que je me trouve à deux cents mètres d'eux pour les attirer vers moi. Apparemment, ils sentent mon qi. Il m'est arrivé d'être suivie par une douzaine de chats tandis que je déambulais dans le quartier.

Je vais souvent dans la forêt pour jouer de la guitare ou de la harpe celtique. J'ai remarqué que tous les chats, domestiques ou non, qui peuvent m'entendre s'approchent pour écouter. Un jour que je jouais, sept chats ont formé un cercle autour de moi. Tout en écoutant, ils sortaient la langue en signe de contentement, puis ils se sont étendus par terre. Au bout d'environ une demi-heure, je me suis arrêtée et ai fait mine de partir. Avec un ensemble formidable, tous les chats se sont mis à miauler. Il était clair qu'ils voulaient que je continue de jouer. Je leur ai dit que je jouerais encore quelques minutes. Lorsque j'eus terminé, ils se sont levés un à un ou par paires et ont disparu dans la forêt.

Si je mentionne ceci, c'est pour vous montrer que le Qi Gong peut parfois engendrer des situations inusitées et agréables. En conséquence, exercez-vous avec assiduité et ouvrez-vous à toute nouvelle expérience. Qui sait, vous pourriez nouer un lien unique avec une plante, un animal ou même une personne du sexe opposé. Tout est possible.

SENTIR LE MAUVAIS QI

Le qi est énergie et l'énergie est fondamentalement neutre, mais l'usage qu'on en fait a certainement une influence sur lui. Il y a du bon et du mauvais qi, et pouvoir faire la différence entre les deux est une aptitude précieuse qui permet de sentir la nature profonde des gens et de savoir si l'on court un danger dans un lieu particulier. Il m'est arrivé à maintes reprises d'entrer dans un magasin, un restaurant ou un parc et de sentir soudain que quelque chose clochait. Le qi de l'endroit était néfaste. Je réagissais alors en fonction de la situation.

Il vous est sans doute arrivé, à un moment ou un autre de votre vie, de percevoir du qi négatif. Vous l'avez senti instinctivement ou avez eu conscience que quelque chose ne tournait pas rond. Peut-être que cette sensation vous est venue au moment où quelqu'un vous regardait. Vous avez sans doute eu maintes fois l'expérience de vous rendre dans un lieu et de vous sentir observé. C'est une sensation sinistre, n'est-ce pas? Le cas échéant, vous devez vous écouter et ne pas affecter d'ignorer le message de vos sens. Bien sûr, ce principe s'applique aussi aux gens. Vous pouvez apprendre à sentir si une personne vous ment ou projette un mauvais coup.

Un jour, je suis entrée dans une librairie où l'on vendait des livres rares et j'ai aussitôt senti qu'un événement terrible s'y était produit. Le qi néfaste émanait du sous-sol. Le libraire refusa même d'y descendre avec moi pour faire de la lumière. Il affirma que si je voulais y aller, je devrais trouver le commutateur moi-même. Comme j'adore les livres et que je désirais ardemment voir la collection qui se trouvait au sous-sol, je décidai de faire fi de ma peur. Je descendis donc un escalier obscur et branlant couvert de toiles d'araignée. Une fois rendue en bas, j'allumai l'unique ampoule que je trouvai. Elle jetait des ombres inquiétantes sur les étagères hautes de deux mètres. Guidée par le sentiment de terreur qui régnait à cet endroit, je me frayai un chemin à travers un labyrinthe déroutant et irrationnel jusqu'à l'endroit où l'événement s'était produit. Viol, je le sus aussitôt. Ma respiration s'accéléra pendant un minute ou deux et mon pouls grimpa. Cela s'était produit il y a longtemps mais l'énergie du viol imprégnait tout. C'était presque écrasant. Je m'enfuis du magasin en jurant de ne plus jamais y remettre les pieds.

Devenir conscient de vos sentiments et de vos intuitions et agir en conséquence peut rendre votre vie beaucoup plus facile et sûre. S'il vous arrive de sentir du qi négatif, fiez-vous à votre instinct. Partez sur-le-champ à moins que quelqu'un ait besoin de votre aide.

MAÎTRISER LA NUIT

L'exercice nocturne est une excellente façon d'améliorer ses habiletés. Bien des gens craignent l'obscurité. Si c'est votre cas, vos sens seront sans doute en alerte et votre sensibilité s'aiguisera plus facilement à ce moment-là. Vous pourrez sans doute entendre, sentir, goûter et toucher avec beaucoup plus de clarté et de précision.

Sortez la nuit et asseyez-vous dans un endroit où vous vous sentez en sûreté. Installez-vous confortablement. Détendez-vous et pratiquez les trois régulations et la respiration bouddhiste. Tout en demeurant assis calmement, mettez tous vos sens en éveil. Que détectez-vous? Par exemple, si vous savez qu'un chien marche dans votre jardin, entendez-vous le bruit de ses pas ou de sa respiration? Flairez-vous son odeur ou l'odeur de ce qu'il a mangé? Percevez-vous les vibrations de ses pas sur le sol? Comment est l'énergie du chien? La sentez-vous?

La nuit est le moment parfait pour s'exercer parce qu'il n'y a personne pour vous tourner autour en se demandant pourquoi vous restez planté là comme un arbre ou accomplissez toute autre technique de Qi Gong. Cela vous donne en outre la chance de goûter un moment que vous avez rarement la chance d'explorer.

Exercez-vous à sentir le Courant chaque nuit. L'obscurité décuplera votre vigilance et votre concentration, vous donnant une conscience plus profonde de votre environnement, de l'univers et de vous-même.

L'EXPÉRIMENTATION SPONTANÉE

L'une des meilleures façons d'appliquer vos habiletés en Qi Gong consiste à suivre votre instinct. Ainsi vous progresserez à un rythme naturel et en fonction de vos propres capacités. Ne précipitez rien. Les choses se produiront en temps et lieu.

Avant d'expérimenter, vous devez posséder à fond les rudiments du Qi Gong, mais à partir de là, vous pouvez aller où le Courant vous appelle. Pour ma part, je vous conseille d'appliquer quotidiennement les techniques fondamentales de respiration et de relaxation. Plus précisément, vous devriez pratiquer les trois régulations et les deux types de respiration, bouddhiste et inversée, pendant que vous faites l'exercice de l'Étreinte de l'arbre. Ajoutez à cela quelques mouvements spontanés de Taiji Quan ainsi que des méditations Nei Dan dans la position assise. Cela devrait constituer votre entraînement de base. Tout ce que vous essaierez d'autre sera secondaire. De cette façon, vos progrès en Qi Gong suivront une courbe naturelle.

Pendant que vous vaquez à vos occupations quotidiennes, il y aura des moments où vous éprouverez l'envie soudaine de faire quelque chose, d'aller quelque part ou même de vous livrer à une activité tout à fait inédite. Fiez-vous à votre intuition, parce que quelqu'un ou quelque chose pourrait bien avoir besoin de votre aide.

Voici un exemple. Je venais de déposer ma partenaire à son travail et rentrais chez nous, quand je sentis soudain que je devais me rendre au Royaume de Disney. À mon arrivée, je suivis mon intuition qui me guida vers le site Peter Pan. Comme je m'approchais, un nid contenant deux moineaux tomba à quelque trente centimètres de mes pieds. Les oiseaux, secoués et déroutés par leur chute, avaient besoin d'aide. Je n'avais encore jamais transmis du qi à des oiseaux pour les aider à construire leur nid, mais je suivis mon instinct. Je commençai par leur donner du qi tout doucement pour les ranimer. Puis j'augmentai la dose pour qu'ils aient la force de reconstruire leur nid. Comme ils se mettaient au travail, je m'assis sur un banc non loin de là. À plusieurs reprises, les oiseaux se posèrent tout près de moi pour ramasser des brindilles qu'ils portèrent jusqu'à leur nid.

Lorsque vous commencerez à expérimenter, vous remarquerez sans doute que plus vous essaierez de nouvelles choses, plus vous concevrez de nouveaux projets à mettre en œuvre. Autrement dit, un projet en entraînera un autre. Vous ne saurez jamais où cela vous mènera au bout du compte. Soyez prêt à suivre votre intuition chaque fois que vous le pouvez grâce à l'expérimentation spontanée.

LA RANÇON DU QI GONG

Tout a un prix dans la vie. Mais ce prix n'est pas nécessairement pécuniaire: il peut se mesurer en temps, en énergie ou en n'importe quoi d'autre. En ce qui touche le Qi Gong, surtout aux niveaux avancés, l'accroissement de sa conscience sensorielle est la rançon à payer.

Vous vous demandez sans doute en quoi cela pose problème. En fait, cela paraît plutôt avantageux. On investit un peu de temps et d'effort, et on arrive à sentir des choses dont on ignorait même l'existence jusque-là. On développe de nouvelles aptitudes, on améliore sa santé et on jouit d'une vie plus intéressante. Alors quelle est la rançon?

Le prix, comme je l'ai mentionné, est l'exacerbation de vos sens. En progressant en Qi Gong, vous atteindrez un point où vous pourriez vous sentir dépassé par les expériences de la vie courante et surtout les plus extrêmes. Par exemple, assister à un concert rock peut être une expérience beaucoup trop intense, à moins que vous appreniez à protéger votre sensibilité exacerbée contre l'excès de lumière et de bruit. À un niveau avancé, vous pourrez entendre les battements de votre cœur. En fait, votre ouïe peut s'affiner au point que, pour entendre certains sons entre deux battements de cœur, vous devrez retenir votre souffle. Avec un entraînement adéquat, tous vos sens peuvent devenir aussi aiguisés.

Cette sensibilité accrue pourrait bien vous pousser à simplifier et à ralentir votre mode de vie. Au lieu d'éprouver le besoin de pratiquer des sports intensifs qui occasionnent une décharge d'adrénaline, vous pourriez rechercher la solitude des prés tranquilles où vous observerez les plantes se déplacer avec le soleil.

Comprenez-moi bien. Je ne dis pas que vous êtes condamné à mener une vie monotone, loin de là. Vous deviendrez seulement plus conscient, de sorte que vous n'aurez plus besoin de stimuler vos sens autant. Par ailleurs, si vous choisissez de pratiquer des sports extrêmes, ils vous paraîtront plus intenses que vous l'avez jamais imaginé. Ce n'est plus la réalité virtuelle, c'est l'hyperréalité.

Que cela, cependant, ne vous décourage pas de poursuivre votre apprentissage. En général, cette qualité de l'expérience sensorielle ne se développe qu'après de nombreuses années d'entraînement aux niveaux avancés. À ce moment-là, vous aurez appris comment utiliser l'attention sélective. Essentiellement, cela veut dire que vous pourrez bâillonner ou activer vos sens à volonté.

MAÎTRISER LE COURANT

Le Qi Gong est l'art de maîtriser l'énergie universelle. Au niveau élémentaire, son principal but est de vous apprendre à prévenir la maladie. Mais à mesure que vous avancerez, vous apprendrez comment traiter les maladies, accroître votre force, votre intelligence et votre conscience sensorielle, et développer vos capacités psychiques latentes. Une fois que vous aurez intégré les principes de base du Qi Gong, vous pourrez les appliquer à presque tous les aspects de votre vie.

Pour conserver la santé et retarder le vieillissement, il importe que vous gardiez vos douze méridiens ouverts afin que votre qi puisse circuler d'une manière fluide et efficace. Pour ouvrir vos méridiens, vous devez d'abord apprendre à maîtriser votre corps, votre souffle et votre esprit. Lorsque vous atteindrez l'état de détente profonde que procurent les trois régulations, vous sentirez le qi circuler dans votre corps.

À ce stade, vous commencerez les exercices de Wai Dan qui permettent d'engendrer du qi grâce à l'effort musculaire. Lorsque vous aurez bâti une réserve de qi, vous pourrez le conduire où vous voulez dans votre corps. Vous pourrez aussi accomplir une série d'exercices mentaux appelés Nei Dan pour diriger votre qi à votre convenance.

Il est très important que vous efforciez au préalable de maîtriser les techniques élémentaires, car elles sont le fondement de votre succès et de votre habileté en Qi Gong. À partir de là, vous pourrez cultiver les aptitudes des niveaux plus avancés.

Utilisez ce livre-ci comme un outil de référence. Consultez-le souvent et concentrez-vous sur les sections qui exigent un effort supplémentaire de votre part. N'oubliez pas que la simple lecture de ce livre peut vous aider à développer votre qi. Détendez-vous, fermez les yeux et laissez votre qi vous guider vers les sections que vous devriez lire. Essayez les exercices et n'hésitez pas à les adapter à vos besoins personnels.

Si vous prenez votre apprentissage au sérieux, vous devriez expérimenter le plus possible. Ne vous contentez pas de croire ce qu'on vous dit sur la façon dont un exercice est censé être fait, mais faites-en vous-même l'expérience.

Ce livre présente plus d'une centaine de techniques et d'exercices différents susceptibles de vous aider à développer votre qi. Ne vous limitez pas à ces exercices mais servez-vous-en comme tremplin pour élaborer les vôtres. Utilisez votre imagination. Prenez de l'expansion. Lorsque vous constaterez que vous pouvez engendrer du qi et le diriger au milieu de n'importe quelle activité, vous pourrez vous exercer pendant des heures chaque jour sans même avoir l'impression de fournir un effort.

À l'heure actuelle, la Terre affronte une crise majeure tandis que nous continuons de la polluer et de gaspiller ses richesses. Notre univers a besoin d'un nombre accru de spécialistes de l'énergie qui cherchent à s'améliorer eux-mêmes et donc à améliorer le monde. Entraînez-vous avec assiduité. Maîtrisez le Courant.

LEXIQUE

Acupuncture: Technique qui consiste à appliquer des aiguilles sur les points énergétiques du corps afin de conduire le qi. Seul un spécialiste ayant suivi une formation spéciale peut accomplir ce travail.

Aura: Champ énergétique qui entoure le corps.

Bonsaï: Art japonais de cultiver des arbres miniatures.

Canaux: Voies empruntées par le qi pour circuler dans le corps. Ces canaux sont aussi appelés méridiens.

Chakras: Boules d'énergie. Selon les traditions indiennes, il existe sept sphères d'énergie dans le corps.

Chaman: Guide spirituel qui a recours aux expériences hors du corps pour guérir.

Chaman Jivaro: Chaman de la tribu des Indiens Jivaro au Brésil.

Cinq Éléments: Théorie chinoise selon laquelle tout ce qui existe appartient au règne soit du Bois, du Feu, de la Terre, du Métal ou de l'Eau. Ces cinq éléments sont présents dans tout objet, ils sont interreliés et s'influencent mutuellement. Cette théorie représente l'étude des liens et des schémas.

Le Courant: Forme de Qi Gong universel qui englobe les principes et les concepts des systèmes énergétiques du monde entier et est axée sur la guérison et la croissance personnelle.

Didjeridoo: Instrument utilisé par les aborigènes australiens et formé d'une branche d'eucalyptus creusée par les termites. Il sert à jouer de la musique ainsi qu'à guérir et à engendrer la sorte de qi propre aux aborigènes.

Digitopuncture: Technique qui consiste à appliquer une pression avec les mains et les doigts sur les points énergétiques du corps afin de diriger le qi.

Du Mai: Autre nom du Vaisseau Gouverneur.

Énergie: Votre qi, votre vitalité, votre âme, votre vigilance.

Énergie biomagnétique, électrochimique: Désignation du qi dans le monde occidental.

Grand Cercle Céleste: Autre nom de la grande circulation.

Grande circulation: Manière de faire circuler le qi dans l'ensemble du corps.

Kahuna: À Hawaï, guide et maître spirituel.

Ki: Mot japonais désignant le qi.

Magie: S'écrit «magick» en anglais. Terme Nouvel-Âge désignant l'utilisation de l'énergie pour atteindre ses objectifs. Représente à la fois le qi et l'usage du qi.

Maucht: Terme utilisé par les anciens Picts pour désigner le qi. Signifie pouvoir.

Méridiens: Voies empruntées par le qi pour circuler dans le corps. Il y a huit vaisseaux et douze canaux.

Petit Cercle Céleste: Autre nom de la petite circulation. Aussi appelé Orbite Microcosmique.

Petite circulation: Trajectoire empruntée par le qi qui va de la mâchoire inférieure jusqu'au périnée en passant par Tan Tien avant de remonter dans le dos et sur la crête du crâne pour aboutir à la mâchoire supérieure. La langue sert de lien entre les deux mâchoires.

Point Huiyin: Point énergétique situé entre les jambes devant l'anus. Il faut détendre les muscles de cette région pour pouvoir exécuter la petite et la grande circulation.

Points Laogong: Points énergétiques situés au centre des paumes de chaque main. On les appelle aussi Temples du travail.

Points Yongquan: Points énergétiques situés au centre de la plante des pieds. Aussi appelés Sources jaillissantes.

Pouvoir: Le qi pour les adeptes du Vaudou.

Prana: Nom qui sert à désigner le qi en Inde.

Projection astrale: Fait pour l'âme et l'esprit de quitter le corps et de se rendre à certains endroits dans le but d'y recueillir des informations.

Qi: Mot chinois qui désigne diverses formes d'énergie comme les radiations infrarouges, l'électricité statique, les infrasons et les champs magnétiques. En gros, on peut considérer le qi comme le souffle vital, l'âme ou la vitalité. On peut apprendre à le maîtriser en en générant dans son corps, de même qu'en le projetant sur quelqu'un ou quelque chose dans le but principalement de guérir.

Qi de la Terre: Qi qui émane de tout ce qui existe sur terre comme le sol, les océans, le vent, les plantes et les animaux.

Qi du Ciel: Englobe les énergies de l'univers comme la lumière du soleil, la gravité et le magnétisme.

Qi Gong: Art de développer délibérément le qi et d'utiliser l'énergie qui circule dans le corps. Parfois appelé *Chi Kung* ou *Qigong* et prononcé *tchi gong*.

Qi Gong Nei Dan: Série d'exercices mentaux servant à produire et à diriger le qi.

Qi Gong Wai Dan avec mouvement: Série d'exercices qui utilisent l'effort musculaire et le mouvement pour générer et conduire le qi.

Qi Gong Wai Dan sans mouvement: Série d'exercices qui comprennent des postures stationnaires. La posture la plus importante et celle que l'on devrait travailler chaque jour est l'Étreinte de l'arbre.

Qi humain: Type de qi propre aux humains.

Rayonnement: Nom que l'on donne au qi dans les Appalaches.

Ren Mai: Autre nom du Vaisseau Conception.

Respiration bouddhiste: À l'inhalation, gonflez le bas-ventre et à l'expiration, laissez-le revenir lentement à sa position normale.

Respiration environnementale: Aptitude de niveau avancé qui permet de projeter du qi et d'absorber celui de l'environnement.

Respiration normale: Respiration que l'on utilise normalement chaque jour. Par essence, cela signifie respirer sans attention consciente.

Respiration taoïste ou inversée: À l'inhalation, contractez les muscles abdominaux et rentrez le bas-ventre. À l'expiration, détendez les muscles abdominaux et laissez le bas-ventre revenir à sa position normale.

Santero Mayor: Guérisseur et chef spirituel du culte de la Santeria à Cuba.

Sept sentiments: Ce sont la joie, la colère, la mélancolie, l'obsession, le chagrin, l'anxiété et la peur.

Six désirs: Ce sont le sexe, l'argent, la renommée, la richesse, le gain et l'absence de toute perte.

Taiji Quan: Art martial et forme de méditation en mouvement qui utilise les principes du Qi Gong Wai Dan avec mouvement. Cette technique permet de générer de l'énergie dans le corps et de l'identifier.

Tan Tien: Votre centre de gravité. Il est situé à environ trois centimètres sous votre nombril. C'est à cet endroit surtout que le qi se développe et se rassemble.

Télékinésie: Capacité de déplacer les objets par la pensée.

Trois régulations: Maîtrise du corps, de l'esprit et du souffle. Ces trois techniques, qui permettent d'atteindre un état de détente harmonieux, sont essentielles à l'apprentissage du Qi Gong.

Vaisseau Conception: Méridien qui court sur le devant du corps depuis la mâchoire inférieure jusqu'au point Huiyin situé entre les jambes. Également appelé Ren Mai. Voir aussi Méridiens.

Vaisseau Gouverneur: Méridien qui part du point Huiyin, entre les jambes, monte dans le dos, passe par la crête du crâne pour aboutir à la mâchoire supérieure. Aussi appelé Du Mai.

Vaisseaux: Il existe huit vaisseaux dans le corps. Les deux le plus couramment utilisés en Qi Gong sont le Vaisseau Conception et le Vaisseau Gouverneur.

Voie de l'Eau: Technique de Nei Dan extrêmement avancée qui consiste à conduire le qi sur la Voie du Feu, mais à l'intérieur de la colonne vertébrale plutôt que simplement à côté.

Voie du Feu: Trajet suivi par le qi lorsqu'il descend sur le devant du corps à travers le Vaisseau Conception et remonte dans le dos le long du Vaisseau Gouverneur.

Voie du Vent: Trajectoire suivie par le qi lorsqu'il descend dans le dos par le Vaisseau Gouverneur et remonte sur le devant du corps par le Vaisseau Conception.

Yang: Moitié de la théorie du yin et du yang qui représente entre autres la masculinité, le soleil, le mouvement et la gauche. Le yin et le yang se complètent pour former un tout.

Yin: Moitié de la théorie du yin et du yang qui représente des éléments comme la féminité, la lune, l'immobilité et la droite.

Yoga: Série d'exercices et de méditations provenant de l'Inde et axées sur les chakras plutôt que sur les méridiens.

Zhan Zhuang: Forme de Qi Gong Wai Dan dans laquelle on se sert des muscles du corps pour garder une posture détendue afin de développer le qi. On utilise ensuite le Nei Dan pour le faire circuler dans les méridiens.

LISTE DES EXERCICES

TABLE DES MATIÈRES

imprimerie gagné ltée

IMPRIMÉ AU CANADA